职业院校汽车专业创新立体化教材

汽车底盘结构、原理与维修

主　编　韩　东

副主编　孙江山　崔修元

参　编　王鹤鹏　安宇航　张晓艳

　　　　刘丽华　毛英慧

机械工业出版社

本书系统讲解了汽车底盘，包括汽车传动系统、行驶系统、转向系统及制动系统的结构、原理与维修的知识与技能，在保留传统知识介绍的基础上，增添了四轮驱动系统、胎压监测系统、自适应空气悬架系统、电控转向系统、ASR 系统及 ESP 系统等知识与技能的介绍，以适应汽车技术的发展对汽车类专业发展的需要。

为使读者更加深入地理解书中的知识和掌握相关操作技能，本书特别制作了二维码，读者扫描二维码后可以方便地观看、学习各系统工作原理、检修操作方法等。

本书内容详尽，操作性强，可作为高等职业院校、高等专科院校、成人高校、民办高校和二级职业技术学院汽车运用与维修及相关专业的教学用书，也可作为相关领域专业技术人员的参考用书及培训用书。

图书在版编目（CIP）数据

汽车底盘结构、原理与维修/韩东主编. —北京：机械工业出版社，2017.6
（2023.8 重印）

职业院校汽车专业创新立体化教材

ISBN 978 – 7 – 111 – 56911 – 4

Ⅰ. ①汽…　Ⅱ. ①韩…　Ⅲ. ①汽车 – 底盘 – 结构 – 高等职业教育 – 教材
②汽车 – 底盘 – 理论 – 高等职业教育 – 教材③汽车 – 底盘 – 车辆修理 – 高等职业教育 – 教材　Ⅳ. ①U472.41

中国版本图书馆 CIP 数据核字（2017）第 114346 号

机械工业出版社（北京市百万庄大街 22 号　邮政编码 100037）
策划编辑：母云红　责任编辑：母云红
责任校对：樊钟英　封面设计：张　静
责任印制：邓　博
北京盛通商印快线网络科技有限公司印刷
2023 年 8 月第 1 版第 4 次印刷
184mm × 260mm · 12.25 印张 · 296 千字
标准书号：ISBN 978-7-111-56911-4
定价：35.00 元

电话服务	网络服务
客服电话：010-88361066	机 工 官 网：www.cmpbook.com
010-88379833	机 工 官 博：weibo.com/cmp1952
010-68326294	金 书 网：www.golden-book.com
封底无防伪标均为盗版	机工教育服务网：www.cmpedu.com

前 言

PREFACE

为推进高职院校汽车类专业教学改革与发展，机械工业出版社于 2015 年 5 月 23—24 日在北京召开了"职业院校汽车专业创新立体化课程开发"研讨会。研讨会以创新立体化教材为突破口，探讨了汽车类专业课程的创新和发展，以推动职业院校汽车专业教学内容、教学流程和教学方法改革。

本套创新立体化教材的创新点有以下几方面。

1）在教材的内容组织上，与汽车产业需求、职业标准、生产过程相对接，按照企业真实的技术和装备水平设计理论、技术和实训课程，反映汽车服务企业的真实业务流程。

2）在教材的编写方式上，通过真实案例、真实项目激发学生的学习兴趣、探究兴趣和职业兴趣。

3）在教材的表现形式上，采用图片、表格、二维码等多种形式，以"互联网＋"的新思维模式，在传统平面教材的基础上通过二维码扫描呈现立体的工作原理、工作情景和真实环境，使教师更容易教，学生更容易学，实现教材与教学资源的配套和融合。

机械工业出版社于 2015 年 7 月 27 日在郑州中鑫之宝汽车服务有限公司召开"职业院校汽车专业创新立体化课程开发第二次会议"，进一步探讨确定了创新立体化课程的具体实现细节，探讨架构全面、立体的课程体系，探讨职业教育与现代汽车维修企业人才需求的对接。

本书共 5 章，第 1 章主要讲述汽车底盘的基础知识，第 2 章讲述汽车传动系统结构、原理与维修，第 3 章讲述汽车行驶系统结构、原理与维修，第 4 章讲述汽车转向系统结构、原理与维修，第 5 章讲述汽车制动系统结构、原理与维修。

本书面向高职高专教育而编写，其特色如下。

1）内容全：包含目前汽车底盘所具有的各种结构。

2）形式新：设有知识目标、技能目标、案例导入、小结、课后练习题等小栏目，并且嵌入为帮助理解的动画、视频、彩色图片二维码，利用互联网实现教材的立体化。

3）规范化：针对普及车型介绍规范操作方法和步骤。

4）实用性强：贴近实际，学即能用。

本书由长春汽车工业高等专科学校韩东主编，孙江山、崔修元任副主编，王鹤鹏编写第 1 章，安宇航、孙江山编写第 2 章的 1、4 节和第 5 章 3、4 节，毛英慧编写第 2 章的 2、3 节，韩东、崔修元编写第 2 章的第 5 节及第 3 章，刘丽华编写第 4 章，张晓艳编写第 5 章 1、2 节。

在本书的编写过程中得到了深圳风向标科技有限公司的大力支持，并参阅了许多国内外文献，在此一并表示感谢。

由于编者水平有限，书中难免存在疏漏和错误，恳请读者朋友批评指正。

编　者

目 录
CONTENTS

前言

第1章 概述 / 1

1.1 汽车底盘认识 / 1

1.1.1 汽车底盘的基本组成及功用 / 1

1.1.2 汽车底盘的总体布置 / 2

1.2 汽车行驶的基本原理 / 5

1.2.1 汽车行驶的驱动条件 / 5

1.2.2 汽车行驶的附着条件 / 7

1.3 汽车底盘维修的基本原则 / 7

第2章 汽车传动系统的结构、原理与维修 / 12

2.1 离合器 / 13

2.1.1 离合器的功用 / 13

2.1.2 离合器的布置及操纵 / 14

2.1.3 膜片弹簧离合器的结构和工作原理 / 15

2.1.4 离合器的维护保养 / 19

2.1.5 离合器的检修 / 20

2.2 手动变速器 / 22

2.2.1 手动变速器的作用 / 22

2.2.2 手动变速器的布置及操纵 / 22

2.2.3 手动变速器的结构与工作原理 / 24

2.2.4 手动变速器的检修 / 41

2.3 驱动桥 / 44

2.3.1 驱动桥的功用 / 44

2.3.2 驱动桥的结构与工作原理 / 45

2.3.3 驱动桥的检修 / 50

2.4 手动变速器及离合器的拆装 / 51

2.5 四轮驱动系统 / 55

2.5.1 四轮驱动系统概述 / 55

2.5.2 适时四驱系统 / 57

2.5.3 分时四驱系统 / 58

2.5.4 全时四驱系统 / 59

2.5.5 四轮驱动系统主要部件 / 59

第3章　汽车行驶系统的结构、原理与维修 / 67

3.1　车桥 / 67
3.1.1　转向桥 / 68
3.1.2　转向驱动桥 / 70
3.1.3　转向轮定位及调整 / 72

3.2　车轮与轮胎 / 75
3.2.1　车轮 / 76
3.2.2　轮胎 / 80
3.2.3　车轮动平衡试验 / 86
3.2.4　胎压监测系统 / 88

3.3　车架和悬架 / 89
3.3.1　车架 / 89
3.3.2　悬架 / 91
3.3.3　自适应空气悬架系统 / 99

第4章　汽车转向系统的结构、原理与维修 / 106

4.1　液压助力转向系统 / 107
4.1.1　液压助力转向系统的结构及工作原理 / 107
4.1.2　液压助力转向系统的检修 / 118

4.2　电控助力转向系统 / 128
4.2.1　电控助力转向系统的结构与工作原理 / 128
4.2.2　电控助力转向系统的检修 / 138

第5章　汽车制动系统的结构、原理与维修 / 142

5.1　常规制动系统 / 142
5.1.1　制动系统概述 / 142
5.1.2　制动系统的组成及其工作原理 / 145
5.1.3　制动系统的检修 / 158

5.2　防抱死制动系统 / 166
5.2.1　防抱死制动系统概述 / 166
5.2.2　防抱死制动系统的检修 / 175

5.3　驱动防滑系统 / 179
5.3.1　驱动防滑系统概述 / 179
5.3.2　ASR 系统的主要部件 / 180
5.3.3　ASR 系统的工作过程 / 182

5.4　车身电子稳定系统 / 184
5.4.1　ESP 的基本组成 / 184
5.4.2　ESP 的工作原理 / 188

参考文献 / 190

二维码目录

所在页码	二维码名称	二维码	所在页码	二维码名称	二维码
34	锁环式惯性同步器工作原理		147	领从蹄制动器的工作原理	
48	差速器的工作原理		148	浮钳盘式制动器的工作原理	
64	托森差速器的工作原理		150	凸轮式车轮制动器的工作原理	
75	四轮定位		155	双腔串联式制动主缸工作原理（漏油）	
88	车轮动平衡检测		155	双腔串联式制动主缸工作原理	
110	齿轮齿条式液压助力转向系统中转向阀的工作原理		169	ABS 工作原理	
111	齿轮齿条式液压助力转向器的工作原理		173	图 5-57～图 5-59 彩图	
113	循环球式液压助力转向器的工作原理		180	ASR 系统工作原理	
117	叶片泵的工作原理		181	图 5-69 ASR 组成彩图	
124	动力转向器的拆装		188	ESP 工作原理	
147	鼓式制动器的工作原理				

概 述

1.1 汽车底盘认识

1.1.1 汽车底盘的基本组成及功用

　　汽车底盘的作用是支撑、安装汽车发动机及其他各部件、总成，形成汽车的整体造型，并接受汽车发动机的动力，使汽车产生运动，保证汽车正常行驶。汽车底盘由传动系统、行驶系统、转向系统和制动系统组成，如图1-1所示。

图1-1　汽车底盘的组成

（1）传动系统　其基本功能是接受发动机的动力并传给驱动轮。传动系统具有变速、改变传动方向、中断动力、轮间差速和轴间差速等功能，与发动机配合工作，能保证汽车在各种工况条件下的正常行驶，并具有良好的动力性和经济性。传动系统由离合器、变速器、万向传动装置和驱动桥组成。

（2）行驶系统　其功能是接受传动系统的动力，通过驱动轮与路面的作用产生牵引力，使汽车正常行驶；承受汽车的总重量和地面的反力；缓和不平路面对车身造成的冲击，衰减汽车行驶中的振动，保持行驶的平顺性；与转向系统配合，保证汽车操纵稳定性。行驶系统由车架、车桥、车轮和悬架等组成。

（3）转向系统　其功能是按照驾驶人的意愿控制汽车的行驶方向。转向系统由转向操纵机构、转向助力机构、转向器和转向传动机构四大部分组成。

（4）制动系统　其功用是使行驶中的汽车减速甚至停车、使下坡行驶的汽车速度保持稳定、使已停驶的汽车保持不动。制动系统主要由供能装置（包括供给、调节制动所需能量以及改善传动介质状态的各种部件）、控制装置（产生制动动作和控制制动效果的各种部件，如制动踏板）、传动装置（包括将制动能量传输到制动器的各个部件，如制动主缸、轮缸）、制动器（产生阻碍车辆运动或运动趋势的部件）组成。

1.1.2　汽车底盘的总体布置

汽车底盘的总体布置（又称汽车的布置或传动系统的布置）与发动机的位置及汽车的驱动方式有关。发动机可以布置在汽车的前、中、后等位置，按照设计需求而最终确定。以两轴汽车（如小轿车）为例，如果发动机位于前轴之前，则称为发动机前置；如果发动机位于后轴之后，则称为发动机后置；如果发动机位于两轴之间，则称为发动机中置。而驱动方式按照产生驱动力的车轮的不同分为前驱、后驱和四驱。如果连接前轴的两个车轮产生驱动力，则称为前轮驱动；如果连接后轴的两个车轮产生驱动力，则称为后轮驱动；如果连接两轴的四个车轮全部产生驱动力，则称为全轮驱动或四轮驱动。

发动机的布置位置不同、驱动方式不同都会使底盘的性能有较大的差异，现代汽车底盘的布置形式通常有如下五种。

1. 发动机前置前轮驱动

发动机前置前轮驱动（简称FF）是轿车（含微型、经济型汽车）比较常见的驱动形式，但货车和大客车基本上不采用该形式。将汽车发动机、离合器、变速器、主减速器、差速器装配在一起形成一个复杂而紧凑的整体，并固定在汽车前部的车架上，前轮为驱动轮，这样的传动布置方案就称为前置前驱，如图1-2所示。

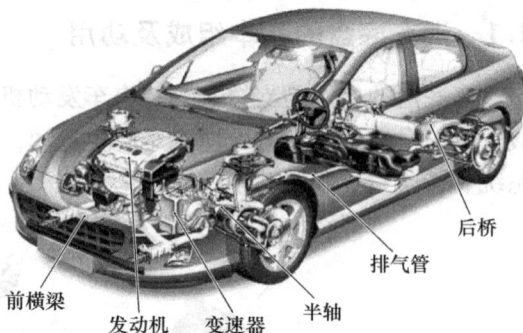

图1-2　发动机前置前轮驱动

（1）优点

① 省略传动轴装置，减轻了车重，结构比较紧凑。

② 有效地利用了发动机舱的空间，驾驶室内空间较为宽敞，并有利于降低地板高度，提高乘坐舒适性。

③ 发动机接近驱动轮，动力传递效率高，燃油经济性好。

④ 简化了后悬架系统。

⑤ 汽车散热器布置在汽车前部，散热条件好，发动机可得到足够的冷却。

⑥ 行李箱布置在汽车后部，所以有足够大的行李箱空间。

（2）缺点

① 起动、加速或爬坡时，前轮负荷减少，导致前轮地面附着力下降。

② 前桥既是转向桥，又是驱动桥，结构及工艺复杂，制造成本高，维修保养困难。

③ 前桥负荷较后轴重，并且前轮又是转向轮，故前轮工作条件恶劣，轮胎寿命短。

④ 前轮驱动并转向需要等速万向节，其结构和制造工艺较为复杂。

⑤ 一旦发生正面碰撞事故，因其发动机及其附件损失较大，维修费用高。

2. 发动机前置后轮驱动

发动机前置后轮驱动（简称 FR）是传统的布置形式。大多数货车、部分轿车和部分客车采用这种形式，如图 1-3 所示。

（1）优点

① 在良好的路面上起动、加速或爬坡时，驱动轮的负荷增大（即驱动轮的附着力增大），其牵引性能比前置前驱形式优越。

② 轴荷分配比较均匀，一些组件从车辆前部移至后部，使整车的前后配重比可以接近或达到 50∶50 的完美比例，因而具有良好的操纵稳定性和行驶平顺性，并有利于延长轮胎的使用寿命。

图 1-3 发动机前置后轮驱动

③ 前置后驱的布置方式使发动机、离合器和变速器等部件更接近驾驶室，简化了操纵机构的布置和转向机构的结构，便于车辆的维修和保养。

④ 后轮负责驱动，前轮仅用于转向，因此转向时车辆反应更加灵敏。

（2）缺点

① 由于采用传动轴装置，占去一定的车身空间，影响了车内空间的布置分配；增加车重，同时降低动力传动系统的传动效率，影响了燃油经济性。

② 纵置发动机、变速器和传动轴等总成的布置，使驾驶室空间减小，影响乘坐舒适性；同时，地板高度的降低也受到限制。

③ 在雪地或易滑路面上起动、加速时，后轮推动车身，易发生摆尾现象。

④ 成本较高，空间利用不便；后驱车部件多、组装复杂，生产成本相对较高。

3. 发动机后置后轮驱动

发动机后置后轮驱动（简称 RR）与前置前驱相反，后置后驱方案是将发动机、离合器、变速器都横向布置于驱动桥（后桥）之后。大、中型客车中较多使用这种布置方案，如图 1-4 所示。

（1）优点

① 重量集中于汽车的后部，发动机距驱动轴很近，因而驱动轮负荷大，起动、加速时

地面附着力大，牵引力也大；且传动效率高，燃油经济性好。

② 有利于车身内部布置，车厢内的空间利用率高。

③ 易于将发动机与车厢隔开，减少车厢内的振动和噪声，乘坐舒适性良好。

④ 排气管不需要经过整个车身到达车身后部，因此可以较好地解决离地间隙和内部空间的矛盾。

（2）缺点

① 前轮地面附着力小，高速时转向不稳定，影响了操纵稳定性。

② 散热器布置困难，不利于发动机的散热。

③ 发动机防尘困难。

④ 发动机和变速器等总成远离驾驶人，远程操纵机构的布置较复杂。

⑤ 发动机距离驾驶人较远，驾驶人不容易及时听到发动机的异常噪声，影响故障的发现。

图1-4 发动机后置后轮驱动

4. 发动机中置后轮驱动

发动机中置后轮驱动（简称MR）是大多数运动型轿车和方程式赛车所采用的布置形式。将发动机布置在驾驶人座椅之后和后轴之前，有利于获得最佳轴荷分配和提高汽车性能。此外，某些大中型客车也采用这种布置形式，把装备的卧式发动机装在地板下，但采用该形式的货车很少，如图1-5所示。

（1）优点

1）对于运动型轿车，该布置方式具有以下优点。

① 可获得最佳的轴荷分配，操纵稳定性和行驶平顺性较好。

② 发动机临近驱动桥，不需要传动轴，从而减轻车重，具有较高的传动效率。

③ 重量集中，车身平摆方向的惯性力矩小，转弯时，转向盘操作灵敏，运动性好。

图1-5 发动机中置后轮驱动

2）对于大、中型客车，该布置方式具有车厢内的空间利用率较高、车内噪声小、传动轴短、传动效率高等优点。

（2）缺点

1）对于运动型轿车，该布置方式具有以下缺点。

① 发动机的布置占据了车厢和行李箱的一部分空间，通常车厢内只能安放两个座椅。

② 车厢对发动机的隔音和绝热效果差，乘坐舒适性有所降低。

2）对于大、中型客车，该布置方式具有以下缺点。

① 发动机需要特殊设计，且其不易冷却和防尘。

② 远程操纵机构复杂，维修保养不便。

③ 地板高度难以降低。

5. 四轮驱动

四轮驱动（简称4WD）又称全轮驱动，是指汽车前后轮都是驱动轮。该布置方式可按行驶路面状态不同而将发动机输出转矩按不同比例分配给前后所有的车轮上，以提高汽车的行驶能力。一般用 4×4 或 4WD 来表示。四轮驱动是越野汽车特有的布置形式，通常发动机前置，在变速器后面装有分动器，以便将动力分别输送到全部车轮上，如图1-6所示。

（1）优点

① 相比两轮驱动汽车，在无路或者坑洼路面行驶，单个驱动轮被架空或者打滑时，其余3个驱动轮可以继续提供驱动力使车辆前行，因此该布置形式提升了车辆的通过性能。

② 采用中央差速器可以使车辆前后桥转速不同，即前后轮的驱动力可以按需分配，提升了车辆的通过性能。

图1-6 宝马 xDrive 四轮驱动

③ 在上坡路面行驶时，由于4个驱动轮同时与路面接触产生驱动力，提升了车辆的爬坡能力，可以通过更大坡度的路面。

（2）缺点

① 由于增加了中央差速器、传动轴等装置，使成本增加、重量增大。

② 燃油消耗高，经济性较差。

③ 结构复杂，维修保养成本高。

④ 高速状态下动力损失大。

1.2 汽车行驶的基本原理

汽车能够在道路上行驶需要满足两个条件：一个是驱动力应能克服行驶阻力，称为驱动条件；另一个是车辆与地面接触的部分能产生充分的附着力，使车辆不至于原地打滑，称为附着条件。

1.2.1 汽车行驶的驱动条件

1. 汽车的驱动力 F_t

如图1-7所示，从发动机传出的转矩经过传动系统传递给驱动轮一个大小为 T_t 的转矩，车轮与地面接触对地面产生沿车轮切向且向后的作用力 F_0，同时地面对驱动轮产生反作用力 F_t 推动汽车前进，F_t 称为汽车的驱动力。

$$F_t = T_t/r$$

式中 T_t——作用于驱动轮上的转矩（N·m）；

r——车轮半径（m）。

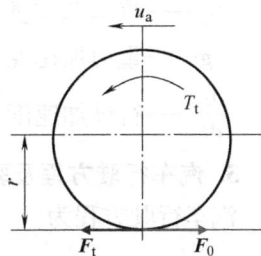

图1-7 汽车的驱动力

2. 汽车的行驶阻力 F

汽车行驶时需要克服各种阻力

$$F = F_f + F_\omega + F_i + F_j$$

① 滚动阻力 F_f。滚动阻力 F_f 由车轮滚动时轮胎与路面发生变形而产生。

$$F_f = W_t f$$

式中　F_f——滚动阻力（N）；

　　　W_t——车轮载荷（N）；

　　　f——滚动阻力系数。

滚动阻力系数与轮胎结构、轮胎气压、车速和路面性质等有关。

② 空气阻力 F_ω。汽车行驶时受到空气作用力在行驶方向上的分力称为空气阻力。影响空气阻力的因素主要有汽车形状、迎风面积和车速。汽车行驶在一定速度范围内时，空气阻力与车速的平方成正比；当车速很高时，空气阻力是行驶阻力的主要部分。

$$F_\omega = \frac{C_D A v_a^2}{21.15}$$

式中　C_D——空气阻力系数；

　　　A——汽车迎风面积（m^2）；

　　　v_a——汽车行驶速度（m/s）。

③ 坡度阻力 F_i。当汽车上坡行驶时，汽车重力沿坡道的分力称为汽车坡度阻力。

$$F_i = G\sin\alpha$$

式中　G——汽车重力（N），$G = mg$；

　　　α——坡度角（°）。

道路的坡度以坡高 h 与底长 s 之比来表示，即

$$i = h/s = \tan\alpha$$

我国公路标准规定，高速公路平原微丘区最大坡度为 3%，山岭重丘区为 5%；一般四级路面山岭重丘区最大坡度为 9%。当坡度不大时，$\cos\alpha \approx 1$，$\sin\alpha \approx \tan\alpha \approx i$，则

$$F_i = Gi$$

④ 加速阻力 F_j。汽车加速行驶时，需要克服汽车质量加速运动的惯性力，这就是加速阻力。汽车的质量越大，加速阻力越大。

$$F_j = \delta \frac{G_a}{g} \frac{dv}{dt}$$

式中　δ——汽车旋转质量换算系数；

　　　G_a——汽车总质量（kg）；

　　　g——重力加速度（m/s^2）；

　　　$\dfrac{dv}{dt}$——行驶加速度（m/s^2）。

3. 汽车行驶方程及驱动条件

汽车行驶方程为

$$F_t = F_f + F_\omega + F_i + F_j$$

当汽车驱动力等于滚动阻力、空气阻力和坡度阻力之和时，汽车匀速行驶；当驱动力大于

后三者时，汽车才能起步或加速行驶；当驱动力小于后三者时，则汽车无法起步或减速行驶。

因此汽车行驶的驱动条件为

$$F_t \geq F_f + F_\omega + F_i$$

1.2.2 汽车行驶的附着条件

附着力 F_φ：地面对轮胎的切向反作用力的极限值。它与驱动轮法向反作用力 F_z 成正比：

$$F_\varphi = F_z \varphi$$

式中 φ——附着系数。

汽车的牵引力要小于或等于驱动轮与路面的附着力。如果汽车的牵引力大于附着力，车辆就会打滑，无法正常行驶，也会因为不同车轮与地面作用力的差别使车辆出现危险。

汽车行驶的附着条件：地面切向反作用力不能大于附着力。

$$F_t \leq F_\varphi = F_z \varphi$$

汽车行驶必须同时满足驱动条件和附着条件，即驱动-附着条件为

$$F_f + F_\omega + F_i \leq F_t \leq F_\varphi$$

1.3 汽车底盘维修的基本原则

汽车维修人员工作的核心目标和原则是给客户提供最佳的汽车售后服务。最佳的售后服务是高效、可靠、专业的服务，必须坚持以下工作原则。

1. 安全生产

在汽车维修过程中要特别重视安全问题，不仅包括个人的安全，还包括他人的安全、设备的安全、车辆的安全等。

（1）人身安全

① 眼睛的防护。在汽车维修企业中，眼睛经常面临各种伤害，如飞来的物体、腐蚀性的化学飞溅、有毒的气体或烟雾等，这些伤害几乎都是可以防护的。

常见的保护眼睛的装备是护目镜（图1-8）和安全面具（图1-9）。护目镜可以防护各种对眼睛的伤害，如飞来物体或飞溅的液体。在下列情况下，应考虑佩戴护目镜：进行金属切削加工、用錾子或冲子铲剔、使用压缩空气、使用清洗剂等。安全面具不仅能够保护眼睛，还能保护整个面部。如果进行电弧焊或气焊，应使用带有色镜片的护目镜或深色镜片的特殊面罩，以防止有害光线或过强的光线伤害眼睛。

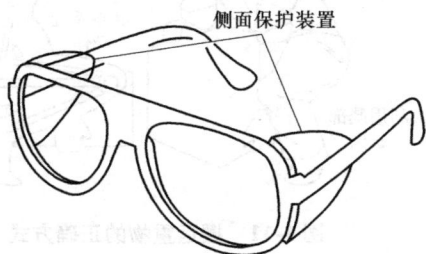

侧面保护装置

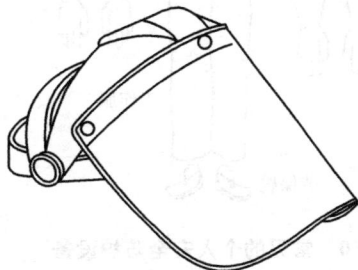

图1-8 护目镜   图1-9 安全面具

② 听觉的保护。汽车修理厂是个噪声很大的场所，各种设备和机器（如冲击扳手、空气压缩机、砂轮机、发动机等）产生的噪声都很大。短时的高噪声会造成暂时性听力丧失，持续的较低噪声则更有害。

常见的听力保护装备有耳罩和耳塞，噪声极高时可同时佩戴。一般在钣金车间必须佩戴耳罩或耳塞。

③ 手的保护。手是身体经常受伤的部位之一，保护手要从两方面着手：一是不要把手伸到危险区域，如发动机前部转动的传动带区域、发动机排气管道附近等；二是必要时戴上防护手套。不同的场合需要不同的防护手套，金属加工作业有劳保安全手套，接触化学品有橡胶手套。是否需要戴手套取决于工作的类型，工作在有旋转设备的地方就不应戴手套，如使用砂轮机、台钻等设备时不能戴手套，以免手套卷入旋转的部分导致手部的伤害。

④ 衣服、头发及饰物。宽松的衣服、长袖子、领带等都容易卷进旋转的机器中，所以在修理工作中，首先一定要穿合体的工作服，最好是连体工作服，外套、工装裤也可以，这些比日常衣着安全多了。如果戴领带，则要把它塞到衬衫里。

衣兜里不要装有工具、零部件等，特别是带有尖角的东西，否则容易伤到自身或车辆。

工作时不要戴手表或其他饰物，特别是金属饰物，因为这些饰物在进行电气维修时可能导入电流而烧伤皮肤，或导致电路短路而损坏电子元件或设备。

在工厂内要穿劳保鞋，可以保护脚面不被落下的重物砸伤，且劳保鞋的鞋底是防油、防滑的。

长发很容易被卷入运转的机器中，所以长发一定要扎起来，并戴上帽子。

常见的个人安全防护设备如图 1-10 所示。

另外在搬举重物时应采用图 1-11 所示的方式进行，以避免损伤身体。

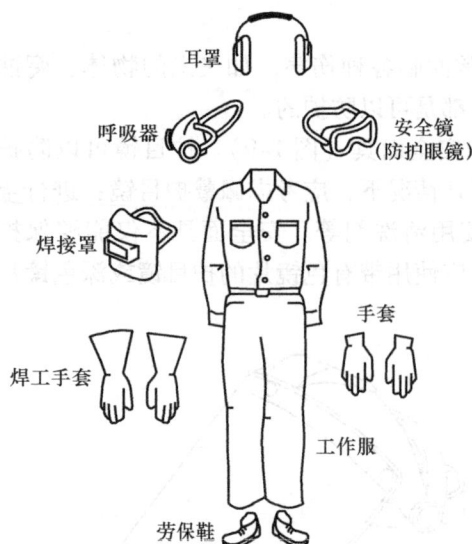

图 1-10 常见的个人安全防护设备

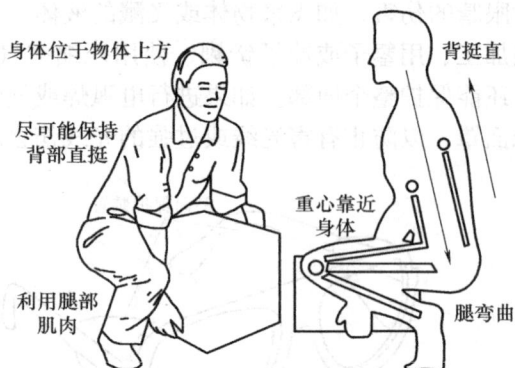

图 1-11 搬运重物的正确方式

（2）工具和设备安全　手动工具看起来是安全的，但使用不当也会导致事故，如用一字旋具代替撬棍，可能导致旋具崩裂、损坏，飞溅物打伤自己或他人；扳手从油腻的手中滑落，掉到旋转的元件上，再飞出来伤人等。

另外，使用带锐边的工具时，锐边不要对着自己和他人。传递工具时要将手柄朝向对方。

所有的电气设备都要使用三相插座，地线要安全接地，电缆若装配松动应及时维护；所有旋转的设备都应有安全罩，以减少部件飞出伤人的可能性。

在进行电子系统维修时，应断开电路的电源，方法是断开蓄电池的负极搭铁线，这不仅可以保护人身安全，还能防止对电器的损坏。

许多维修工序需要将汽车升离地面，在升起车辆前应确保汽车已被正确支撑，并应使用安全锁以免汽车落下。用千斤顶支起汽车时应当确保千斤顶支撑在汽车底盘大梁部分或较结实的部位。

工具和设备都要定期检查和保养。

使用压缩空气时，应非常小心，切忌玩弄，不要将压缩空气对着自己或他人，不要对着地面或设备、车辆乱吹。压缩空气会撕裂鼓膜，造成失聪，损伤肺部或伤及皮肤，被压缩空气吹起的尘土或金属颗粒会造成皮肤、眼睛损伤。

（3）车辆安全　客户的车辆一定不要进行非生产性的私自使用，否则有可能给个人和企业带来不良的影响。

另外不能乱动客户车内的物品，如果因维修需要而对车辆的某些设置进行了改变，则要在交车前恢复原有的设置，如座椅的位置、转向盘的位置、收音机的设置等。

2. 整洁、有序地工作

整洁、有序体现在三方面：一是员工穿戴整洁；二是爱护车辆，保持车辆整洁；三是工作场所整洁有序。

（1）穿戴整洁　员工要穿戴干净的工作服、干净的帽子、干净的劳保鞋；头发利落整洁；不戴手表、戒指等饰品，应戴无扣腰带；口袋内要有干净的抹布。

（2）爱护车辆　维修工作前要将座椅布、转向盘套、地板垫、翼子板布和前罩装好；要小心驾驶客户的车辆；在客户车内不能吸烟；不要使用客户的音响设备或车内电话；不要在车内放置工具、零件等非客户用品。

（3）工作场所整洁有序　在工作时要保持工作场所的地面、工作台、工具箱、仪器设备等整洁有序，无用的东西要及时拿走。

3. 高效、可靠地工作

高效的工作需要做好必要的准备工作，如应事先确认库存有所需的零部件；要根据维修单进行工作，避免出错；对工作做好规划，在一个工位要完成尽量多的工作等。工作场所整洁有序是高效工作的前提。

要遵循维修手册的要求，并使用正确的工具、设备和仪器才能保证可靠的工作。

4. 按时完成工作

一定要按时完成维修工作，如果提前完成，要再检查一次是否已完成了所有的工作，并告知调度/维修经理；如果不能按时完成，也要告知调度/维修经理；如果发现车辆还存在不包括于维修单内的维修工作，也要向调度/维修经理请示，并由业务接待及时与客户沟通。

5. 后续工作

维修工作完成后，一定要重视后续工作，如应确保车辆与接车时一样清洁；将座椅、转向盘和反光镜恢复到接车时的位置；将更换的零部件按客户的要求放到指定的位置；完成维修单的填写工作等。

汽车维修人员应遵守以下日常安全守则。

① 工具不使用时应保持干净并放到正确的位置。

② 各种设备和工具要及时检查和保养。

③ 手上应避免沾有油污，以免工具滑脱。

④ 起动了发动机的车辆应保证驻车制动正常。

⑤ 不要在车间内乱转。

⑥ 在车间内起动发动机要保持通风良好。

⑦ 在车间内穿戴、着装要合适，并佩戴必要的装备，如手套、护目镜、耳塞等。

⑧ 不要将压缩空气对着人或设备吹。

⑨ 尖锐的工具不要放到口袋里，以免扎伤自己或划伤车辆。

⑩ 安全通道上不要放工具、设备、车辆等。

⑪ 正确使用工具。

⑫ 手、衣服、工具应远离旋转设备或部件。

⑬ 开车进出车间时要格外小心。

⑭ 在极度疲劳或消沉时不要工作，这种情况会降低注意力，有可能导致自身或他人受到伤害。

⑮ 如果不知道车间设备如何使用，应先向知晓的人员请教，以便得知正确、安全的使用方法。

⑯ 用举升机或千斤顶升起车辆时一定要按正确的规程操作。

⑰ 应知道车间灭火器、医疗急救包、洗眼处的放置位置。

【小　结】

1. 汽车底盘的作用是支撑、安装汽车发动机及其他各部件、总成，形成汽车的整体造型，并接受发动机的动力，使汽车产生运动，保证汽车正常行驶。汽车底盘由传动系统、行驶系统、转向系统和制动系统四部分组成。

2. 汽车底盘的总体布置形式有发动机前置前驱、前置后驱、中置后驱、后置后驱以及四轮驱动。

3. 汽车行驶时需要克服各种行驶阻力，如滚动阻力、空气阻力、坡度阻力和加速阻力，并且驱动力不能大于轮胎与地面之间的最大附着力。

【课后练习题】

1. 简述汽车底盘的功用及组成。
2. 汽车底盘的总体布置形式有哪些？
3. 前置前驱汽车与前置后驱汽车相比有哪些优缺点？
4. 四轮驱动汽车相比两轮驱动汽车有哪些优缺点？
5. 汽车行驶需要满足哪些条件？
6. 汽车底盘维修的基本原则有哪些？

第2章

CHAPTER 2 汽车传动系统的结构、原理与维修

【知识目标】

1. 掌握离合器的功用、结构和工作原理。
2. 掌握手动变速器的功用、结构和工作原理。
3. 掌握驱动桥的功用、结构和工作原理。
4. 了解四轮驱动系统的类型和工作原理。

【技能目标】

1. 能够对离合器进行正常的使用、维护保养、检修和拆装。
2. 能够对手动变速器进行正常的使用、检修和拆装。
3. 能够对驱动桥进行检修。

【案例导入】

一辆捷达轿车在行驶中经常出现发动机转速升得很高，而车速却不能和发动机转速同步增长的现象，由此判断可能是离合器打滑所致。检查时，将变速器挂上前进档，拉紧驻车制动，摇转曲轴，发现随着曲轴轻微转动，车身也有轻微动作，说明离合器没有打滑。这里所说的离合器是什么？该故障现象中离合器究竟打没打滑？这一章将介绍汽车传动系统的结构与维修。

汽车传动系统是汽车发动机和驱动轮之间的动力传递装置，其基本功用是将发动机的动力按需要传递给驱动轮。对于安装了手动变速器的汽车来说，传动系统主要包括离合器、手动变速器、万向传动装置、主减速器、差速器和半轴等，如图2-1所示。对于安装了自动变速器的汽车来说，传动系统主要包括液力变矩器、自动变速器、万向传动装置、主减速器、差速器和半轴等，如图2-2所示。

本章主要介绍离合器、手动变速器、驱动桥的结构与检修。

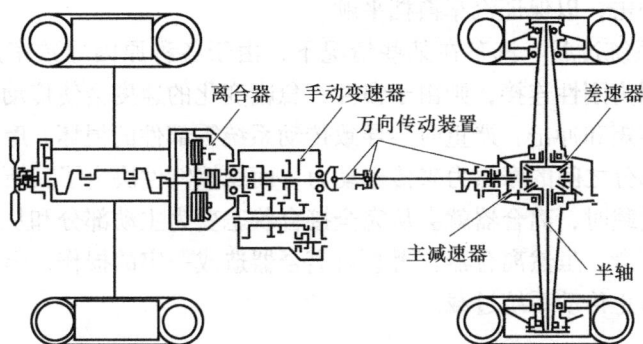

图 2-1 装有手动变速器的传动系统

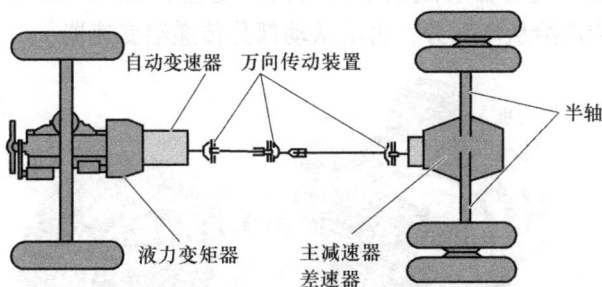

图 2-2 装有自动变速器的传动系统

2.1 离合器

离合器是汽车传动系统的动力"开关",当离合器接合时,离合器可以将发动机的动力传递给变速器,当离合器分离时,离合器可以切断发动机的动力传递。目前汽车上常用的离合器有摩擦式离合器和电磁式离合器,本书主要介绍摩擦式离合器。

2.1.1 离合器的功用

摩擦式离合器多与手动变速器配合使用,其功用主要有以下三方面。

(1)保证汽车平稳起步 汽车在起步过程中要克服各种阻力,由静止状态到行驶状态,发动机也从无载荷状态变为有较大载荷的状态,因此,发动机和传动系统会受到很大的冲击。在汽车起步的过程中,需要离合器先分离,中断动力,在挂上相应档位后,再逐步接合,使发动机的动力逐渐地传递给传动系统,这样就可以缓和发动机和传动系统在汽车起步时所受到的冲击,以保证汽车平稳起步。

(2)保证汽车换档平顺 汽车在行驶过程中会遇到不同的行驶条件,需要汽车以不同的档位行驶,使发动机处于最佳状态,因此,汽车在行驶的过程中需要经常进行换档。手动变速器的不同档位主要靠不同大小的齿轮副来实现,因此,变速器在变换档位时齿轮之间会受到较大的冲击。在换档过程中,需要离合器先分离,中断动力,这样可以使原档位的齿轮顺利退出接合状态,新档位齿轮顺利进入接合状态,然后离合器再接合,传递动力。这样可以缓和齿轮之间的冲击，以保证汽车换档平顺。

（3）防止传动系统过载　汽车在某些情况下，由于各种原因导致车速急剧变化，若传动系统的零部件之间为刚性连接，则由于惯性，急剧变化的速度会使传动系统承受较大的来自外界和发动机的转矩和冲击，严重时会导致传动系统零部件的损坏。摩擦式离合器主要依靠主动部分和从动部分之间的摩擦力来传递动力，而摩擦特性决定了其所能传递的动力是有限的，当传动系统过载时，离合器就会从完全接合状态变为主动部分和从动部分有相对滑动的状态，即离合器打滑。虽然离合器打滑会对离合器造成一定的损伤，但是可以保护传动系统其他部件，从而防止传动系统过载。

2.1.2　离合器的布置及操纵

（1）离合器的布置　离合器总成位于发动机和变速器之间，如图2-3所示。发动机动力主要通过主动部分传递给从动部分，再由从动部分传递给变速器。

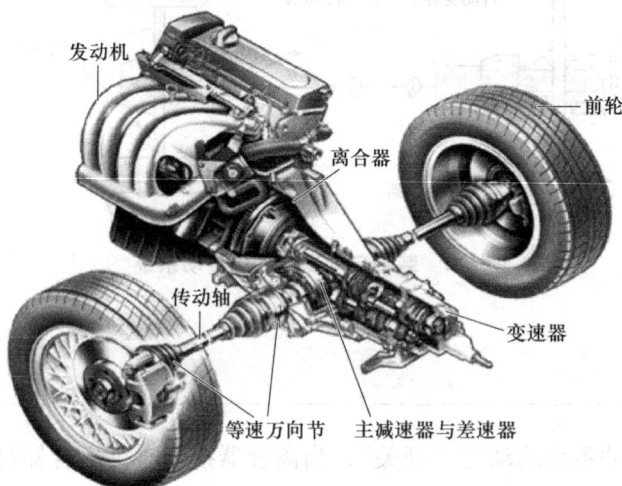

图2-3　离合器的布置

（2）离合器的操纵　起步时，踩离合器踏板要一脚到底，使离合器彻底分离。抬起离合器踏板时，开始要快抬，当感觉到离合器压盘逐渐接合至半联动后，开始放慢速度。在慢慢抬起的同时，根据发动机的实际反应情况，逐渐踩下加速踏板，使汽车平稳起步。

行车中换档时，应迅速踩下离合器踏板，换档完成后再抬起离合器踏板，不要出现半联动现象，避免增加离合器的磨损。在减速停车时，应先将车速降到20km/h以下，再踩下离合器踏板，然后停车。其操作方法是先踩下制动踏板，然后再踩下离合器踏板，使汽车平稳地停下来。有些驾驶人习惯于遇到紧急情况先踩下离合器踏板，再进行制动，这样会加剧离合器的磨损，而且也更费油。踩下离合器踏板高速惯性滑行的做法也非常不可取，因为发动机本身有制动功能，这样做不仅使汽车行驶状况难以控制，而且会损坏离合器，同时也容易发生危险。

新手由于缺乏驾驶经验，或者害怕熄火，总是习惯性地踩离合器踏板，这是一个不好的习惯，长时间如此，不仅会加剧离合器的磨损，而且容易造成离合器打滑、离合器片烧蚀、压紧弹簧退火等现象。所以新手应该从开始驾车之时就养成良好的驾驶习惯：除起步、换档和低速制动外，其他时间都不要踩离合器踏板，也不要把脚一直放在离合器踏板上。

2.1.3　膜片弹簧离合器的结构和工作原理

1. 膜片弹簧离合器的组成

膜片弹簧离合器主要由四部分组成：主动部分、从动部分、压紧机构和操纵机构，如图2-4所示。

主动部分：飞轮、压盘和离合器盖。

压紧机构：膜片弹簧。

从动部分：从动盘和从动轴。

操纵机构：见液压式操纵机构。

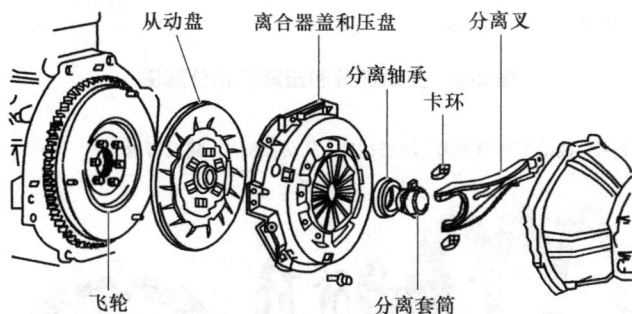

图 2-4　膜片弹簧离合器总成

2. 膜片弹簧离合器的结构

主动部分和压紧机构总成如图2-5所示，分解图如图2-6所示。离合器盖边缘的孔用于安装螺栓，螺栓将离合器盖固定到飞轮上；传动片一端通过铆钉和离合器盖相连，另一端通过铆钉和压盘相连；传动片可以弹性弯曲变形，这样发动机运转时，离合器盖和压盘会随着飞轮一起旋转，并且压盘相对离合器盖在轴向上可以相对移动。膜片弹簧外缘通过压盘上的分离钩和压盘连接，中间部位通过铆钉和支承环固定到离合器盖上，支承环起支点作用；膜片弹簧其径向开有若干切槽，形成分离指，分离指在离合器分离和接合时起杠杆的作用。

从动盘的结构如图2-7所示。从动盘位于压盘和飞轮中间，通过与飞轮之间的摩擦力传递动力。从动盘钢片外缘与波浪形弹簧钢片内缘通过铆钉固定在一起，波浪形弹簧钢片在离合器工作时起到减振的作用，使离合器

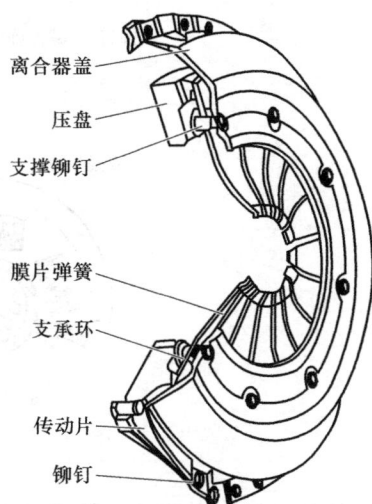

图 2-5　主动部分和压紧机构总成

分离和接合时更柔和，两片摩擦衬片通过铆钉固定到波浪形弹簧钢片两侧；减振器盘和从动盘钢片铆接在一起，两者之间装有止动销；从动盘毂安装在减振器盘和从动盘钢片之间，这三个均设有窗孔，窗孔内安装减振弹簧，从动盘毂可以相对从动盘钢片和减振器盘有一定的转动，如图2-8所示；从动轴即变速器的输入轴，其上有外花键，与从动盘毂的内花键相

配合，从动轴如图 2-6 所示。

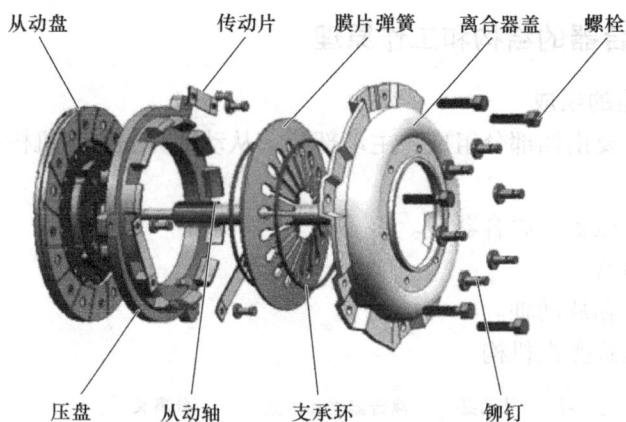

图 2-6   主动部分和压紧机构分解图

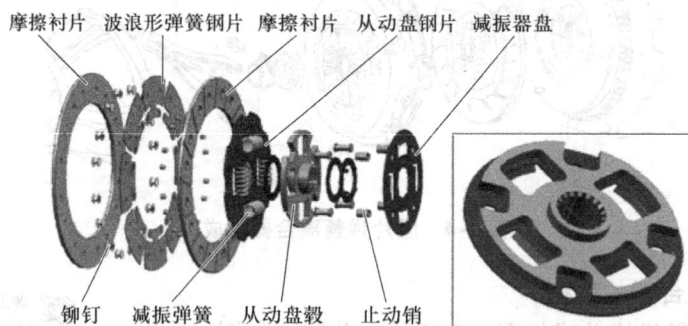

图 2-7   从动盘结构

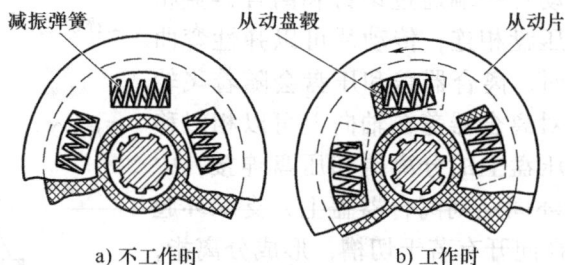

a) 不工作时   b) 工作时

图 2-8   减振弹簧示意图

从动盘是离合器动力传递的主要部件，其在传递动力时所受到的冲击较大，若从动盘各部件均刚性连接，则从动盘容易损坏，因此安装减振弹簧，以缓冲离合器接合和分离时对从动盘的冲击。

在实际应用中，若单片从动盘不能满足动力传递的要求，可以增加从动盘的数量，以传递更大的动力。

3. 膜片弹簧离合器的工作原理

当离合器盖未安装到飞轮上，各部件相接触但不相互作用时，离合器外缘与飞轮之间有

一定的间隙 L，此时膜片弹簧处于自由状态，如图 2-9a 所示；当离合器盖安装到飞轮上时，离合器盖会通过铆钉和支承环挤压膜片弹簧，使其弹性变形，弹性变形产生的压力即为离合器接合时压盘给予从动盘的压力。

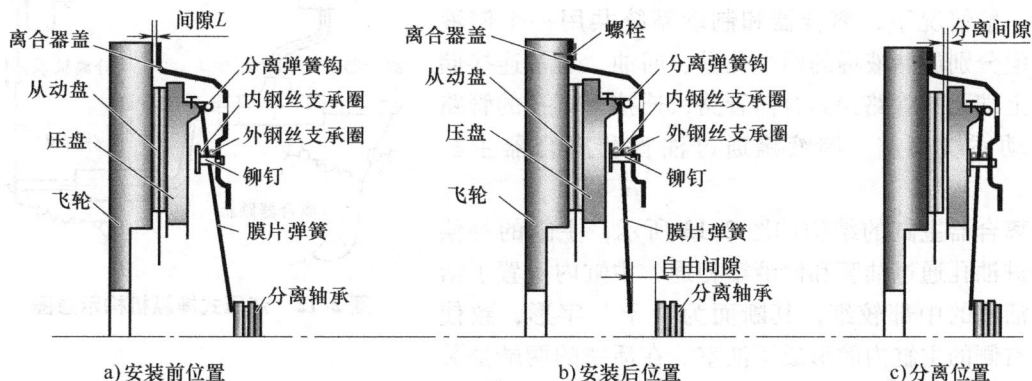

图 2-9　膜片弹簧离合器的工作原理

离合器接合时，压盘将从动盘压紧到飞轮上，发动机动力可以传递给变速器，压盘的压力由膜片弹簧提供。

踩下离合器踏板，分离轴承推动膜片弹簧的分离指内端，使其绕支承环翘起，从而带动压盘远离飞轮，使压盘给予从动盘的压力减小或消除，致使飞轮传递给从动盘的动力减小或中断，离合器分离。

4. 离合器的操纵机构

离合器的操纵机构是驾驶人控制离合器分离和接合的一套机构。目前，乘用车常用的离合器操纵机构有机械式操作机构、液压式操纵机构和弹簧助力式操纵机构。其中，液压式操纵机构应用得最为广泛。

（1）机械式操纵机构　机械式操纵机构一般可通过杆系和拉索两种形式进行传动。

杆系传动机构的结构如图 2-10 所示，它的结构相对简单，工作也较为可靠，可应用于各种车型，但杆与杆之间的连接多为铰接，因此，会造成较大的摩擦损失。此外，在发动机位置发生移动或者车架产生变形时，杆系传动机构的工作会受到一定的影响。

拉索传动机构的结构如图 2-11 所示，它的结构相对杆系更简单一些，对应的离合器踏板也可以采用吊挂式踏板；但是拉索的使用寿命较杆件短，可拉伸的刚度也相对较小，一般只能应用于轻型或微型汽车。

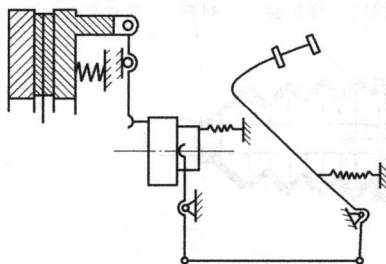

图 2-10　杆系传动机构示意图　　　　图 2-11　拉索传动机构示意图

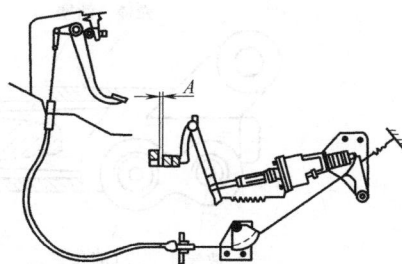

（2）**液压式操纵机构**　液压式操纵机构是目前汽车上应用最为广泛的离合器操纵机构，适合于各种车型，主要由离合器踏板、离合器主缸、储液罐、离合器工作缸、管路、分离叉和分离轴承等组成，如图 2-12 所示。

一般情况下，离合器和制动系统共用一个储液罐，但分别从储液罐的两个孔进、回油，通常连接储液罐上端孔的管路为离合器管路，连接下端孔的管路为制动系统管路。储液罐通过油管和离合器主缸相连。

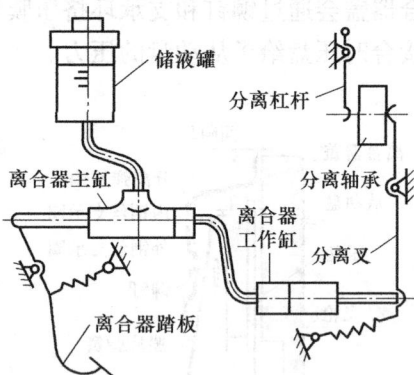

图 2-12　液压式操纵机构示意图

离合器主缸的结构如图 2-13 所示，主缸的补偿孔和进油孔通过油管和储液罐相通，主缸内安置了活塞，活塞的中部较细，其断面为"十"字形，致使活塞右侧的主缸内腔形成了油室。在活塞的两端都装有皮碗，并且在活塞左端中部的位置装有单向阀，单向阀经小孔与活塞右侧的油室相通。在未踩下离合器踏板时，活塞的左端皮碗位于进油孔和补偿孔之间，两孔均处于开放状态。

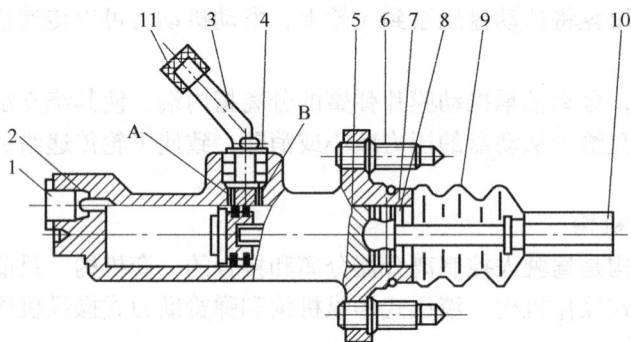

图 2-13　离合器主缸的结构

1—保护塞　2—壳体　3—管接头　4—皮碗　5—阀芯　6—固定螺栓
7—卡簧　8—挡圈　9—护套　10—推杆　11—保护套　A—补偿孔　B—进油孔

离合器工作缸的结构如图 2-14 所示，主要有壳体、活塞、皮碗、推杆、放气孔和进油孔等组成。放气孔上装有放气螺栓，主要用于排出液压系统中的气体，以保证液压系统的正常工作。通常情况下，主缸活塞比工作缸活塞略小一些，这样可以使液压系统有一定的增力效果，可以弥补液体在流通传力时的压力损失。

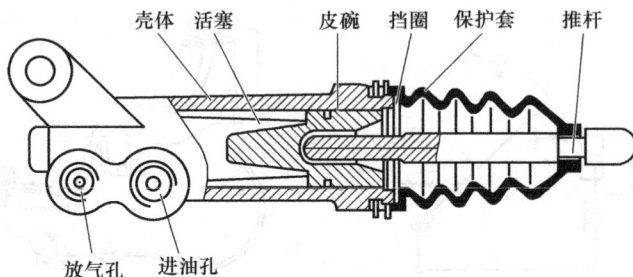

图 2-14　离合器工作缸的结构

（3）弹簧助力式操纵机构　在某些汽车中，为了降低驾驶人的疲劳程度，减少驾驶人分离离合器时施加在离合器踏板上的力，离合器操纵机构采用了弹簧助力式操纵机构，其结构如图 2-15 所示。

当未踩下离合器踏板时，离合器处于接合状态，踏板转轴位于助力弹簧轴线上方。当刚刚踩下离合器踏板时，踏板绕其转轴沿顺时针方向旋转，踏板此时会压缩助力弹簧，助力弹簧会阻碍踏板的旋转，但是此时的阻碍转矩很小。当继续踩下离合器踏板，使踏板转轴和助力弹簧轴线处于同一条直线时，助力弹簧阻碍踏板旋转的现象消失，阻碍转矩为零。当进一步踩下离合器踏板，使踏板转轴位于助力弹簧轴线下方时，踏板不再压缩助力弹簧，助力弹簧进行伸张，从而促进踏板的旋转。当离合器分离时，离合器踏板行程的后期是比较费力的，因此弹簧助力式操纵机构可以有效地帮助驾驶人分离离合器，从而降低驾驶人的疲劳程度。

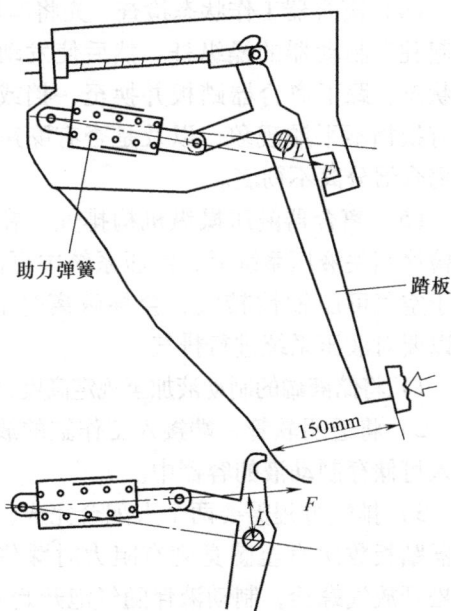

图 2-15　弹簧助力式操纵机构

5. 离合器的自由间隙和自由行程

离合器在安装完成之后，膜片弹簧分离指的内端要与分离轴承之间留有一定的间隙，一般为几个毫米，这个间隙称为自由间隙。如果没有自由间隙，从动盘磨损变薄时，压盘将无法把从动盘压紧到飞轮上，这样就会造成离合器打滑，不能正常工作。

踩下离合器踏板时，踏板总行程中用于消除自由间隙和操纵机构零件弹性变形的这一部分行程即为自由行程。

2.1.4　离合器的维护保养

1. 离合器储液罐高度检查

一般情况下，离合器和制动系统共用一个储液罐，因此通过观察制动系统储液罐液面高度是否在标定的刻度线范围内即可检查离合器的储液罐高度，若不足，则需添加制动液。

2. 离合器踏板检查

（1）踏板故障检查　离合器踏板常见故障如下。

① 异响。

② 踏板沉重。

③ 踏板过度松动。

④ 踏板回弹无力。

（2）踏板高度检查　如图 2-16 所示，撤除脚垫，用直尺测量踏板上表面到驾驶室地板的距离。如超出标准，则需调整。

（3）自由行程的检查　如图 2-16 所示，先用直尺测量踏板自由状态下的踏板高度，然后用手按踏板至阻力开始增大位置，测量该位置的踏板高度，两次测量结果之差即为自由行程。如超出标准，则需调整。此外，有些车辆具有自动调整装置，则这些车辆无须人为调整。

（4）离合器工作状态检查　先将车辆可靠驻停后，拉起驻车制动器的操纵杆。然后使发动机处于怠速运转状态，踩下离合器踏板并换至一档或倒档，检查是否有换档不平顺现象，以及是否有噪声产生，有则说明离合器分离不彻底。

（5）离合器液压操纵机构排气　在添加制动液或者检修相关液压系统后，液压系统中可能会混有空气。由于空气可压缩性较大，会导致离合器分离不彻底，所以要对液压系统进行排气。

1）将储液罐的制动液加至规定高度，并举升车辆。

2）将透明软管一端接入工作缸的放气孔，另一端接入可储存制动液的容器中。

3）排气过程需要两个人配合完成，一人反复踩离合器踏板数次直至感觉到有阻力时踩住不动；另一个人松开放气螺栓，制动液伴随气泡开始流出，踏板踩到底时，拧紧放气螺栓。

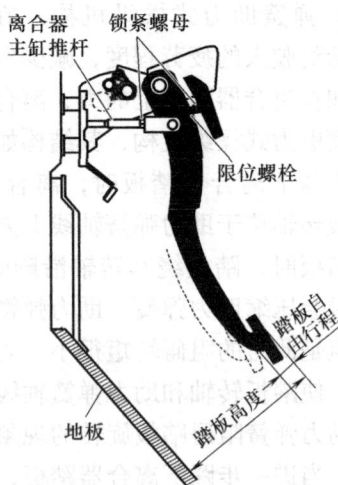

图 2-16　踏板高度和自由行程的检查

4）反复操作以上步骤数次，直至流出的制动液无气泡为止。

5）排气完成后，需检查自由行程，若不符合标准，则需调整。

6）最后检查制动液液面高度，若不足，则需添加。

2.1.5　离合器的检修

1. 从动盘的检查

首先对从动盘进行外观检查。

1）摩擦衬片是否有裂痕、破损或烧蚀。

2）铆钉是否松动或外露。

3）钢片是否变形或破损。

4）减振弹簧是否折断或过软。

5）从动盘毂内花键键齿是否磨损过度或损坏。

若有上述任意一项损伤，则需更换从动盘。若无以上现象存在，则对摩擦衬片进行磨损检查。

如图 2-17 所示，利用游标卡尺测量铆钉埋入深度来检查摩擦衬片的磨损程度，一般不应小于 0.2mm，若任意一个铆钉超出规定范围，则需更换从动盘。若均在规定范围内，则对从动盘进行翘曲变形检查，即轴向面圆跳动检查。

如图 2-18 所示，将从动盘安装在检查架上，利用百分表在距从动盘外边缘 2~5mm 处测量，最大轴向圆跳动为 0.4mm，若超出，则需更换。

2. 离合器盖的检查

1）检查离合器盖和压盘是否有明显的损伤和变形。

2）检查压盘表面粗糙度。检查压盘表面的沟槽，沟槽深度不应超过 0.3mm。

3）检查压盘平面度。如图 2-19 所示，将钢直尺压在压盘表面上，再用塞尺测量钢直尺与压盘表面的缝隙，一般不应超过 0.12mm。

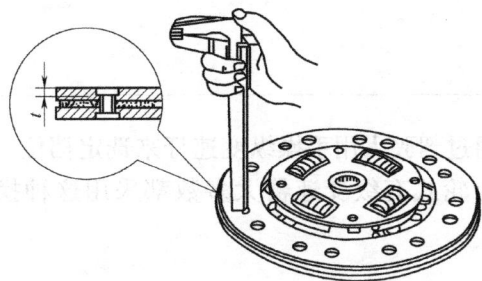

图 2-17　摩擦衬片磨损检查

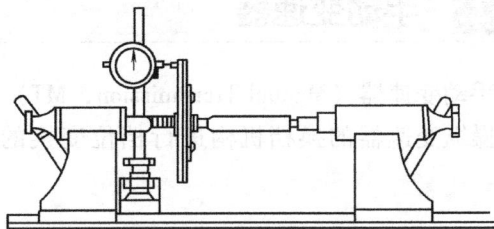

图 2-18　从动盘轴向圆跳动检查

若压盘和离合器盖有明显的损伤和变形，则需更换。压盘的平面度和粗糙度可用车削、磨削矫正，但车削、磨削的厚度不应超过 1mm。

3. 膜片弹簧的检查

1）膜片弹簧磨损检查。如图 2-20 所示，用游标卡尺测量膜片弹簧与分离轴承接触部位磨损的深度和宽度。深度不应超过 0.6mm，宽度不应超过 5mm，否则应更换。

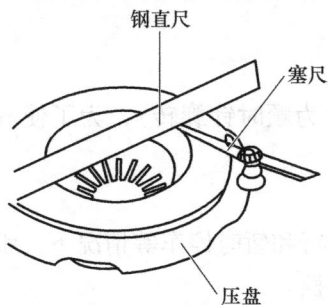

图 2-19　压盘平面度的检查

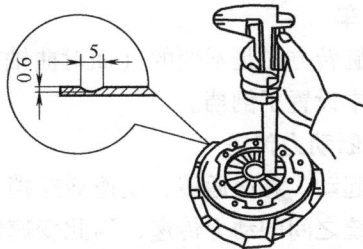

图 2-20　膜片弹簧磨损检查

2）膜片弹簧变形检查。如图 2-21 所示，用专业工具盖住膜片弹簧分离指的内端，然后用塞尺测量分离指内端与工具之间的间隙，间隙应小于 0.5mm。分离指内端应处于同一平面内，否则应通过维修工具调整变形过大的分离指。

4. 分离轴承的检查

如图 2-22 所示，用一只手固定分离轴承内圈，另一只手转动外圈，并在轴向施加一定的压力，如果感到阻滞或间隙明显，则应更换分离轴承。此外，应注意分离轴承的润滑脂为一次性注入，维修检查时不应清洗。

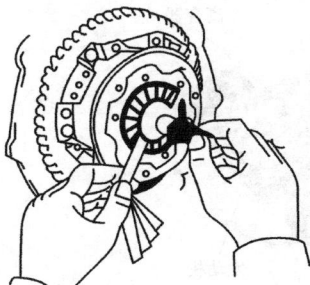

图 2-21　膜片弹簧变形检查

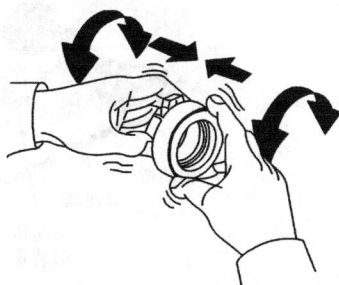

图 2-22　分离轴承的检查

2.2 手动变速器

手动变速器（Manual Transmission，MT）是通过驾驶人用手操纵变速杆来选定档位，并直接操纵变速器的换档机构进行档位变换的。齿轮式有级变速器大多数都采用这种换档方式。

2.2.1 手动变速器的作用

1. 实现变速变矩

汽车上使用的发动机具有转矩变化范围小、转速高的特点，这与汽车实际的行驶状况是不相适应的。如果没有变速器而直接将发动机与驱动桥连接在一起，首先由于发动机的转矩小，不能克服汽车的行驶阻力，使汽车根本无法起步；其次即使汽车行驶起来，也会由于车速太高而不实用，甚至无法控制。所以必须改善发动机的转矩、转速特性，使发动机的转矩增大、转速下降，以适应汽车实际行驶的要求。变速器是通过不同的档位来实现这一功能的。

2. 实现倒车

发动机的旋转方向是不变的（面对曲轴前端看，为顺时针旋转），为了使汽车能够倒向行驶，变速器中设置了倒档。

3. 实现中断动力传递

在发动机起动、怠速运转、变速器换档、汽车滑行和暂时停车等情况下，都需要中断发动机与传动系统之间的动力传递，因此变速器设有空档。

2.2.2 手动变速器的布置及操纵

1. 手动变速器的布置

手动变速器在底盘中的布置与发动机的位置及汽车的驱动方式有关，下面主要介绍发动机前置后轮驱动和发动机前置前轮驱动两种形式中手动变速器的布置。

（1）发动机前置后轮驱动 发动机前置后轮驱动时，手动变速器位于离合器和万向传动装置（万向节和传动轴）之间，如图2-23所示。手动变速器前端的离合器壳通过螺栓安装在发动机缸体上，后端输出轴通过法兰盘与万向传动装置相连。

图2-23 手动变速器在发动机前置后轮驱动中的布置

（2）发动机前置前轮驱动　发动机前置前轮驱动时，在手动变速器与驱动桥之间省去了万向传动装置，发动机的动力经离合器、手动变速器、主减速器、差速器、半轴，最后传至前驱动车轮，如图 2-24 所示。

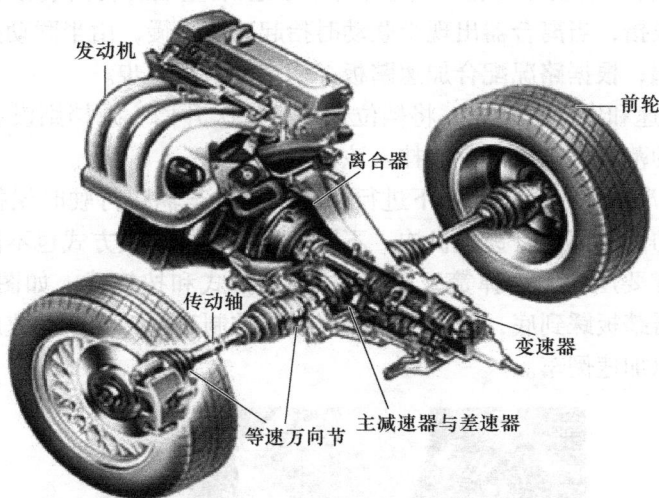

图 2-24　手动变速器在发动机前置前轮驱动中的布置

2. 手动变速器的操纵方法

（1）变速杆的握法　汽车变速杆一般都安装在驾驶座的右侧位置（除右置式转向盘）或转向柱上。手动变速杆的握法一般是右手的掌心贴住球头，五指自然将球头握住。操纵变速杆时，两眼注视前方（切记不要盯着档位换档），右手以手腕的力量准确地推入和拉出档位。变速杆球头不可握得太紧，以便适应不同档位、不同用力方向的需要。

（2）变速器换档操作方法　轿车手动变速器大多为四档或五档有级式齿轮传动变速器，不同车型的选换档操作方式略有差别，但选档和换档时变速杆的移动方向是基本一致的。变速杆左右移动为选档操作，变速杆前后移动为换档操作。图 2-25 所示是某车型五档手动变速器档位示意图。

装有手动变速器的汽车换档时需要与离合器配合使用，因此汽车上除加速踏板和制动踏板外，还设有离合器踏板，如图 2-26 所示。在进行换档操作时，需要手脚协调配合才能完成换档操作。

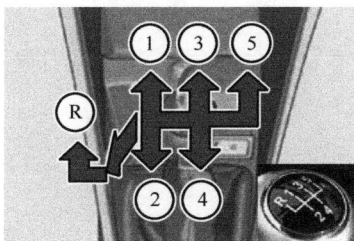

图 2-25　某车型五档手动变速器档位示意图

1、2、3、4、5——一~五档　R—倒档

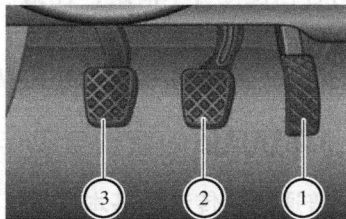

图 2-26　装有手动变速器汽车上的踏板

1—加速踏板　2—制动踏板　3—离合器踏板

1）起步前熟悉各档位置，以免行车换档时由于察看所换档位是否正确而发生意外。

2）无论挂档或摘档，都需要将离合器踏板踩到底，彻底切断发动机的动力。但推拉变速杆的力量要适当，不要太过用力。

3）起步时将离合器踏板踩到底，变速杆平行拉至最左端后再向前推，挂入一档；离合器踏板抬起开始时快抬，当离合器出现半联动时抬起速度变慢，由半联动到完全接合的过程中，将踏板慢慢抬起；根据路况配合加速踏板，使汽车平稳起步。

4）根据汽车车速和发动机转速，将档位按顺序依次升档。减档则没有严格要求，当车速下降到某一档位的范围时，即可直接挂入该档。

5）挂倒档要在汽车完全停止状态下进行。为了防止车辆在行驶时误挂倒档而造成变速器损坏，许多车型的倒档都设有锁止机构。不同车型倒档的解锁方式也不同，最为常见的有直挂式（挂倒档时需要压缩倒档弹簧）、按压式、提拉式和按钮式，如图2-27所示。挂倒档时一定要将离合器踏板踩到底，利用离合器半联动控制车速，倒车时速度不要太快，而且不要狠踩加速踏板急加速倒车。

图2-27 手动变速器倒档的解锁方式
1—直挂式 2—按压式 3—提拉式 4—按钮式

（3）常见的手动变速器错误操作

1）换档时低头察看。

2）变速杆握法不正确。

3）不踩离合器踏板，强行摘档或挂档。

4）强拉硬推变速杆。

5）在空档位置乱晃变速杆。

6）对各档位位置不清楚，挂错档。

7）车未停稳就挂倒档。

8）右手换档时，左手转动转向盘。

2.2.3 手动变速器的结构与工作原理

2.2.3.1 普通齿轮传动的基本原理

（1）变速变矩原理 普通齿轮变速器是利用不同齿数的齿轮啮合传动来实现转速和转矩改变的。

齿轮传动的基本原理如图 2-28 所示，一对齿数不同的齿轮啮合传动时可以实现变速变矩，而且两齿轮的转速比与其齿数成反比，与其转矩成反比。设主动齿轮转速为 n_1，齿数为 z_1，转矩为 T_1；从动齿轮转速为 n_2，齿数为 z_2，转矩为 T_2。主动齿轮（即输入轴）转速与从动齿轮（即输出轴）转速之比值称为传动比，用字母 i_{12} 表示。由齿轮 1 传到齿轮 2 的传动比为

$$i_{12}=\frac{n_1}{n_2}=\frac{z_2}{z_1}=\frac{T_2}{T_1}$$

当小齿轮为主动齿轮，带动大齿轮转动时，$z_2 > z_1$，传动比 $i_{12}>1$，可得到 $n_2 < n_1$、$T_2 > T_1$，即输出转速降低、输出转矩增大（减速增矩传动），如图 2-28a 所示；当大齿轮驱动小齿轮时，$z_2 < z_1$，传动比 $i_{12}<1$，可得到 $n_2>n_1$、$T_2<T_1$，即输出转速升高、输出转矩减小（增速减矩传动），如图 2-28b 所示。这就是齿轮传动的变速原理。汽车变速器就是根据这一原理，通过改变传动比来改变输出转速和转矩，以适应汽车行驶阻力变化的。

图 2-29 所示为两级齿轮传动示意图，齿轮 1 为主动齿轮，驱动齿轮 2 转动，齿轮 3 与齿轮 2 固定连接在一起，再驱动齿轮 4 转动并输出动力，此时由齿轮 1 传到齿轮 4 的传动比为

$$i_{14}=\frac{n_1}{n_4}=\frac{z_2}{z_1}\frac{z_4}{z_3}=i_{12}i_{34}$$

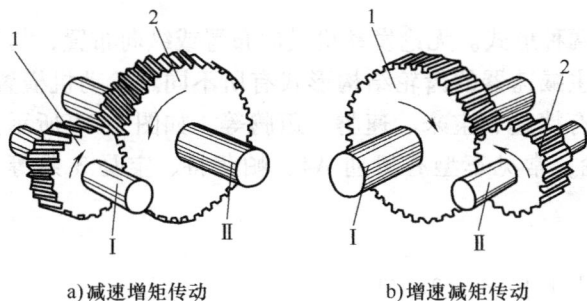

a)减速增矩传动　　　b)增速减矩传动

图 2-28　齿轮传动的基本原理

Ⅰ—输入轴　Ⅱ—输出轴　1—主动齿轮　2—从动齿轮

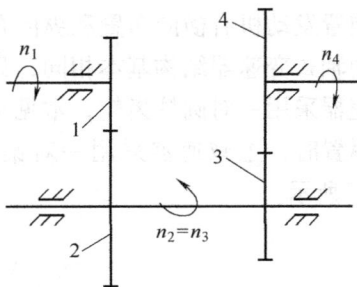

图 2-29　两级齿轮传动原理示意图

1、3—主动齿轮　2、4—从动齿轮

因此，可以总结出多级齿轮传动的传动比为

i = 所有从动齿轮齿数的乘积/所有主动齿轮齿数的乘积 = 各级齿轮传动比的乘积

在变速器中，把传动比 $i>1$ 的档位称为低档位，即变速器输出轴转速低于发动机转速；$i=1$ 的档位称为直接档，即变速器输出轴转速与发动机转速相等；$i<1$ 的档位称为超速档，即变速器输出轴转速超过发动机的转速。通常随着档位的升高，传动比逐渐减小，即转矩逐渐减小，转速逐渐升高。

（2）变向原理　由齿轮传动原理可知，一对啮合的外齿轮旋转方向相反，每经过一对传动副，改变一次转向，如图 2-30 所示。两轴式变速器在前进档时，动力由输入轴传给输出轴，只经过一对齿轮传动，两轴的旋转方向相反。倒档时，在输入轴与输出轴之间加装了倒档轴和倒档齿轮（也称为惰轮或倒档中间齿轮），就使输出轴旋转方向改变，从而使汽车能反向行驶。

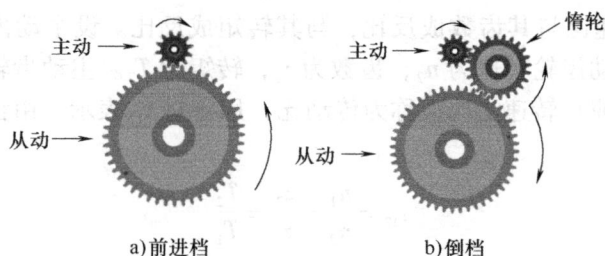

a)前进档　　　　　　　　　　b)倒档

图2-30　齿轮传动的变向原理示意图

2.2.3.2　手动变速器的变速传动机构

手动变速器包括变速传动机构和换档操纵机构两部分。变速传动机构是变速器的主体，主要由一系列相互啮合的齿轮副及支承轴组成，其功用是改变转矩、转速及旋转方向；操纵机构的功用是实现换档。

变速传动机构按工作轴的数量（不包括倒档轴）可分为两轴式变速器和三轴式变速器。

1. 两轴式变速器的传动机构

两轴式变速器主要用于发动机前置前轮驱动的汽车，一般与驱动桥（前桥）合称为手动变速驱动桥。

前置发动机有横向布置和纵向布置两种形式。无论发动机横向布置或纵向布置，与其装配的两轴式变速器结构基本相同，只是主减速器的齿轮结构形式有所不同。发动机横置时，主减速器采用一对圆柱齿轮，常见车型有捷达、宝来、速腾、迈腾等，如图2-31所示。发动机纵置时，主减速器采用一对锥齿轮，常见车型有奥迪 A4、帕萨特、宝马3 系等，如图2-32所示。

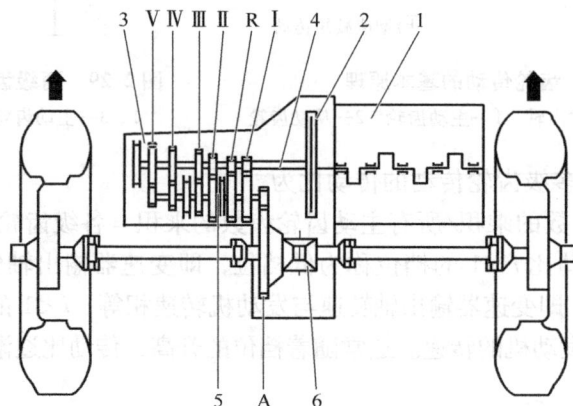

图2-31　发动机横向布置的两轴式变速器的结构示意图

1—横置发动机　2—离合器　3—手动变速器　4—变速器输入轴　5—变速器输出轴　6—差速器
A—主减速器从动齿轮　Ⅰ、Ⅱ、Ⅲ、Ⅳ、Ⅴ——一、二、三、四、五档齿轮　R—倒档齿轮

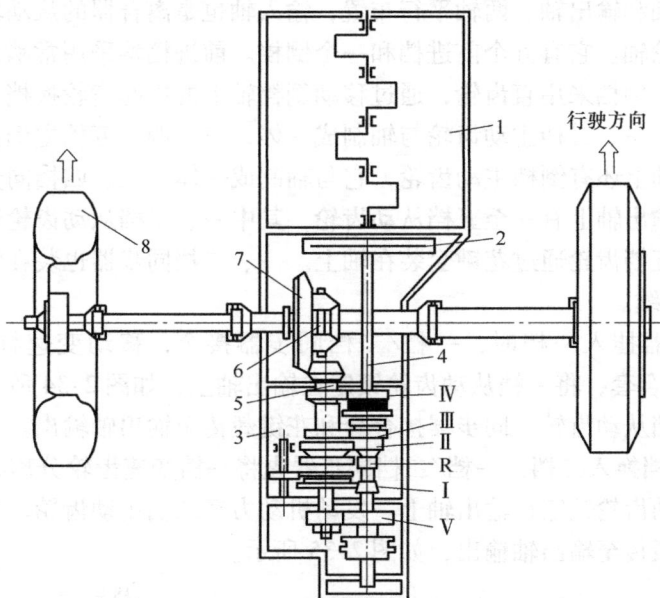

图 2-32　发动机纵向布置的两轴式变速器的结构示意图

1—纵置发动机　2—离合器　3—手动变速器　4—变速器输入轴　5—变速器输出轴（主减速器主动锥齿轮）
6—差速器　7—主减速器从动锥齿轮　8—前轮　Ⅰ、Ⅱ、Ⅲ、Ⅳ、Ⅴ——一、二、三、四、五档齿轮　R—倒档齿轮

（1）发动机横向布置的两轴式变速器

1）结构。图 2-33 所示为一汽宝来 MQ200-02T 五档变速器结构示意图。该变速器的变

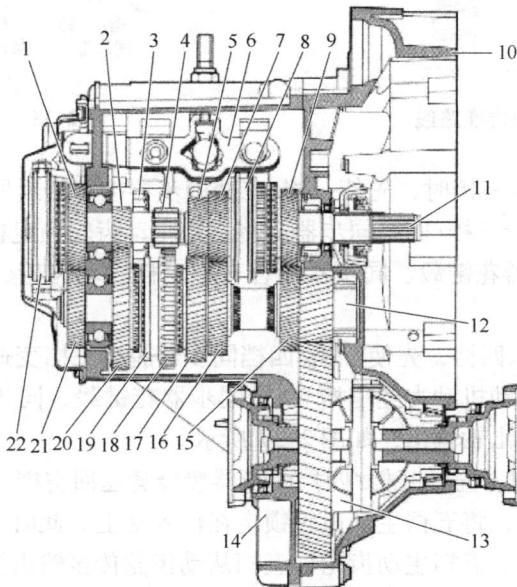

图 2-33　一汽宝来 MQ200-02T 五档变速器结构示意图

1、2、4、5、7、9—五档、一档、倒档、二档、三档、四档主动齿轮　3—倒档惰轮　6—换档操纵装置　8—三/四档同步器
10—离合器壳　11—输入轴　12—输出轴　13—差速器　14—变速器壳　15、16、17、18、20、21—四档、三档、二档、
倒档、一档、五档从动齿轮　19——/二档同步器　22—五档同步器

速传动机构有输入轴和输出轴,两轴平行布置,输入轴也是离合器的从动轴,输出轴也是主减速器的主动锥齿轮轴。它有五个前进档和一个倒档。前进档均采用常啮合斜齿轮,并采用锁环式同步器换档;倒档采用直齿轮,通过移动倒档轴上的中间齿轮换档。输入轴上有一至五档主动齿轮,其中一、二档主动齿轮与轴制成一体,三、四、五档主动齿轮通过滚针轴承空套在轴上。输入轴上还有倒档主动齿轮,它与轴制成一体。三、四档同步器和五档同步器也装在输入轴上。输出轴上有一至五档从动齿轮,其中一、二档从动齿轮通过滚针轴承空套在轴上,三、四、五档齿轮通过花键套装在轴上。一、二档同步器也装在输出轴上。

2)动力传递路线。

① 一档。变速器挂入一档时,一档/二档同步器接合,移动变速杆使换档拨叉拉动一档/二档同步器接合套,将一档从动齿轮锁定在输出轴上,如图2-34所示。发动机动力经一档主动齿轮、一档从动齿轮、同步器接合套和花键毂传至输出轴输出。

② 二档。从一档换入二档,一档/二档同步器先将一档变速齿轮分离,然后接合二档变速齿轮,使二档从动齿轮锁定在输出轴上。发动机动力经二档主动齿轮、二档从动齿轮、同步器接合套和花键毂传至输出轴输出,如图2-35所示。

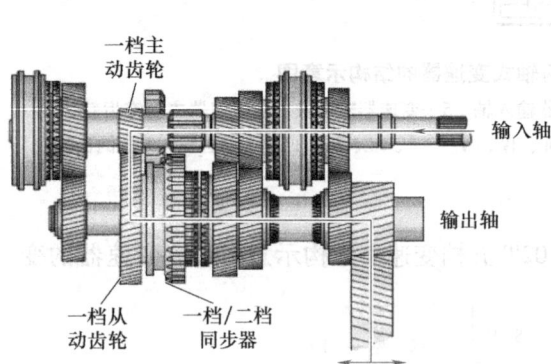

图2-34 一档动力传递路线　　　　图2-35 二档动力传递路线

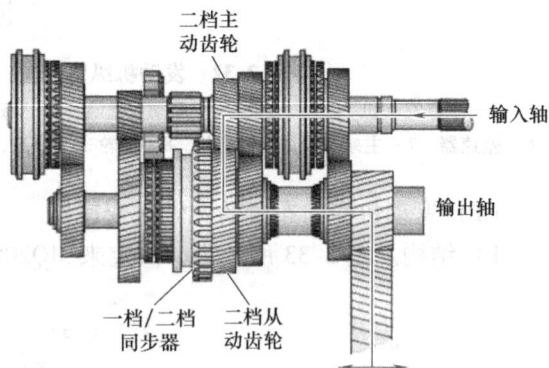

③ 三档。当需要挂入三档时,先使一档/二档同步器接合套返回空档,移动变速杆到三档/四档同步器位置,接合三档/四档同步器,将三档主动齿轮锁定在输入轴上。此时,发动机动力经三档/四档同步器花键毂、同步器接合套、三档主动齿轮、三档从动齿轮传至输出轴输出,如图2-36所示。

④ 四档。从三档换入四档,先使三档/四档同步器脱离三档变速齿轮,然后将四档主动齿轮锁定在输入轴上。发动机动力经三档/四档同步器花键毂、同步器接合套、四档主动齿轮、四档从动齿轮传至输出轴输出,如图2-37所示。

⑤ 五档。挂入五档时,先使三档/四档同步器接合套返回空档,移动变速杆到五档同步器位置,接合五档同步器,将五档主动齿轮锁定在输入轴上。此时,发动机动力经五档同步器花键毂、同步器接合套、五档主动齿轮、五档从动齿轮传至输出轴输出,如图2-38所示。

⑥ 倒档。当需要挂入倒档时,使变速杆处于倒档位置,换档拨叉移动倒档惰轮,使其分别与输入轴倒档齿轮和输出轴倒档齿轮相啮合,如图2-39所示。输出轴倒档齿轮实际就是一档/二档同步器套,即在其同步器套上带有沿其外缘加工的直齿。倒档惰轮改变了输出轴的旋转方向,从而使汽车反向行驶。

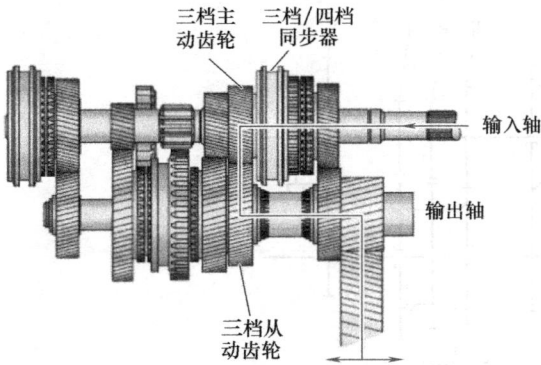

图 2-36　三档动力传递路线

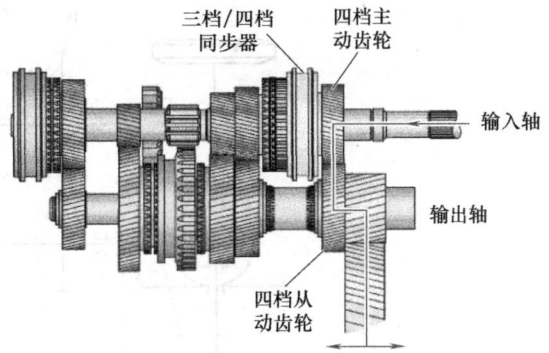

图 2-37　四档动力传递路线

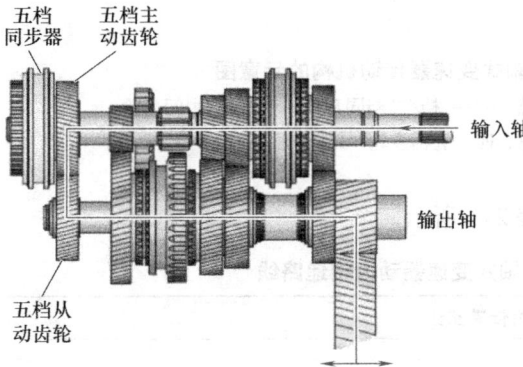

图 2-38　五档动力传递路线

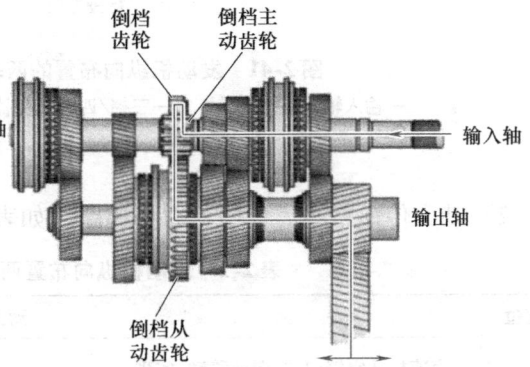

图 2-39　倒档动力传递路线

（2）发动机纵向布置的两轴式变速器

1）结构。图 2-40 和图 2-41 分别为发动机纵向布置的两轴式变速器传动机构的结构图和示意图。该结构与上面所述的发动机横向布置的两轴式变速器传动机构基本一致，只是主减速器的齿轮结构形式有所不同。

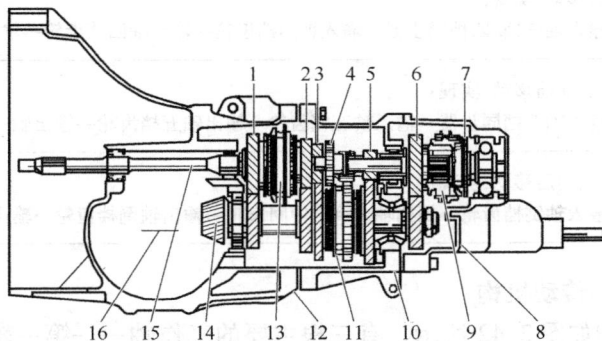

图 2-40　发动机纵向布置的两轴式变速器传动机构的结构

1—四档齿轮　2—三档齿轮　3—二档齿轮　4—倒档齿轮　5——档齿轮　6—五档齿轮　7—五档运行齿环
8—换档机构壳体　9—五档同步器　10—齿轮箱体　11——档/二档同步器　12—变速器壳体
13—三档/四档同步器　14—输出轴（主减速器主动锥齿轮）　15—输入轴　16—差速器

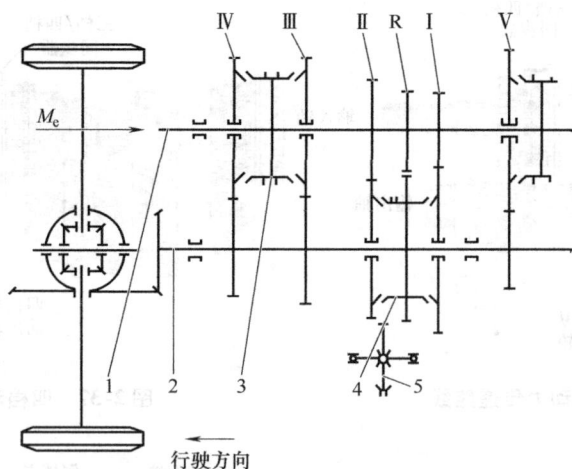

图 2-41　发动机纵向布置的两轴式变速器传动机构的示意图
1—输入轴　2—输出轴　3—三档/四档同步器　4——档/二档同步器　5—倒档中间齿轮
Ⅰ、Ⅱ、Ⅲ、Ⅳ、Ⅴ——一、二、三、四、五档齿轮　R—倒档齿轮

2）动力传递路线。各档动力传递路线如表 2-1 所示。

表 2-1　发动机纵向布置两轴式变速器动力传递路线

档位	动力传递路线
一	变速杆从空档向左、向前移动,实现: 动力→输入轴→输入轴一档齿轮→输出轴一档齿轮→输出轴一档/二档同步器→输出轴→动力输出
二	变速杆从空档向左、向后移动,实现: 动力→输入轴→输入轴二档齿轮→输出轴二档齿轮→输出轴一档/二档同步器→输出轴→动力输出
三	变速杆从空档向前移动,实现: 动力→输入轴→输入轴三档/四档同步器→输入轴三档齿轮→输出轴三档齿轮→输出轴→动力输出
四	变速杆从空档向后移动,实现: 动力→输入轴→输入轴三档/四档同步器→输入轴四档齿轮→输出轴四档齿轮→输出轴→动力输出
五	变速杆从空档向右、向前移动,实现: 动力→输入轴→输入轴五档同步器→输入轴五档齿轮→输出轴五档齿轮→输出轴→动力输出
倒	变速杆从空档向右、向后移动,实现: 动力→输入轴→输入轴倒档齿轮→倒档轴上倒档中间齿轮→输出轴倒档齿轮→输出轴→动力反向输出

2. 三轴式变速器的传动机构

三轴式变速器结构如图 2-42 所示,有三根主要的工作轴——第一轴(即动力输入轴)、中间轴和第二轴(即动力输出轴)。由于三轴式变速器的每个档位都是由两对齿轮传动的,输入轴和输出轴的旋转方向相同。这种变速器通常更适合发动机前置后轮驱动的车辆,广泛应用于中、轻型货车和部分越野车。

各档动力传动路线可参照两轴式变速器自行分析。

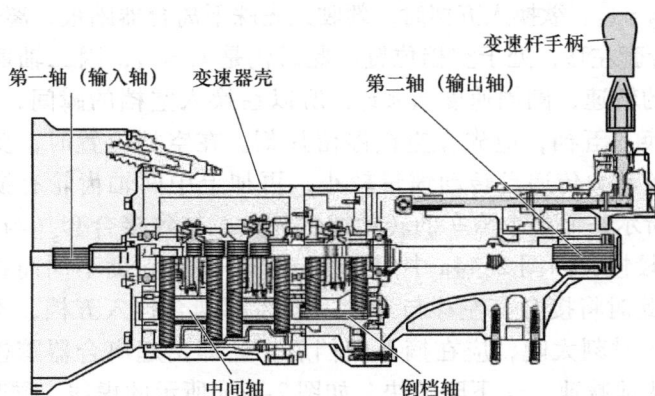

图 2-42　三轴式变速器的结构

2.2.3.3　同步器

1. 手动变速器的换档方式

手动变速器的换档方式有三种：直齿滑动齿轮式换档、接合套式换档和同步器式换档。

（1）直齿滑动齿轮式换档　某些变速器的倒档常采用这种换档方式。它是通过移动齿轮直接换档的，齿轮为直齿，内孔有花键孔套在花键轴上，由拨叉移动齿轮与另一轴上的齿轮进入啮合或退出啮合。由于直齿轮传动冲击大，噪声大，承载能力低，这种换档方式应用得越来越少。

（2）接合套式换档　接合套式换档是利用移动套在花键毂上（固定在轴上）的接合套（内齿环）与传动齿轮上的齿圈（外齿）相啮合或退出进行换档的。由于接合套与对应接合齿圈的圆周速度（或角速度）不同，二者强行啮合时，在齿端会产生冲击力，但由于接合套与接合齿圈整个圆周上的齿同时进入啮合，故分摊到每对齿端上的冲击力就较小。接合套式换档装置与直齿滑动齿轮式相比有较大改进，但仍不能避免换档冲击。这种换档方式常用于某些变速器的一档或倒档。

（3）同步器式换档　它是在接合套式换档装置的基础上又加装了同步元件而构成的一种换档装置，可以保证在换档时使接合套与待啮合齿圈的圆周速度迅速达到同步，并防止二者同步前进入啮合，从而可消除换档时的冲击，并使换档操纵简单，因而得到广泛应用。

2. 无同步器的换档过程

当采用直齿滑动齿轮式或接合套式换档装置换档时，必须在待啮合的一对齿轮或接合齿圈的圆周速度相等（即同步）时进入啮合，才能保证换档时齿轮之间无冲击、无噪声，做到平顺换档。为了达到这一要求，驾驶人在换档时必须采取合理的换档操作步骤。现以无同步器五档变速器的四、五档互换为例进行介绍，图 2-43 所示为其结构简图，采用接合套进行换档。

（1）低档换高档（四档换五档）　变速器在四档工作时，接合套与二轴四档齿轮上的接合齿圈啮合，两

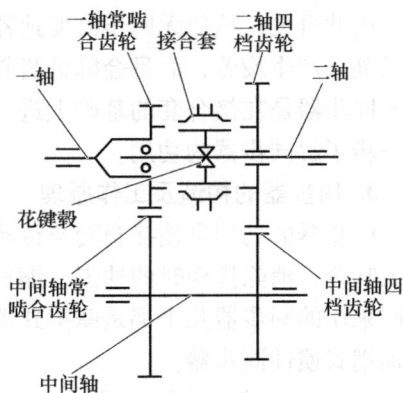

图 2-43　无同步器五档变速器的四、五档简图

31

者接合齿圆周速度 $v_3 = v_4$。欲换入五档时，驾驶人先踩下离合器踏板，离合器分离，再通过变速操纵机构将接合套左移，处于空档位置。此时仍是 $v_3 = v_4$，因二轴四档齿轮的转速低于一轴常啮合齿轮的转速，圆周速度 $v_4 < v_2$，所以在换入空档的瞬间，$v_3 < v_2$，为避免齿轮冲击，不应立即换入五档，应先在空档停留片刻。在空档位置时，变速器输入轴各零件已与发动机中断了动力传递且转动惯量较小，再加上中间轴齿轮有搅油阻力，v_2 下降较快，如图 2-44a 所示；而整个汽车的转动惯性较大，导致接合套（与第二轴转速相同）的圆周速度 v_3 下降较慢，因图 2-44a 中两直线 v_3、v_2 的倾斜度不同而相交，交点即为同步状态（$v_3 = v_2$）。此时将接合套左移与齿轮上的齿圈啮合挂入五档，不会产生冲击。但自然减速出现同步的时刻太晚，应在摘下四档后，立即抬起离合器踏板，利用发动机怠速工况迫使一轴更快地减速，v_2 下降较快，如图 2-44a 所示的虚线，同步点出现得早，缩短了换档时间。

（2）高档换低档（五档换四档）　变速器在五档工作时以及由五档换入空档的瞬间，接合套与一轴常啮合齿轮接合齿圈圆周速度相同，即 $v_3 = v_2$，因 $v_2 > v_4$，故 $v_3 > v_4$，如图 2-44b 所示。但在空档时 v_4 下降得比 v_3 快，即 v_4 与 v_3 不会出现相交点，不可能达到自然同步状态。所以驾驶人应在变速器退回空档后，立即抬起离合器踏板，同时踩下加速踏板，使发动机连同离合器从动盘和一轴都从 B 点开始升速，让 $v_4 > v_3$，如图 2-44b 所示的虚线，再踩下离合器踏板稍等片刻，当 $v_3 = v_4$（同步点 A）时，即可换入四档。

图 2-44b 中还有一次同步时刻 A'，可利用这一点来缩短换档时间，由于此点是踩加速踏板过程中出现的，要求有熟练的操作技能。

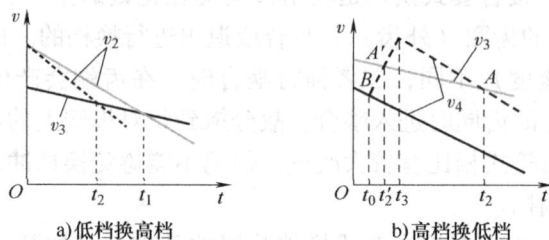

a)低档换高档　　　　　　　b)高档换低档

图 2-44　无同步器的换档过程

由此可见，欲使无同步器变速器换档时不产生换档冲击，需采取较复杂的操作，不仅易使驾驶人产生疲劳，而且会降低齿轮的使用寿命。

同步器是在接合套的基础上进一步发展起来的，下面通过介绍同步器的构造及工作原理进一步了解同步器的功用。

3. 同步器的构造及工作原理

同步器的功用是使接合套与待接合的齿圈二者之间迅速达到同步，并阻止二者在同步前进入啮合；消除换档时的冲击，缩短换档时间；简化换档过程，使换档操作简捷而轻便。目前所采用的同步器几乎都是摩擦式惯性同步器，按锁止装置不同，可分为锁环式惯性同步器和锁销式惯性同步器。

（1）锁环式惯性同步器

1）构造。如图 2-45 所示，锁环式惯性同步器由花键毂、接合套、锁环（也称同步环）、滑块和弹簧圈等组成。

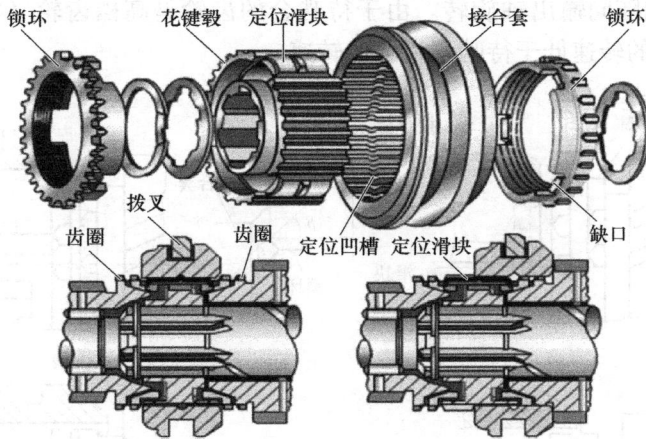

图 2-45　锁环式惯性同步器的结构

花键毂用内花键套装在相应轴的外花键上，两端用垫圈、卡环进行轴向定位；花键毂的外花键与接合套的内花键啮合，且接合套可沿轴向移动。花键毂与两端相邻档位齿轮之间各有一个青铜制成的锁环。锁环上有短花键齿圈（图 2-46b），档位齿轮上也有花键齿圈（图 2-46a），两者花键的尺寸和齿数与花键毂的外花键齿相同。档位齿轮和锁环上的花键齿靠近接合套的一端都有倒角（锁止角），且与接合套齿端的倒角相同。

在锁环内锥面上制有细密的螺纹（或直槽），当锥面接触后，它能及时破坏油膜，增加锥面间的摩擦力。锁环内锥面摩擦副称为摩擦件，外沿带倒角的齿圈是锁止件，锁环上还有三个均布的缺口。三个滑块分别装在花键毂上三个均布的轴向槽内，沿槽可以轴向移动。滑块被两个弹簧圈的径向力压向接合套，滑块中部的凸起部位压嵌在接合套中部的凹槽内，其作用是保证接合套在空档时处于中间位置。两个弹簧圈分别装在花键毂两侧，且开口错开180°，如图 2-47 所示，以保证滑块受力均匀。滑块和弹簧是推动件。滑块两端伸入锁环的缺口中，滑块窄、缺口宽，两者之差等于锁环的花键齿宽。锁环相对滑块顺转和逆转都只能转动半个齿宽，且只有当滑块位于锁环缺口的中央时，接合套与锁环才能接合。

a)档位齿轮　　　　　b)锁环

图 2-46　档位齿轮和锁环

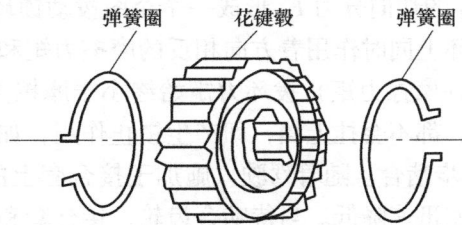

图 2-47　弹簧圈安装图

2）工作原理。以二档换三档为例，说明同步器的工作原理，如图 2-48 所示。

① 空档位置。接合套刚从二档退入空档时，如图 2-48a 所示，锁环是轴向自由的，故其内锥面并不接触齿轮的锥面。待啮合的三档齿轮、接合套、锁环以及与其有关联的运动件因惯性作用而沿原方向继续旋转（图示箭头方向），此时，接合套、锁环同输入轴旋转；待

啮合齿轮的接合齿圈随同输出轴旋转。由于待啮合的齿轮是高档齿轮（相对于二档齿轮来说），接合套、锁环的转速低于待啮合齿轮的转速。

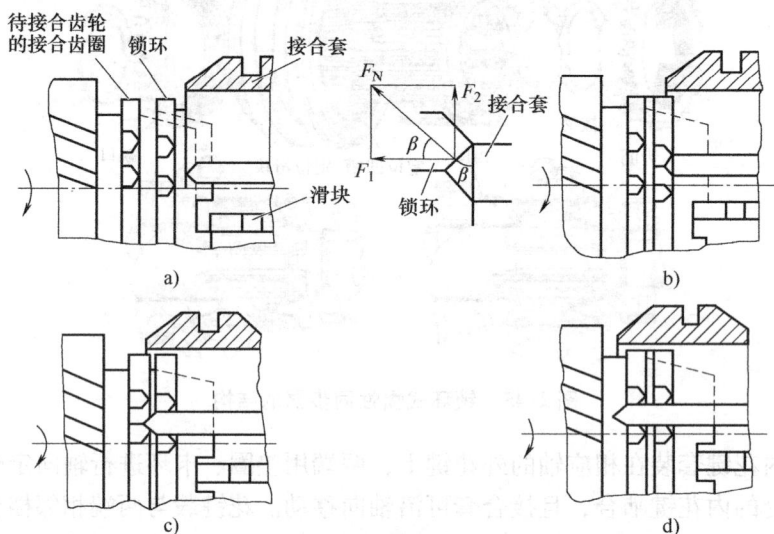

图 2-48　锁环式惯性同步器的工作原理

②挂档。欲换入三档时，驾驶人通过变速杆使拨叉推动接合套连同滑块一起向左移动，如图2-48b所示，滑块又推动锁环移向齿轮，使锁环的内锥面与待接合齿轮的接合齿圈外锥面接触。驾驶人作用在接合套上的轴向推力使两锥面有正压力 F_N，F_N 的轴向力 F_1 使锁环与接合齿圈的锥面进一步压紧，又因两者有转速差，所以产生更大的摩擦力矩。通过摩擦作用，待啮合齿轮带动锁环相对于接合套向前转动一个角度，使锁环缺口靠在滑块的另一侧（上侧），此时接合套的内齿与锁环上的齿错开了约半个齿宽，接合套的齿端倒角面与锁环的齿端倒角面互相抵住。

扫一扫

锁环式惯性同步器工作原理

③锁止。驾驶人的轴向推力使接合套的齿端倒角面与锁环的齿端倒角面之间产生正压力 F_N，F_N 的切向分力 F_2 形成一个企图拨动锁环相对于接合套反转的力矩，称为拨环力矩。这样在锁环上同时作用着方向相反的摩擦力矩和拨环力矩，同步器的结构参数可以保证在同步前（存在摩擦力矩）拨环力矩始终小于摩擦力矩，所以在同步之前无论驾驶人施加多大的操纵力，都不会挂上档，即产生锁止作用，如图2-48c所示。

④同步啮合。随着驾驶人施加于接合套上的推力加大，摩擦转矩不断增加，使待啮合齿轮的转速迅速降低。当待啮合齿轮、接合套和锁环达到同步时，作用在锁环上的摩擦力矩消失。此时在拨环力矩的作用下，锁环、待啮合齿轮以及与之相连的各零件都相对于接合套反转一个角度，滑块处于锁环缺口的中央，键齿不再抵触，锁环的锁止作用消除。接合套压下弹簧圈继续左移（滑块脱离接合套的内环槽而不能左移），与锁环的花键齿圈进入啮合，进而再与待啮合齿轮的接合齿圈啮合，如图2-48d所示，最终完成换入三档的过程。

乘用车和轻型车辆普遍采用单锥面锁环式同步器，该同步器尺寸小、结构紧凑、摩擦力矩也小。但大、中型货车，主要采用双锥面或三锥面锁环式同步器。由于增加了摩擦元件，摩擦面数目增加，从而增大了摩擦力矩。与单锥面锁环式同步器相比，双锥面或三锥面锁环式同步器具有转矩容量大、热负荷低、输出功率大等优点。

（2）锁销式惯性同步器

1）构造。锁销式惯性同步器主要应用在大、中型货车上，下面以五档变速器的四档/五档同步器为例进行简介，其结构如图 2-49 所示。该同步器主要由两个摩擦锥环、三个均布的锁销和定位销、接合套及花键毂等组成。

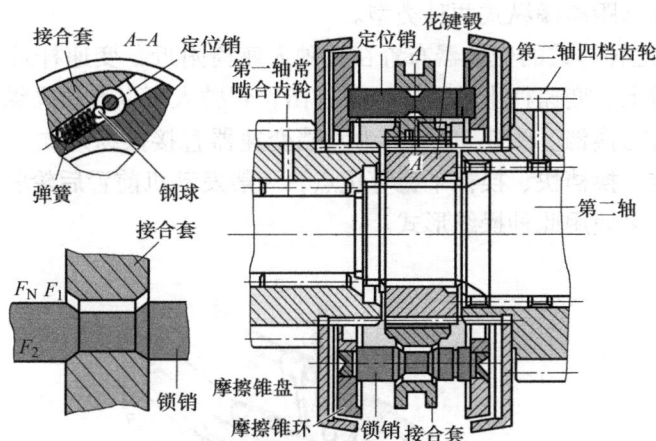

图 2-49　锁销式惯性同步器的结构

两个带有内锥面的摩擦锥盘，以其内花键分别固装在第一轴带有外花键齿圈的常啮合齿轮和第二轴四档齿轮上，随齿轮一起转动。与之相配的两个有外锥面的摩擦锥环，其上有圆周均布的三个锁销和三个定位销与接合套装配在一起。定位销与接合套的相应孔是滑动配合的，定位销中部切有一小段环槽，接合套钻有斜孔，内装弹簧，把钢球顶向定位销中部的环槽，如图 2-49 中 A—A 所示，使接合套处于空档位置，定位销随接合套能轴向移动。定位销两端伸入两锥环内侧面的弧线形浅坑中，定位销与浅坑有周向间隙，锥环相对接合套在一定范围内做周向摆动。锁销中部环槽的两端和接合套相应孔两端切有相同的倒角；锁销与孔对中时，接合套才能沿锁销轴向移动；锁销两端铆接在锥环相应的孔中。两个锥环、三个锁销、三个定位销和接合套构成一个部件，套在花键毂的齿圈上。

2）工作原理。锁销式惯性同步器的工作原理与锁环式惯性同步器类似。

换档时接合套受到拨叉的轴向推力作用，通过钢球、定位销推动摩擦锥环向前移动。因摩擦锥环与锥盘有转速差，故接触后的摩擦作用使锥环和锁销相对于接合套转过一个角度，锁销与接合套上相应孔的中心线不再同心，锁销中部倒角与接合套孔端的锥面相抵触，在同步前，作用在摩擦面的摩擦力矩总大于拨销力矩，接合套被锁止不能前移，防止在同步前接合套与齿圈进入啮合。同步后摩擦力矩消失，拨销力矩使锁销、摩擦锥盘和相应的齿轮相对于接合套转过一个角度，锁销与接合套的相应孔对中，接合套克服弹簧的张力压下钢球并沿锁销向前移动，完成换档过程。

2.2.3.4　手动变速器的操纵机构

（1）变速器操纵机构的功用　变速器操纵机构可保证驾驶人根据使用条件，准确可靠地使变速器挂入所需要的档位，并可随时使之退入空档。

（2）对变速器操纵机构的要求　为了保证在任何情况下变速器都能准确、安全、可靠地工作，对变速器操纵机构提出以下要求。

① 能防止变速器自动换档和自动脱档，为此，操纵机构中应设有自锁装置。

② 能保证变速器不会同时挂入两个档位，为此，操纵机构中应设有互锁装置。

③ 能防止误挂倒档，为此，操纵机构中应设有倒档锁装置。

（3）变速器操纵机构的类型　根据变速杆与变速器的相互位置不同，变速器操纵机构可分为直接操纵式和远距离操纵式两种类型。

1）直接操纵。这种形式的变速器布置在驾驶人座椅附近，变速杆及所有的换档操纵装置都设置在变速器盖上。变速杆由驾驶室地板伸出，驾驶人可以直接操纵变速杆来拨动变速器盖内的换档装置进行换档。图 2-50 所示为六档变速器直接操纵形式。直接操纵式变速器具有换档位置易确定、换档快、换档平稳等优点，一般发动机前置后轮驱动汽车的变速器距离驾驶人座位较近，多使用此种操纵形式。

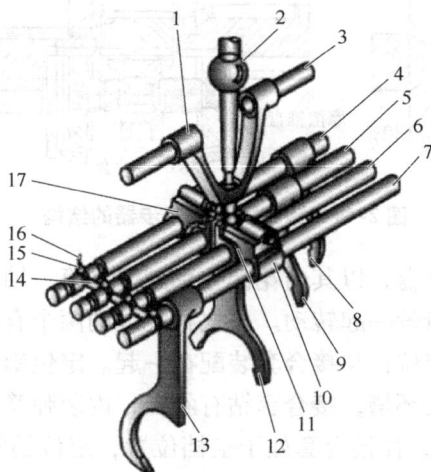

图 2-50　六档直接操纵式变速器的操纵机构

1—叉形拨杆　2—变速杆　3—换档轴　4—倒档拨叉轴　5——档/二档拨叉轴　6—三档/四档拨叉轴
7—五档/六档拨叉轴　8—倒档拨叉　9——档/二档拨叉　10—五档/六档拨块　11——档/二档拨块
12—三档/四档拨叉　13—五档/六档拨叉　14—互锁销　15—自锁钢球　16—自锁弹簧　17—倒档拨块

各档拨叉轴的两端均支撑于变速器盖的相应孔中，可以轴向滑动。所有的拨叉和拨块都以弹性销固定于相应的拨叉轴上。三档/四档拨叉的上端带有拨块，与一档/二档拨块、五档/六档拨叉的顶部都制有凹槽。变速器处于空档时，各凹槽在横向平面内对齐，叉形拨杆下端的球头即伸入这些凹槽中。选档时可使变速杆绕其中部球形支点横向摆动，则其下端推动叉形拨杆绕换档轴的轴线摆动，从而使叉形拨杆下端球头对准与所选档位对应的拨块凹槽，然后使变速杆纵向摆动，带动拨叉轴及拨叉向前或向后移动，即可实现挂档。例如，横向摆动变速杆使叉形拨杆下端球头深入一档/二档拨块顶部凹槽中，一档/二档拨块连同一档/二档拨叉轴和一档/二档拨叉即沿纵向向前移动一定距离，便可挂入二档；若向后移动一段距离，则挂入一档。当使叉形拨杆下端球头深入倒档拨块的凹槽中，并使其向前移动一段距离时，便挂入倒档。

2）远距离操纵。在有些汽车上，由于变速器距离驾驶人座位较远，变速杆不能直接布置在变速器盖上。变速杆和变速器之间通常需要加装一些辅助杠杆或一套传动机构，构成远距离操纵机构。这种远距离操纵机构多用于发动机前置前轮驱动的乘用车。

图 2-51 所示为变速杆安装在驾驶室地板上的典型双钢索换档联动装置，其变速杆在驾驶人座位旁穿过驾驶室地板安装在车架上，中间通过一根选档拉索传递变速杆的左右摆动动作 B 实现选档，挂档拉索传递变速杆的前后移动动作 A 实现挂档。一汽大众捷达、宝来汽车的手动变速器采用此种操纵形式。

（4）换档机构　换档机构主要由变速杆、叉形拨杆、换档轴、各档拨块、拨叉等组成。各种变速器由于档位数及档位排列位置不同，其拨叉和拨叉轴的数量及排列位置也不相同。

轿车手动变速器的操纵机构由外操纵机构和内操纵机构组成。外操纵机构主要由变速杆、换档装置壳体、选档拉索、挂档拉索等组成，如图 2-52 所示。变速杆通过一系列中间连接杆件、选档拉索和挂档拉索操纵变速器换档轴，以进行选挡和换档。

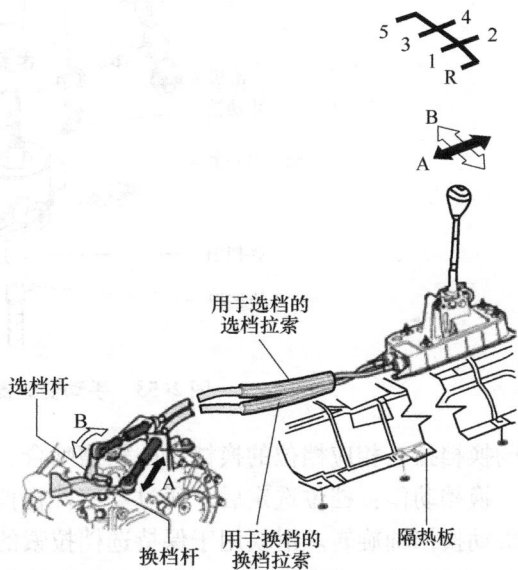

图 2-51　五档手动变速器的远距离操纵机构

如图 2-52 所示，选档拉索通过转向杆使换档轴上下运动完成选档；换档拉索通过带平衡重的换档杆使换档轴旋转，完成换档操作。手动变速器外操纵机构结构分解如图 2-53 所示。

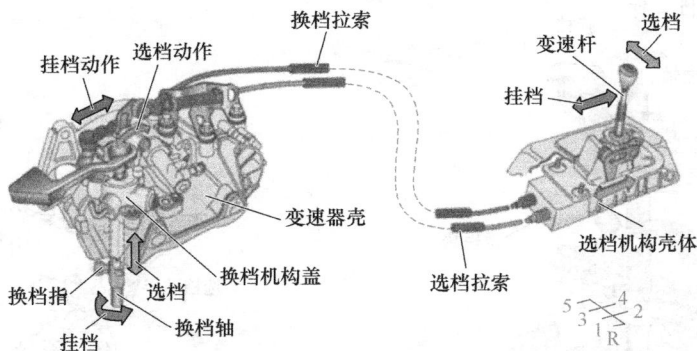

图 2-52　手动变速器外操纵机构

拉索操纵装置隔离了传动系统的振动，拉索连接着变速杆和变速器，将变速杆的动作传递给变速器（换档轴）。

内操纵机构结构如图 2-54 所示，主要由换档轴、换档机构盖和内部换档模块组成。内部换档模块包括换档盘、换档拨叉、换档块和轴承。每个换档盘分别与各挡换档拨叉相连。

选档动作：变速杆的选档动作通过变速选档机构、选档拉索进行方向转化后，再通过变速器外部换档机构的转向杆转化为换档轴的上下运动。在变速器内，这个上下动作使换档轴

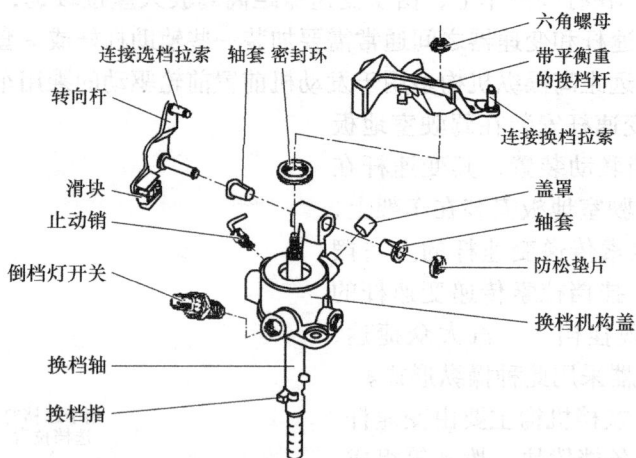

图 2-53　手动变速器外操纵机构结构分解

上的换档指与相应档位的换档盘凸轮槽啮合，从而实现选档。

换档动作：档位选定后，通过变速杆将挂档动作传递到换档拉索，使得带平衡重的换档杆带动换档轴旋转。滑块用于保持选档拉索的转向杆在选定位置不变。换档轴上的换档指旋转时，移动与之啮合的换档盘，从而驱动该换档盘连接的换档拨叉移动，挂入相应的档位。

轿车用手动变速器操纵机构除了上述这种结构外，还有一种常用结构。如图 2-55 所示，变速杆的选档动作通过选档拉索使换档轴轴向运动完成选档，变速杆的挂档动作通过换档拉索及相关杆件后转化为换档轴的旋转运动。该结构的内换档操纵机构类似于直接操纵式的内换档机构，换档轴上的换档指进而使拨块及拨叉向前或向后移动，实现挂档。

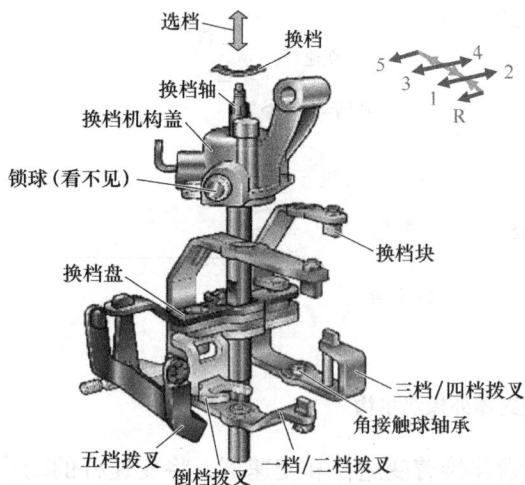

图 2-54　手动变速器内操纵机构结构

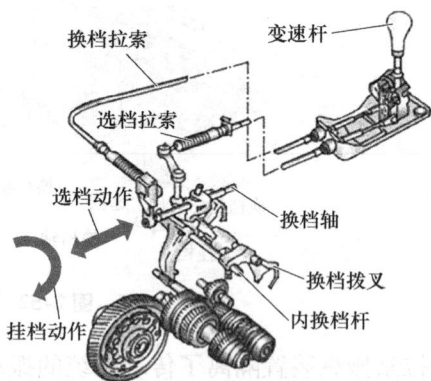

图 2-55　手动变速器操纵机构结构示意图

2.2.3.5　定位锁止机构

（1）自锁装置　自锁装置的作用有两个：一是保证轮齿以全齿宽啮合，防止变速器自动脱档或挂档；二是给驾驶人换档的感觉。大多数变速器的自锁装置都是采用自锁钢球对拨叉轴进行轴向定位锁止的。如图 2-56 所示，在变速器盖或变速器壳体中钻有深孔，孔中装入自锁钢球和自锁弹簧。每根拨叉轴对着自锁钢球的表面沿轴向设有三个凹槽，槽的深度小于钢球的半径。中间的凹槽对正钢球时为空档位置，前边或后边的凹槽对正钢球时则处于某一工作档位置，相邻凹槽之间的距离保证齿轮处于全齿长啮合或是完全退出啮合状态。中间凹槽对正钢球时，钢球便在自锁弹簧的压力作用下嵌入该凹槽内，拨叉的轴向位置便被固定，不能自行挂档或自行脱档。当需要换档时，驾驶人通过变速杆对拨叉轴施加一定的轴向力，克服自锁弹簧的压力而将自锁钢球从拨叉轴凹槽中挤出并推回孔中，拨叉轴便可滑过钢球进行轴向移动，并带动拨叉及相应的接合套或滑动齿轮轴向移动，当拨叉轴移至其另一凹槽与钢球相对正时，钢球又被压入凹槽（此动作传到变速杆手柄上，使驾驶人具有很强的手感），此时拨叉所带动的接合套或滑动齿轮便被拨入空档或被拨入另一工作档位。

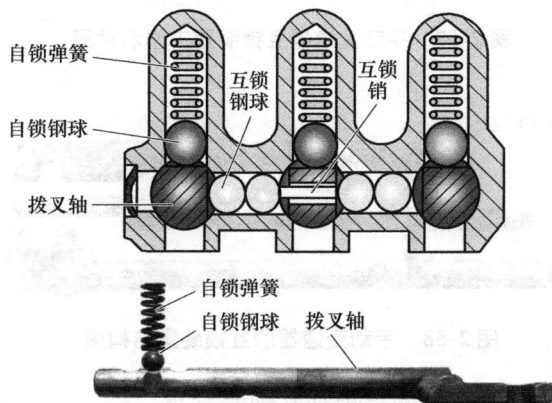

图 2-56　手动变速器的自锁和互锁装置

（2）互锁装置　互锁装置可以阻止两个拨叉轴同时移动，防止同时挂入两个档位，避免因同时啮合的两档齿轮因其传动比不同而互相卡住，造成运动干涉甚至造成零件损坏。

如图 2-57 和图 2-58 所示，互锁装置由互锁钢球和互锁销组成。在变速器壳体内三根拨叉轴之间的孔道中装有两个互锁钢球，每根拨叉轴朝向互锁钢球的侧面上都制有一个深度相等的凹槽，中间拨叉轴的两侧都有凹槽，凹槽之间钻有通孔，互锁销就装在该通孔中。两个互锁钢球的直径之和正好等于相邻两拨叉轴圆柱表面之间的距离加上一个凹槽的深度，互锁销的长度则等于拨叉轴的直径减去一个凹槽的深度。

当变速器处于空档时，所有拨叉轴的侧面凹槽同互锁钢球、互锁销都在一条直线上。当移动中间拨叉轴 2 时，如图 2-57a 所示，拨叉轴 2 两侧的内钢球从其侧凹槽中被挤出，而两外钢球则分别嵌入拨叉轴 1 和 3 的侧面凹槽中，因而将轴 1 和轴 3 刚性地锁止在空档位置。若欲移动拨叉轴 3，则应先将拨叉轴 2 退回到空档位置，拨叉轴 3 移动时将轴上凹槽内钢球挤出，通过互锁销推动另一侧两个钢球移动，拨叉轴 1、2 均被锁止在空档位置，如图 2-57b 所示。同理，当移动拨叉轴 1 时，则拨叉轴 2 和 3 被锁止在空档位置，如图 2-57c 所示。由此可知，互锁装置工作的机理是当驾驶人用变速杆推动某一拨叉轴时，自动锁止其余拨叉轴，从而防止同时挂上两个档位。

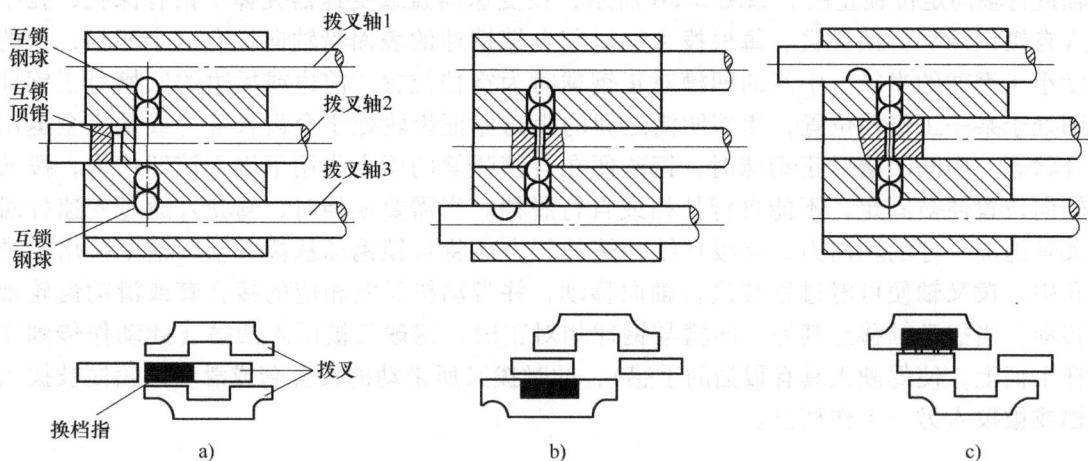

图 2-57　手动变速器互锁装置工作示意图

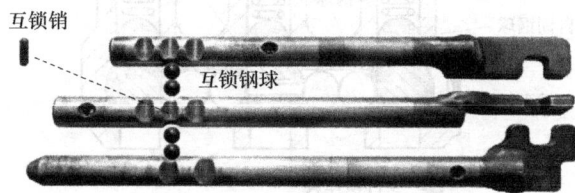

图 2-58　手动变速器的互锁装置结构图

图 2-54 所示的变速器操纵机构的自锁和互锁装置与上述的结构有所不同。如图 2-59 ~ 图 2-61 所示，换档轴上端装有凸轮，安装在换档机构盖内，凸轮是空心结构，其上有换档轨道。在换档机构盖上安装有两个弹簧销 1、2 和一个定位销，定位销内端处于凸轮上的换档轨道内。当变速器处于空档时，弹簧销 1 处于凸轮的中间凹槽内（图 2-60a），弹簧销 2 处于凸轮最低点（图 2-60b），换档轴被锁止在空档，此时定位销在换档轨道内的位置如图 2-60c 所示。当进行挂档操作时，以挂一档为例，换档轴及其上的凸轮将先向下再顺时针旋转（从 A 向看）。在这个过程中，弹簧销 1 先被凸轮挤出中间凹槽，再压入另一凹槽内（图 2-61a），弹簧销 2 也将限制凸轮的位置（图 2-61b），实现自锁。此时定位销处于换档轨道上

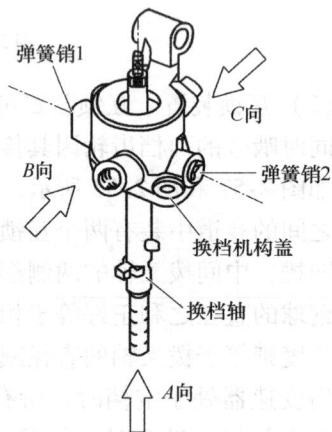

图 2-59　手动变速器换档机构结构

的一档位置（图 2-61c），定位销在换档轨道内只能挂入一个档位，进而实现互锁。

（3）倒档锁装置　倒档锁装置可以防止汽车在前进中因误挂倒档而造成极大的冲击，使零件损坏，并防止汽车在起步时误挂倒档而造成安全事故。它要求驾驶人必须进行与挂前进档不同的操纵方式或对变速杆施加更大的力，才能挂入倒档，起到提醒作用。

倒档锁有多种类型，最常用的是弹簧锁销式倒档锁装置。如图 2-62 所示，它一般由倒

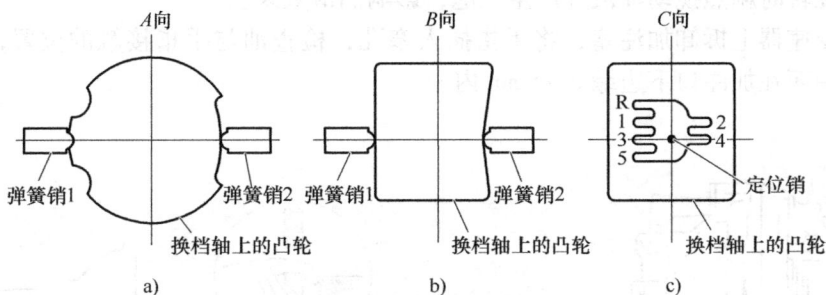

图 2-60　手动变速器挂空档时换档机构位置

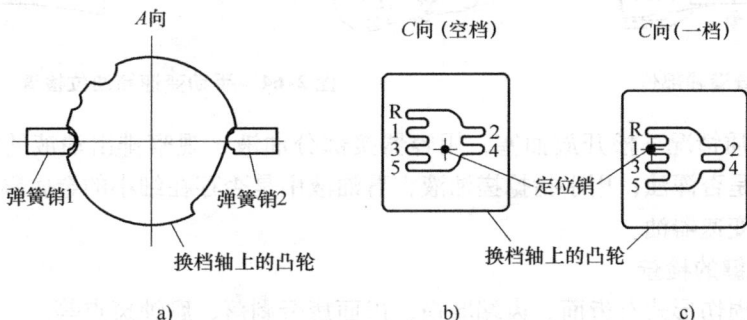

图 2-61　手动变速器自锁和互锁原理

档锁销及倒档锁弹簧组成，并将其安装在一档/倒档拨块相应的孔中。当驾驶人想挂倒档时，必须用较大的力克服变速杆下端压缩弹簧力，将锁销推入锁销孔内，才能使变速杆下端进入拨块的凹槽中进行换档。

提拉式、按压式和按钮式的倒档锁止装置安装在变速杆下方的选档机构壳体中。当挂倒档时，防错挡板会限制变速杆的移动，只有解除倒档锁止机构后才可以进行挂倒档操作。

2.2.4　手动变速器的检修

1. 手动变速器油的检查

由于变速器在使用中频繁换档，长期在高转速、大负荷工况下工作等原因，变速器的零部件会产生磨损或损伤，致使其使用性能下降。定期检查或更换变速器油是维护变速器的重要措施之一。

（1）检查变速器油的渗漏情况　一般检查以下区域是否漏油：壳接触面、轴和拉索伸出的区域、油封、排放塞和加注塞，如图 2-63 所示。

（2）检查变速器油位　变速器中油面的高低对变速器的性能影响很大。若油面过高，

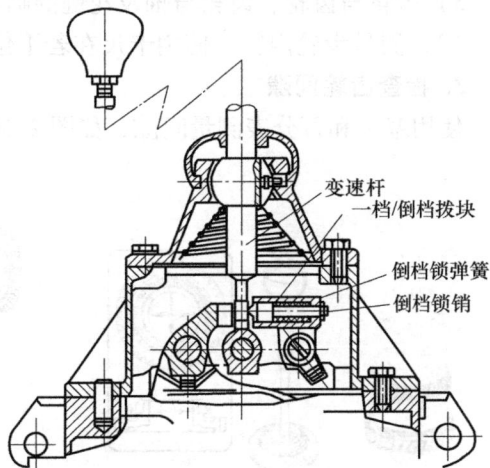

图 2-62　弹簧锁销式倒档锁装置

则旋转机件旋转时剧烈搅动油液并产生气泡，影响润滑效果。

从手动变速器上拆卸加注塞，将手指插入塞孔，检查油与手指接触的位置，如图 2-64 所示。一般油面在加注口下边缘 0～5mm 内。

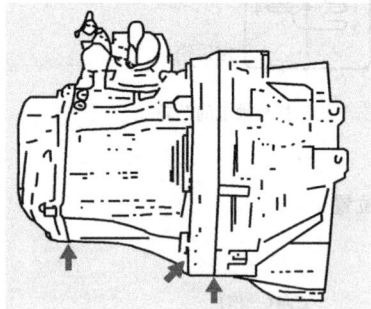

图 2-63　检查渗漏部位

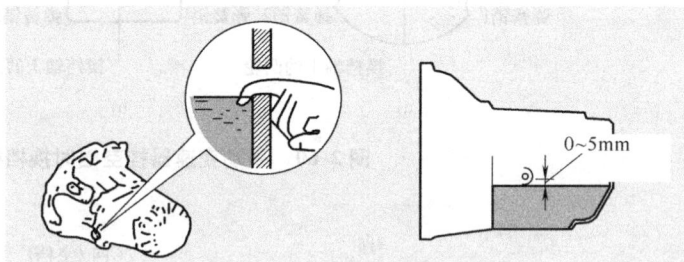

图 2-64　手动变速器油位检查

（3）检查油质情况　松开放油塞，用容器接部分油液，观察排出油液的情况，如油液是否存在异味、是否浑浊；用手指捻搓油液，看油液中是否存在细小的金属颗粒。如果有变质情况，应更换变速器油。

2. 齿轮与花键的检查

齿轮的主要损伤形式有齿面、齿端磨损，齿面疲劳剥落、腐蚀斑点等。

通过轴承将齿轮连接到轴上。当齿轮内径和轴外径磨损时，径向间隙变大。这样，齿轮很难正确接合并且导致异常噪声。

（1）目测检查齿轮

1）检查齿轮花键和轴接触表面是否有任何擦伤或机械损坏。

2）检查齿轮锥面和同步器锁环接触表面是否有任何变色现象。

3）齿轮与齿轮、齿轮与轴及花键的啮合间隙、径向间隙和轴向间隙应符合原厂规定。

（2）测量齿轮内径　使用卡尺在若干位置测量齿轮内径，如图 2-65 所示。

3. 检查齿轮间隙

使用塞尺和百分表测量间隙，如图 2-66 所示。

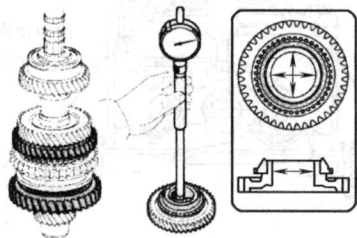

图 2-65　测量齿轮内径

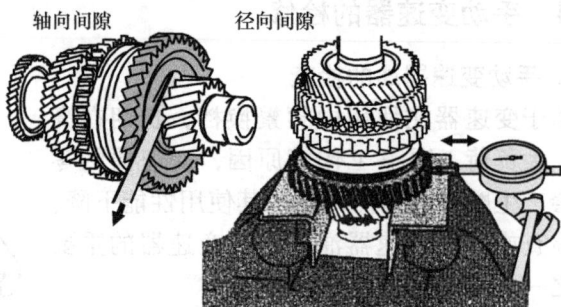

图 2-66　检查齿轮间隙

1）用塞尺测量轴向间隙。

2）用百分表测量齿轮和轴之间的径向间隙。

如果没有充足的齿轮间隙，齿轮将不能完全润滑；同样，如果该间隙过大，齿轮将跳离啮合，产生异常噪声。

4. 轴的检查

当轴摆度增加时，轴颈外径因磨损而减小，齿轮很难正确接合并且会导致异常噪声。在极端环境下，齿轮将损坏。

（1）目测检查轴颈　检查是否有擦伤、损坏或褪色。

（2）测量跳动　将轴置于 V 形块上。当轴转动时，用百分表测量轴跳动，如图 2-67 所示。

（3）测量外径　使用千分尺在若干环形位置测量每个轴颈的外径，如图 2-68 所示。

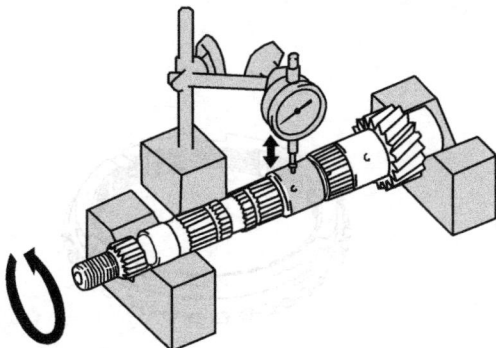

图 2-67　测量轴跳动

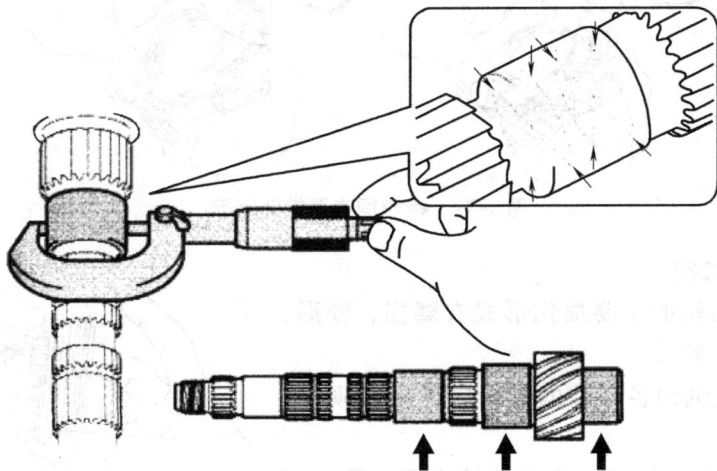

图 2-68　测量轴外径

5. 检查同步器锁环

（1）目测检查同步器锁环　确保同步器锁环内表面凹槽没有磨损。同时也要确保同步器锁环内表面没有擦伤或机械损坏，如图 2-69 所示。

（2）测量同步器锁环与齿轮之间的间隙　用手按压齿轮和同步器锁环，如图 2-70 所示。保持按压的同时，用塞尺测量整个外圈的间隙。当同步器锁环的内表面周边磨损时，锁环沉向齿轮，同步器锁环与齿轮之间的间隙变小。

（3）检查同步器锁环运行　用手按压同步器锁环以便与齿轮锥装在一起。然后确保用力转动时，同步器锁环应不滑动，如图 2-71 所示。

6. 检查同步器毂和毂套

（1）目测检查　检查同步器毂和同步器毂套花键是否有擦伤或任何机械损坏。

（2）检查同步器毂和毂套滑动性能　接合同步器毂和毂套，检查滑动是否顺畅。如果同步器毂和毂套卡滞，换档杆会产生拖滞感觉，如图 2-72 所示。

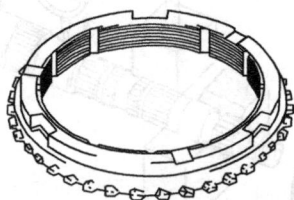

图 2-69　检查同步器锁环内表面

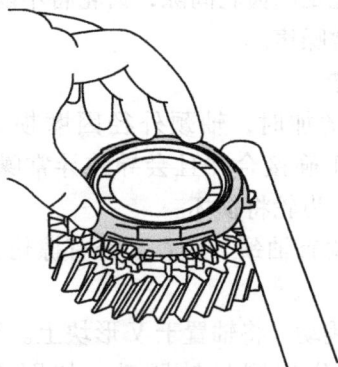

图 2-70　测量锁环与齿轮之间的间隙

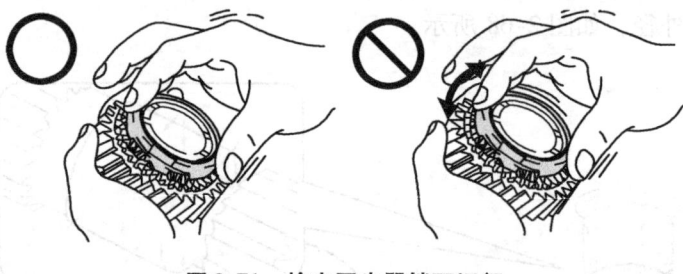

图 2-71　检查同步器锁环运行

7. 检查操纵机构

变速器操纵机构的主要损伤形式有磨损、变形、连接松动和弹簧失效等。

1）检查操纵机构各零件的连接应无松动现象，否则应及时紧固。

2）检查变速杆、拨叉、拨叉轴等应无变形，否则应校正或更换。

3）检查拨叉与接合套、拨叉与拨叉轴、选档轴等处的磨损，磨损逾限时应更换。

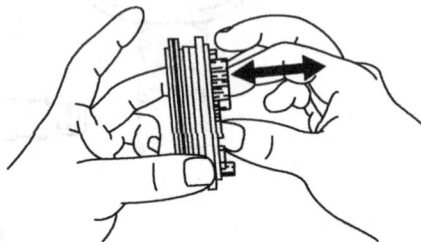

图 2-72　检查同步器毂和毂套滑动性能

4）检查定位钢球、定位锁销、锁止弹簧、复位弹簧，当出现磨损逾限或弹簧失效的情况时，应更换相应的零件。

2.3　驱动桥

2.3.1　驱动桥的功用

驱动桥将万向传动装置（或变速器）传来的动力经降速增矩、改变动力传递方向（发动机纵置时）后，分配到左右驱动轮，使汽车行驶，并允许左右驱动轮以不同转速旋转。

驱动桥一般由主减速器、差速器、半轴、桥壳等组成，如图 2-73 所示。

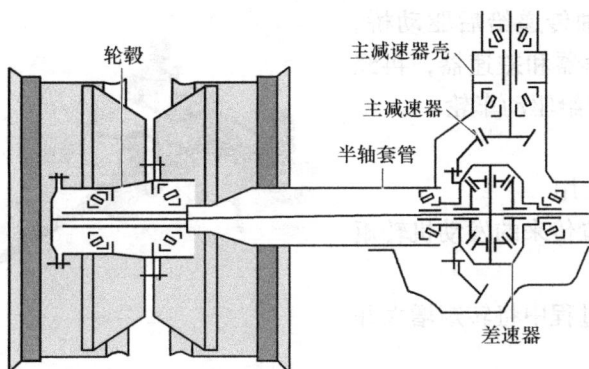

图 2-73　整体式驱动桥结构示意图

驱动桥是传动系统的最后一个总成，发动机的动力传到驱动桥后，首先传到主减速器，在这里将转矩放大并降低转速后，经差速器分配给左右半轴，最后通过半轴外端的凸缘传到驱动车轮的轮毂。

2.3.2　驱动桥的结构与工作原理

1. 驱动桥的分类

按照悬架结构的不同，驱动桥可以分为整体式驱动桥和断开式驱动桥。

（1）整体式驱动桥　整体式驱动桥如图 2-73 所示，与非独立悬架配用。其驱动桥壳为一刚性的整体，驱动桥两端通过悬架与车架或车身连接，左右半轴始终在一条直线上，即左右驱动轮不能相互独立地跳动。当某一侧车轮通过地面的凸出物或凹坑升高或下降时，整个驱动桥及车身都要随之发生倾斜，车身波动大。这种结构多用于汽车的后桥上。

（2）断开式驱动桥　断开式驱动桥如图 2-74 所示，与独立悬架配用。其主减速器固定在车架或车身上，驱动桥壳制成分段并用铰链连接，半轴也分段并用万向节连接。驱动桥两端分别用悬架与车架或车身连接。这样，两侧驱动车轮及桥壳可以彼此独立地相对于车架或车身上下跳动，而车身不会随车轮跳动，提高了行驶平顺性和通过性。该结构驱动桥省去了桥壳，主减速器与驱动轮之间通过摆臂铰链连接，半轴分段并用万向节连接。

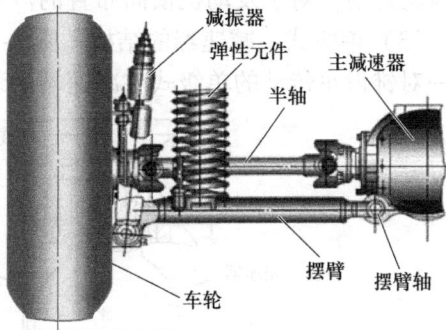

图 2-74　断开式驱动桥

发动机前置前轮驱动轿车的驱动桥将变速器、主减速器、差速器一同安装在变速器壳内，如图 2-24 所示。该结构形式的前桥既是驱动桥也是转向桥，差速器通过等速万向节与传动轴连接，再通过等速万向节连接到轮毂上。该结构取消了贯穿前后的传动轴，简化了结构，有效地减小了传动系统的体积，使轿车的自重减轻，而且将动力直接传给前轮，提高了传动效率。

发动机前置后轮驱动形式更多地用于强调操控性的车型以及高档轿车上，通常后桥与独立悬架配合使用。如图 2-75 所示，对于发动机前置后轮驱动轿车的驱动桥，动力经变速器后通过万向节和传动轴传递给后驱动桥。后驱动桥内装有主减速器和差速器，再经过等速万向节和半轴传给驱动车轮。

2. 主减速器

（1）主减速器的功用

① 将万向传动装置传来的发动机转矩传给差速器。

② 在动力的传动过程中将转矩增大并相应降低转速。

③ 对于纵置发动机，还要将转矩的旋转方向改变90°。

（2）主减速器的类型　按参加传动的

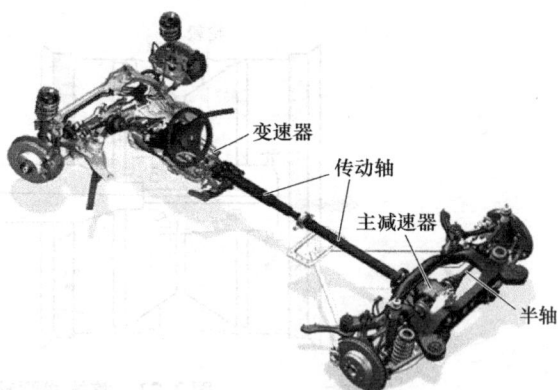

图2-75　发动机前置后轮驱动的驱动桥

齿轮副数目，主减速器可分为单级式主减速器和双级式主减速器。有些重型汽车又将双级式主减速器的第二级圆柱齿轮传动设置在两侧驱动车轮附近，称为轮边减速器。

按传动比个数，主减速器可分为单速式和双速式主减速器。单速式的传动比是固定的，而双速式则有两个传动比供驾驶人选择。

按齿轮副结构形式，主减速器可分为圆柱齿轮式（又可分为定轴轮系和行星轮系）和锥齿轮式（又可分为弧齿锥齿轮式和准双曲面齿轮式）主减速器。

目前，在乘用车中主要应用的是单级式主减速器。

单级式主减速器结构简单，质量轻，体积小，传动效率高，主要用于乘用车及中型以下客货车。

对于发动机纵向布置的汽车，由于需要改变动力传递方向，单级式主减速器都采用一对锥齿轮传动；对于发动机横向布置的汽车，单级式主减速器采用一对圆柱齿轮即可。

（3）单级式主减速器的结构　图2-76和图2-77所示分别为发动机纵置前轮驱动汽车采用一对锥齿轮传动的单级式主减速器的装配图和结构图。

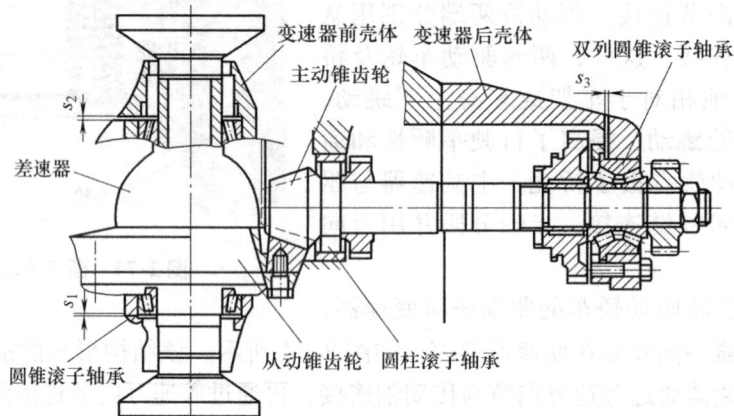

图2-76　单级式主减速器装配图

s_1—调整垫片（从动锥齿轮一侧）　s_2—调整垫片（与从动锥齿轮相对的一侧）　s_3—调整垫片

主减速器主动锥齿轮与变速器输出轴制为一体，用双列圆锥滚子轴承和圆柱滚子轴承支撑在变速器壳体内，属于悬臂式支撑。环状的从动锥齿轮靠凸缘定位，并用螺栓与差速器壳连接。差速器壳由一对圆锥滚子轴承支撑在变速器壳体上。

3. 差速器

（1）差速器的功用　差速器的功用是将主减速器传来的动力传给左、右两半轴，并在必要时允许左、右半轴以不同转速旋转，使左、右驱动车轮相对地面纯滚动而不是滑动。当汽车转弯行驶时，内外两侧车轮中心在同一时间内移过的曲线距离显然不同，即外侧车轮移过的距离大于内侧车轮，如图 2-78 所示。若两侧车轮都固定在同一刚性转轴上，两轮角速度相等，则此时外轮必然是边滚动边滑移，内轮必然是边滚动边滑转。

同样，汽车在不平路面上直线行驶时，两侧车轮实际移过的曲线距离也不相等。因此在角速度相同的条件下，在波形较显著的路面上运动的一侧车轮是边滚动边滑移，另一侧车轮则是边滚动边滑转的。即使路面非常平直，但由于轮胎制造尺寸误差，磨损程度、承受的载荷或充气压力不同，各个轮胎的滚动半径实际上不可能相等，因此，只要各轮角速度相等，车轮对路面的滑动就必然存在。

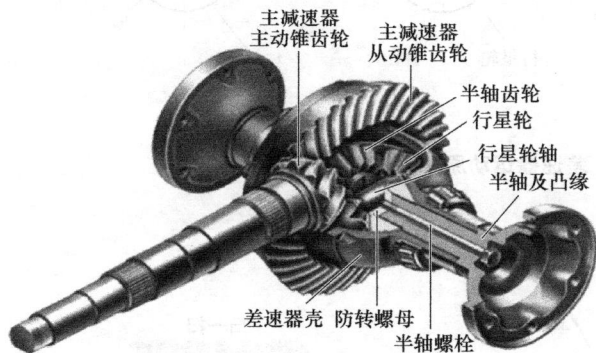

图 2-77　单级式主减速器结构图

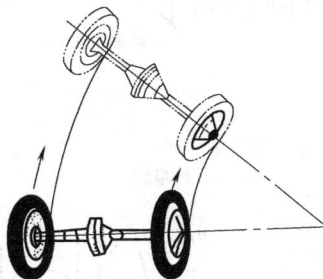

图 2-78　汽车转向时驱动车轮的运动示意图

车轮对路面的滑动不仅会加速轮胎磨损，增加汽车的动力消耗，而且可能导致转向和制动性能恶化。所以，在正常行驶条件下，应使车轮尽可能不发生滑动，差速器的作用就在于此。

（2）差速器的结构　应用最广泛的普通齿轮差速器为锥齿轮差速器。如图 2-79 所示。

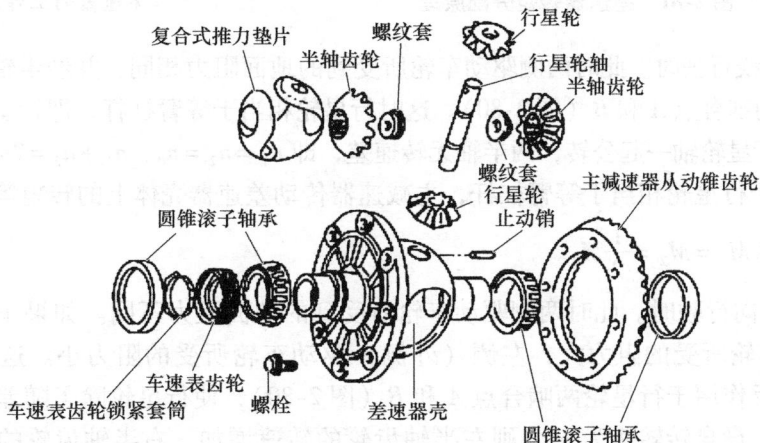

图 2-79　差速器的结构

锥齿轮差速器由差速器壳、行星轮轴、两个行星轮、两个半轴齿轮、复合式推力垫片等组成。行星轮轴装入差速器壳体后用止动销定位。行星轮和半轴齿轮的背面制成球面，与复合式推力垫片相配合，以减摩、耐磨。螺纹套用于紧固半轴齿轮。差速器通过一对圆锥滚子轴承支撑在变速器壳体中。

（3）差速器的工作原理　差速器的工作原理如图 2-80 和图 2-81 所示。主减速器传来的动力带动差速器壳（转速为 n_0）转动，经过行星轮轴、行星轮、半轴齿轮、半轴（转速分别为 n_1 和 n_2），最后传给两侧驱动车轮。

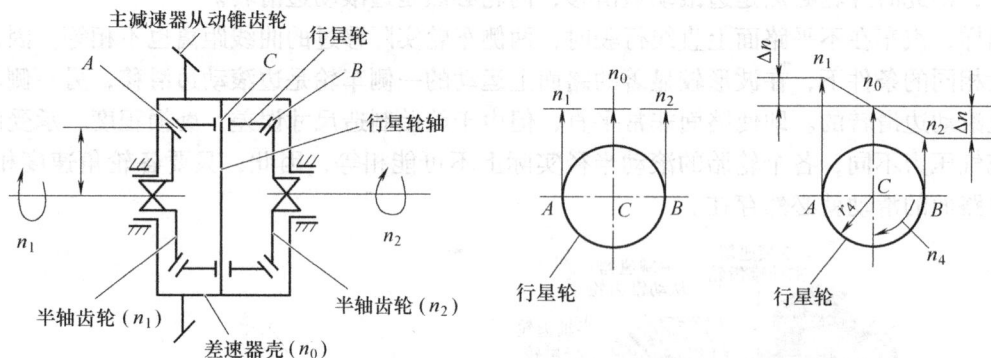

图 2-80　差速器运动原理

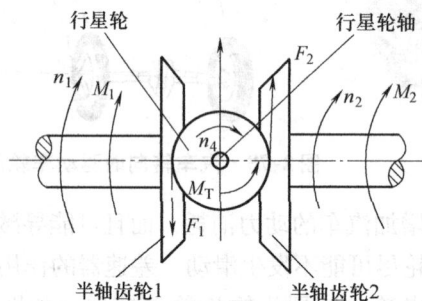

图 2-81　差速器转矩分配原理

扫一扫

差速器的工作原理

1）汽车直线行驶时。此时两侧驱动车轮所受到的地面阻力相同，并经半轴、半轴齿轮反作用于行星轮两啮合点 A 和 B（图 2-80）。这时行星轮相当于等臂杠杆，即行星轮不自转，只随差速器壳和行星轮轴一起公转，两半轴无转速差，即 $n_1 = n_2 = n_0$，$n_1 + n_2 = 2n_0$。

同样，由于行星轮相当于等臂杠杆，主减速器传动差速器壳体上的转矩等分给两半轴齿轮（半轴），即 $M_1 = M_2 = \frac{1}{2} M_0$。

2）汽车转向行驶时。此时两侧驱动车轮所受到的地面阻力不同。如果车辆右转，右侧（内侧）驱动车轮所受的阻力大，左侧（外侧）驱动车轮所受的阻力小。这两个阻力经半轴、半轴齿轮反作用于行星轮两啮合点 A 和 B（图 2-80），使行星轮除了随差速器壳公转外还顺时针自转。设自转转速为 n_4，则左半轴齿轮的转速增加，右半轴齿轮的转速降低，且左半轴齿轮增加的转速等于右半轴齿轮降低的转速。设半轴齿轮的转速差为 Δn，则 $n_1 =$

$n_0 + \Delta n$，$n_2 = n_0 - \Delta n$，即汽车右转时，左侧（外侧）车轮转得快，右侧（内侧）车轮转得慢，实现纯滚动。此时依然有 $n_1 + n_2 = 2n_0$。

由于行星轮的自转，行星轮孔与行星轮轴轴径间以及齿轮背部与差速器壳体之间都产生摩擦。如图 2-81 所示，行星轮所受的摩擦力矩方向与其自转方向相反，并传到左、右半轴齿轮，使转得快的左半轴的转矩减小，转得慢的右半轴的转矩增加。所以当左、右驱动车轮存在转速差时，$M_1 = (M_0 - M_T)/2$，$M_2 = (M_0 + M_T)/2$。但由于有推力垫片的存在，实际中的 M_T 很小，可以忽略不计，则 $M_1 = M_2 = \frac{1}{2} M_0$。

可见，无论差速器差速与否，行星锥齿轮差速器都具有转矩等量分配的特性。

上述普通锥齿轮式差速器转矩等量分配的特性对于汽车在良好路面上行驶是有利的。但如果汽车的一个驱动轮遇到冰雪或泥泞路面，这种转矩等量分配的特性却会严重影响其通过能力。由于汽车两侧驱动轮的附着条件不同，这种差速器等量分配转矩特性，使附着力好的驱动轮也只能分配到与打滑车轮同样小的转矩，以致总的牵引力不足以克服行驶阻力，使得汽车不能前进。

为了提高汽车通过坏路面的能力，可采用防滑差速器。当汽车某一侧驱动轮发生滑转时，差速器的差速作用即被锁止，并将大部分或全部转矩分配给未滑转的驱动轮，充分利用未滑转车轮与地面之间的附着力产生足够的牵引力，使汽车继续行驶。

4. 半轴与桥壳

（1）半轴　半轴的功用是将差速器传来的动力传给驱动轮。因其传递的转矩较大，故常制成实心轴。半轴的结构因驱动桥结构形式的不同而异。整体式驱动桥中的半轴为一刚性整轴；而转向驱动桥和断开式驱动桥中的半轴则分段并用万向节连接。半轴内端一般制有外花键与半轴齿轮连接，其外端与轮毂连接。

图 2-82 所示为半轴支承示意图，它表明汽车半轴外端与轮毂、桥壳的连接情况。半轴外端锻有凸缘，借螺柱与轮毂连接，轮毂用两个相距一段距离的圆锥滚子轴承支撑在半轴套管上。半轴套管与空心梁压配成一体，组成驱动桥壳。这种半轴支承形式的半轴与桥壳没有直接联系。半轴内端用花键与半轴齿轮套合，半轴齿轮的毂部支撑在差速器壳两侧轴颈的孔内，而差速器壳又以其两侧轴颈直接支撑在桥壳上。

由图 2-82 可知，在半轴外端，路面对驱动轮所作用的垂直反力 F_z、切向反力 F_x、侧向反力 F_y 以及由它们形成的弯矩，直接由轮毂通过两个圆锥滚子轴承传给桥壳，完全由桥壳承受，半轴只

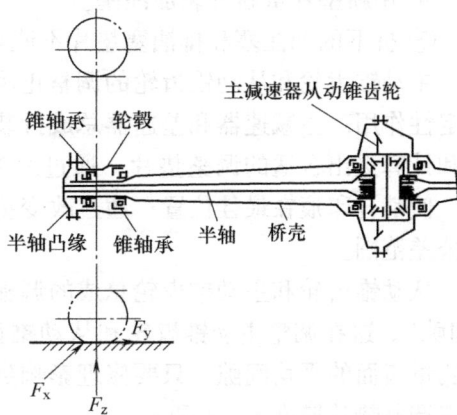

图 2-82　半轴支承示意图

承受转矩。同样，半轴内端作用在主减速器从动锥齿轮上的力及其形成的弯矩，全部由差速器壳直接承受，半轴内端也只承受转矩。这种使半轴只承受转矩，而两端不承受其他任何反力和反力矩的半轴支承形式，称为全浮式半轴支承。所谓"浮"是指半轴不承受弯曲载荷。

全浮式半轴支承便于拆装，只需拧下半轴凸缘上的轮毂螺栓，即可将半轴抽出，而车轮

和桥壳照样能支撑住汽车。

（2）桥壳　驱动桥壳既是传动系统的组成部分，也是行驶系统的组成部分，其功用是安装并保护主减速器、差速器和半轴，以及安装悬架或轮毂。它还要与从动桥一起支撑汽车悬架以上各部分质量，承受驱动轮传来的反力和转矩，并在驱动轮与悬架之间传力。因此，桥壳应具有足够的强度和刚度，质量小，便于制造，便于主减速器的拆装和调整。

驱动桥壳可分为整体式和分段式两类，一般多采用整体式。整体式桥壳因制造方法不同又有多种形式，常见的有整体铸造、中段铸造压入钢管、钢板冲压焊接等形式。整体铸造式驱动桥壳主要用于中型以上货车；钢板冲压焊接式驱动桥壳广泛应用于中型及中型以下的汽车。

2.3.3　驱动桥的检修

1. 检查手动变速驱动桥的漏油

检查的重点部位包括壳体的接合面处、轴或里程表伸出的区域、油封处、排油塞和加注塞。

检查时一般将上述部位用干净抹布擦拭干净，然后行驶一段时间再检查。

2. 检查手动变速驱动桥的油位

拆下变速驱动桥的加注塞，将手指插入孔中，检查油与手指的接触位置，一般齿轮油的液面高度应在加注孔下 $0\sim5$mm。

3. 手动变速驱动桥齿轮油的更换

① 拆下加注塞、排油塞及所带的垫片。将齿轮油排放到规定的容器中。

② 将油排净后，用新垫片重新安装排油塞。

③ 重新加注规定量的齿轮油。

④ 用新垫片重新安装加注塞。

⑤ 拆下的加注塞和排油塞垫片不能重复使用。

主动锥齿轮和从动锥齿轮的调整正确与否，对于主减速器的使用寿命和运转平稳性起着决定性作用。主减速器和差速器总成拆装后，特别是更换某些零部件后，必须通过精确的测量和计算选出合适的调整垫片；通过改变垫片的厚度来轴向移动变速器输出轴上的主动齿轮，使啮合印痕在最佳位置；通过改变垫片的厚度来轴向移动从动齿轮，使啮合间隙在规定的公差范围。

从动锥齿轮和主动锥齿轮总成的调整部位如图 2-76 所示。根据零件的排列情况会出现"间隙"，这在调整主动锥齿轮和从动锥齿轮时应予以考虑。因此，在拆卸变速器之前，最好测量齿面的平均间隙。只要修理影响到主动锥齿轮和从动锥齿轮位置的零部件，必须重新测定调整垫片厚度 s_1、s_2 和 s_3。

4. 主减速器轴承预紧度的调整

圆锥滚子轴承一般都是成对使用的，装配时应使其具有一定的预紧度，以减小锥齿轮在传动过程中因轴向力而引起的轴向位移，提高轴的支承刚度，保证锥齿轮副的正确啮合。但轴承预紧度又不能过大，否则摩擦和磨损增大，传动效率低。为此，设有轴承预紧度的调整装置。

如图 2-76 所示，主动锥齿轮轴承预紧度可通过增减调整垫片 s_3 的厚度来调整。加垫片则变松，减垫片则变紧。从动锥齿轮（差速器壳）轴承预紧度则是通过增减调整垫片 s_1 和

s_2 来调整，加垫片则轴承预紧度增加；反之，轴承预紧度减小。只有圆锥滚子轴承的预紧度可调，而圆柱滚子轴承无须调整。

5. 锥齿轮啮合的调整

为了使齿轮传动工作正常、磨损均匀，延长其使用寿命，必须保证齿轮副啮合正确。为此，需要对锥齿轮的啮合进行调整。锥齿轮啮合的调整是指齿面啮合印痕和齿侧啮合间隙的调整。

（1）齿面啮合印痕的调整　先检查齿面啮合印痕，方法是：在主动锥齿轮上相隔 120°的三处用红丹油在齿的正反面各涂 2～3 个齿，再用手对从动锥齿轮稍施加阻力并正、反向各转动主动锥齿轮数圈。观察从动锥齿轮上的啮合印痕。正确的啮合印痕如图 2-83 所示，应位于齿高的中间偏小端，并占齿宽 60% 以上。

如果啮合印痕位置不正确，应进行调整，方法是移动主动锥齿轮。调整调整垫片 s_3 的厚度，使主动锥齿轮前移或后移。

（2）齿侧啮合间隙的调整　调整啮合印痕移动主动锥齿轮后，主、从动锥齿轮的啮合间隙会发生变化。

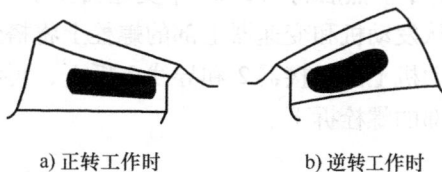

a) 正转工作时　　　b) 逆转工作时

图 2-83　正确的啮合印痕

啮合间隙的检查方法是：将百分表抵在从动锥齿轮正面的大端处，用手把住主动锥齿轮，然后轻轻往复摆转从动锥齿轮即可显示间隙值。如果啮合间隙不符合要求，则需要进行调整，方法是移动从动锥齿轮。当从动锥齿轮远离主动锥齿轮时间隙变大，反之则变小。移动从动锥齿轮的方法是将一侧的调整垫片增加，另一侧调整垫片减少，增加与减少的厚度要相等。

不同类型的主减速器其调整方法略有不同，但调整原理是相同的。

> **主减速器调整注意事项：**
> ① 要先进行轴承预紧度的调整，再进行锥齿轮啮合的调整。
> ② 锥齿轮啮合调整时，啮合印痕首要，啮合间隙次要，否则将加剧齿轮磨损。但当啮合间隙超过规定时，应成对更换。

2.4　手动变速器及离合器的拆装

以一汽-大众迈腾为例，其变速器和离合器的拆装步骤如下。

1. 注意事项

1）规范操作，注意人身安全。

2）清理好拆装工位，并准备好工具。

3）将车辆置于举升机的合适位置，并将座椅套、转向盘套、地板垫、翼子板布和前格栅布等安装好。

4）拆装前需要将变速器内的齿轮油放干净。

5）拆卸下来的零部件需按规定进行清洗。

6）禁止用金属工具直接敲击汽车零部件。

2. 变速器的拆装

（1）变速器的拆卸

1）首先，断开蓄电池，并将蓄电池及电池架拆下。其次，将发动机盖板和空气滤清器的罩壳拆下。

2）断开变速器操纵机构与变速器的连接。如图 2-84 所示，先将变速器换档杆 A 上的换档拉索的防松垫片 1 拆下，然后将转向杆 B 上的选档拉索的防松垫片 2 拆下，之后从销轴上将换档拉索和选档拉索拔出，再将转向杆 B 上的防松垫片 3 拆下，并将转向杆拆下，最后将变速器换档杆 A 和螺母 4 拆下。

如图 2-85 所示，将选档拉索和换档拉索捆绑在一起，并吊于高处，将变速器上的支架 B 拆下。然后将图 2-86 中变速器支承 A 和从动缸 B 拆下并固定，但不要拆开管路系统，然后从发动机和变速器上部的螺栓上将搭铁线拆下。之后将图 2-87 中的倒车灯的插接器 1 和起动机上的插接器 2 和导线 3 拆下，再将起动机上的固定螺栓拆下，最后将发动机和变速器上部的螺栓拆下。

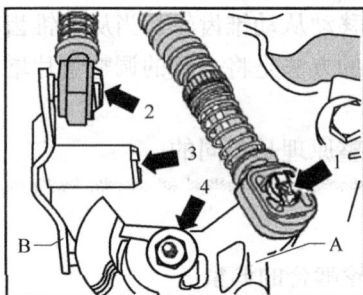

图 2-84　断开操纵机构与变速器的连接

1、2、3—防松垫片　4—螺母　A—换档杆　B—转向杆

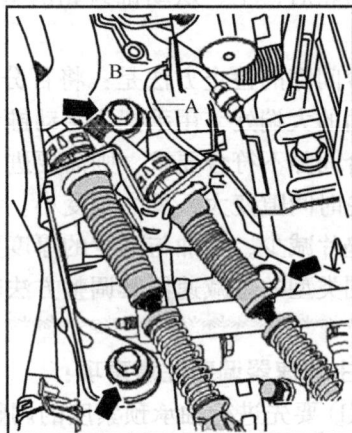

图 2-85　拆下支架 B

A—离合器管路　B—支架

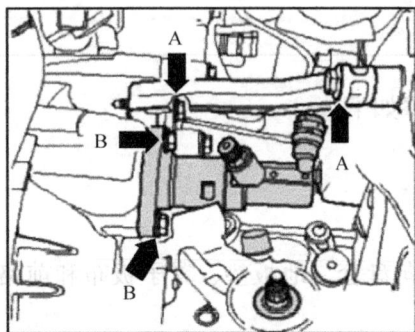

图 2-86　拆下支承 A 和从动缸 B

A—变速器支承　B—从动缸

图 2-87　拆卸倒车灯的插头

1—倒车灯插接器　2—起动机插接器　3—导线

3）安装支承工装，如图 2-88 所示。拆除支承工装的发动机固定环内的导线和软管，并将支承工装和调配接头置于前发动机舱盖充气支撑杆前，然后稍稍预紧发动机和变速器机体，之后将汽车升起，将隔声垫片和左前轮罩内板下部拆下，最后拆下变速器上的所有管路。

4）断开发动机和底盘与变速器的连接。如图 2-89 所示，先从发动机上将图中箭头所指的右侧万向节的护板拆下，然后将排气装置拆下，再将传动轴拆下并固定至高处。之后将图 2-90 中箭头所指的汽车高度传感器拆下，并从稳定杆上将连杆拆下，然后将图 2-91 中箭头所指的转向节螺母拆下。

图 2-88　安装支承工装

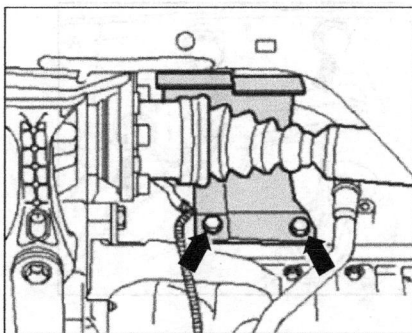

图 2-89　断开发动机和底盘与变速器的连接

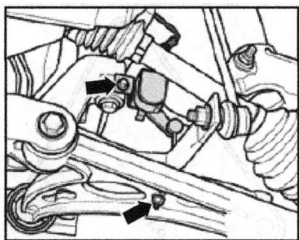

图 2-90　拆卸汽车高度传感器

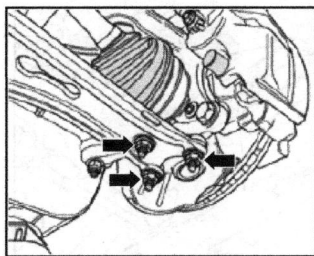

图 2-91　拆卸转向节螺母

如图 2-92 所示，先将图中螺栓 1、2 固定的摆动支承拆下，再从副车架上将转向器拆下并固定到高处，然后固定副车架，并将副车架、稳定杆、控制臂、托架和摆动支承一同拆下。

5）将变速器与汽车分离。将图 2-93 中箭头所指的螺栓拆下，将变速器/发动机倾斜放置，并通过支承工装将其降下，然后将图 2-94 中箭头所指的螺栓固定的托盘 A 拆下，并将图 2-95 中箭头所指的螺栓固定的飞轮盖板 A 拆下。

如图 2-96 所示，拆下起动机，安装定位件，并将支架托臂与调整板的孔相对应。在图 2-97 中，B 处箭头所示方向为汽车行驶方向，安装定位元件 A 和 C，并在汽车下面放置变速器和发动机举升装置。

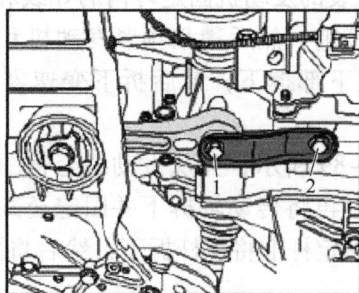

图 2-92　拆卸摆动支承
1、2—螺栓

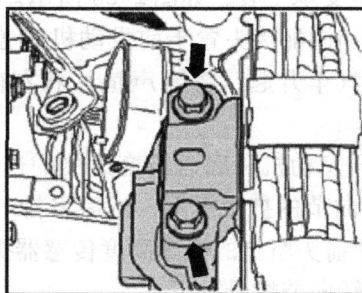

图 2-93　拆卸变速器固定螺栓

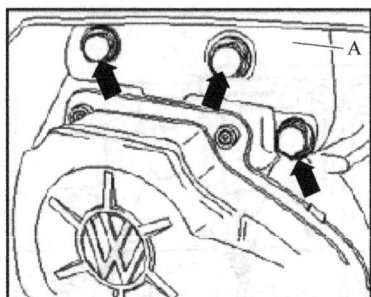

图 2-94　拆卸托盘
A—托盘

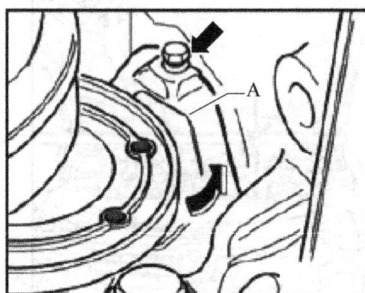

图 2-95　拆卸飞轮盖板 A

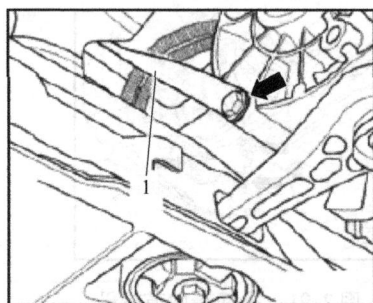

图 2-96　拆卸起动机

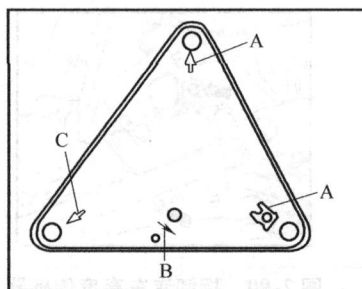

图 2-97　调整板

　　如图 2-98 所示，将定位件锁定在变速器上，并且变速器与调整板平行，然后将销子安装到摆动支承上，再将变速器和发动机下部的连接螺栓拆下，并将变速器降下，拆卸工作完成。

　　（2）变速器的安装　变速器的安装过程基本上就是变速器拆卸过程的逆过程，其基本步骤如下。

　　1）将变速器升起至合适的安装位置，并与底盘和发动机重新连接。安装调整板（图 2-97）定位元件 A 和 C，将变速器和发动机置于举升装置上，并使变速器和调整板平行。然后将销子安装到摆动支承上，并将变速器升起，对准发动机的安装位置，拧紧连接螺栓，再安装托盘和托架，最后利用支承工装将发动机和变速器对准安装位置，拧紧螺栓。

将传动轴安装到变速器上，然后安装副车架并将转向器安装在其上面。然后安装摆动支承，再安装汽车高度传感器和排气装置。

2）将变速器和变速器操纵机构重新连接。安装从动缸 B 和支承 A，然后将倒车灯和接地线重新接好，并安装起动机。将支架和拉索支座安装到变速器上，并将组合管安装到变速器支架上。安装换档杆 A 和转向杆 B，并分别与换档拉索和转向拉索相连。

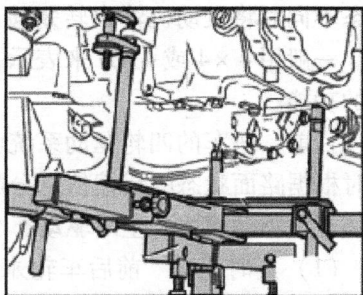

图 2-98　将定位件锁定于变速器上

3）最后调整换档控制装置，并安装其他部件。

3. 离合器的拆装

（1）离合器的拆卸

1）拆卸变速器。

2）用工具固定飞轮。

3）用夹具夹紧离合器，并按对角线原则松开图 2-99 中的螺栓。此时要注意，松开螺栓 1 时需要将挡块 2 一起松开。

4）依次取下压盘和从动盘，离合器的拆卸工作完成。

（2）离合器的安装　如图 2-100 所示，离合器的安装过程即为离合器拆卸过程的逆过程。

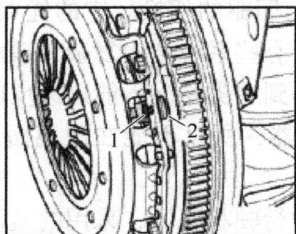

图 2-99　拆卸离合器
1—螺栓　2—挡块

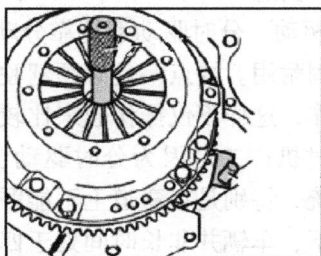

图 2-100　安装离合器示意图

1）安装从动盘，并利用定心轴对从动盘进行定心。

2）转动夹具，将压盘和离合器盖安装到固定销上。

3）均匀地用手旋入所有固定螺栓，使螺栓贴在离合器盖上。

4）按对角线原则拧紧固定螺栓。

5）安装变速器。

2.5　四轮驱动系统

2.5.1　四轮驱动系统概述

1. 四轮驱动系统分类

所谓四轮驱动系统又称全轮驱动系统，是指汽车前后轮都有动力。该系统可按行驶路面状态不同而将发动机输出转矩按不同比例分布在前后所有的车轮上，以提高汽车的行驶能力。一般用 4×4 或 4WD 来表示，如果一辆汽车上标有上述字样，那就表示该车拥有四轮驱动的功能。

目前，轿车的四轮驱动系统已经引进了计算机控制模块，当仅前轮或后轮驱动时，车辆随时根据路面状态的反馈信息分配前后车轮的动力，变为四轮驱动。四轮驱动系统又可以细分成三种驱动模式：全时驱动、分时驱动和适时驱动。

（1）全时驱动　前后车轮永远维持四轮驱动模式，行驶时将发动机输出转矩按 50∶50 设定在前后轮上。全时驱动车辆会比两驱车型（2WD）拥有更优异更安全的驾驶基础，尤其是碰到极限路况或是激烈驾驶时。理论上，4WD 会比 2WD 拥有更好的牵引力，而牵引力的稳定性主要由车辆的驱动方式来决定，将发动机动力输出经传动系统分配到四个轮胎与分配到两个轮胎上相比，其结果是 4WD 的可控性、通过性以及稳定性均会得到提升，即无论车辆行驶在何种天气以及何种路面（湿地、崎岖山路、弯路上）时，驾驶人都能够更好地控制每一个行驶动作，从而保证驾驶人和乘客的安全。

在驾驶时，全时驱动的转向风格也很有特点，最明显的就是它会比两驱车型转向更加中性，可以更好地避免前驱车的转向不足和后驱车的转向过度，这也是驾驶安全性以及稳定性的特点之一。

操作方式：直接驾驶。

代表车型：奥迪 A4 3.2FSI Quattro、大众 CC、奔驰 S350 4MATIC、讴歌 MDX 等。

（2）分时驱动　分时驱动系统靠分动器实现两驱与四驱的切换。它的优点是结构简单、稳定性高、坚固耐用。缺点一是必须驾驶人手动操作，有些系统结构复杂，操作烦琐，同时还需要停车操作，这样不仅操作起来比较麻烦，而且遇到恶劣路况不能迅速反应，往往错过了脱困的最佳时机；二是因为分时驱动没有中央差速器，所以不能在硬地面（铺装路面）上使用四驱系统，特别是在弯道上不能顺利转弯。

一般情况下，车辆并非长时间处于四驱状态，正常行驶状况下，采用的是两轮驱动，当需要通过恶劣路面时，驾驶人可以通过分动杆把两轮驱动切换成四轮驱动，让四个车轮都提供驱动力，从而提高车辆的通过性能。

操作方式：车内会特别设计分动装置，有些是分动器的档杆，有些是电子的按钮或旋钮。

代表车型：吉普牧马人、长城哈弗等。

（3）适时驱动　采用适时驱动的车辆选择何种驱动模式由车载计算机模块控制，正常路面一般采用后轮驱动，如果路面不良或驱动轮打滑，计算机模块会自动测出并立即将发动机输出转矩分配给其他两轮，切换到四轮驱动状态，操纵简单。其缺点是计算机模块即时计算机自动控制，缺少驾驶乐趣。

相比全时四驱，适时四驱的结构要简单得多，这不仅可以有效地降低成本，而且也有利于降低整车重量。由于适时四驱的特殊结构，它更适合于前横置发动机前驱车型，这使得许多基于这种平台打造的 SUV 或者轿车有了装配四驱系统的可能。

前驱布置形式相对于后驱布置形式本身就有着诸多优势，如更有利于拓展车内空间、传动效率更高、传动系统的噪声更小等。这些优点对于小型 SUV，特别是发动机排量较小的 SUV 来说显得尤其重要。

当然，适时四驱也有其缺点：目前绝大多数适时四驱在前后轴传递动力时，会受制于结构本身的缺陷，无法将超过 50% 以上的动力传递给后轴，这使它在主动安全控制方面没有全时四驱的调整范围那么大；同时相比分时四驱，它在应对恶劣路面时，四驱的物理结构极限偏低。

操作方式：大多数适时四驱车都在车内设计了单独的按钮，并印有"LOCK"字样；也有些车型为自动感应式，车内无按钮。

代表车型：东风日产奇骏、一汽丰田 RAV4、东风本田 CRV 等。

2. 四轮驱动系统优缺点

（1）优点

1）高通过性。由于四轮驱动车辆的四个车轮都传递动力，车辆所获得的驱动力是两轮驱动的两倍。且前后轮相互支持，这样大大提高了在湿滑冰雪路面和凹凸不平路面的通过性。

2）高爬坡性。同理，四轮驱动的车辆可以爬上两轮驱动车辆爬不上去的陡坡。

3）转弯性能极佳。轮胎的附着力与传输至道路的动力大小有密切的关系，随着动力的增大，轮胎的转弯能力趋于减小。动力减小，转弯能力提高。

4）起动和加速性能极佳。四轮驱动的车辆，其发动机功率平均传递至所有四个车轮，四个车轮的附着力都可以被有效利用。所以即使将加速踏板猛踩到底，车轮也不会空转，从而提高了车辆的起动和加速性能。

5）直线行驶稳定性好。由于每个车轮的剩余附着力提高，车轮抗外界扰动的能力得到增强，显示出优越的方向稳定性。

（2）缺点　结构复杂，重量增加，成本提高，振动和噪声略有升高，油耗增加。

2.5.2　适时四驱系统

适时四驱系统主要有如下几种布置形式（图 2-101）。

1. 江铃驭胜 S350 自动四驱柴油版

驭胜 S350 2.4T 自动四驱柴油 5 座豪华版使用的是博格华纳的 TOD 适时四驱系统（TOD 是英文 Torque on Demand 的缩写，是"转矩随选四驱"技术，它可以根据车辆和道路状况分配需要的动力），该系统是基于前置后驱车型的四驱系统，采用电磁控制的多片离合器式中央限滑差速器，系统带有三种模式：2H（两驱）、AUTO（自动）、LOCK（锁止中央差速器）。在车辆行驶过程中，分动器的计算机控制模块（ECU）会自动采集车辆的实时运行数据（包括车速、轮速、节气门开度等），根据驾驶人的操作意图并结合车辆所处的路况，持续计算前桥与后桥应分配的最佳传动比，并将转矩按照最佳传动比动态地分配到前桥和后桥；一旦 ECU 检测到路面不良或驱动轮打滑，TOD 分动器能够在两轮驱动和四轮驱动之间自动切换。TOD 技术采用的是电磁控制的多片离合器，比采用电动机控制的转矩分配系统有更短的响应时间。

2. 丰田 RAV4

动力由发动机输出后到前驱动桥，同时通过中央差速器连接到后轴上。日常行驶（主要指在铺装路面上行驶）时，驱动力只传输至前轮，以前轮驱动的行驶方式牵引车辆，此时 ECU 会随时监测四个车轮的附着力情况，如果有车轮出现打滑，ECU 会自动分配动力同

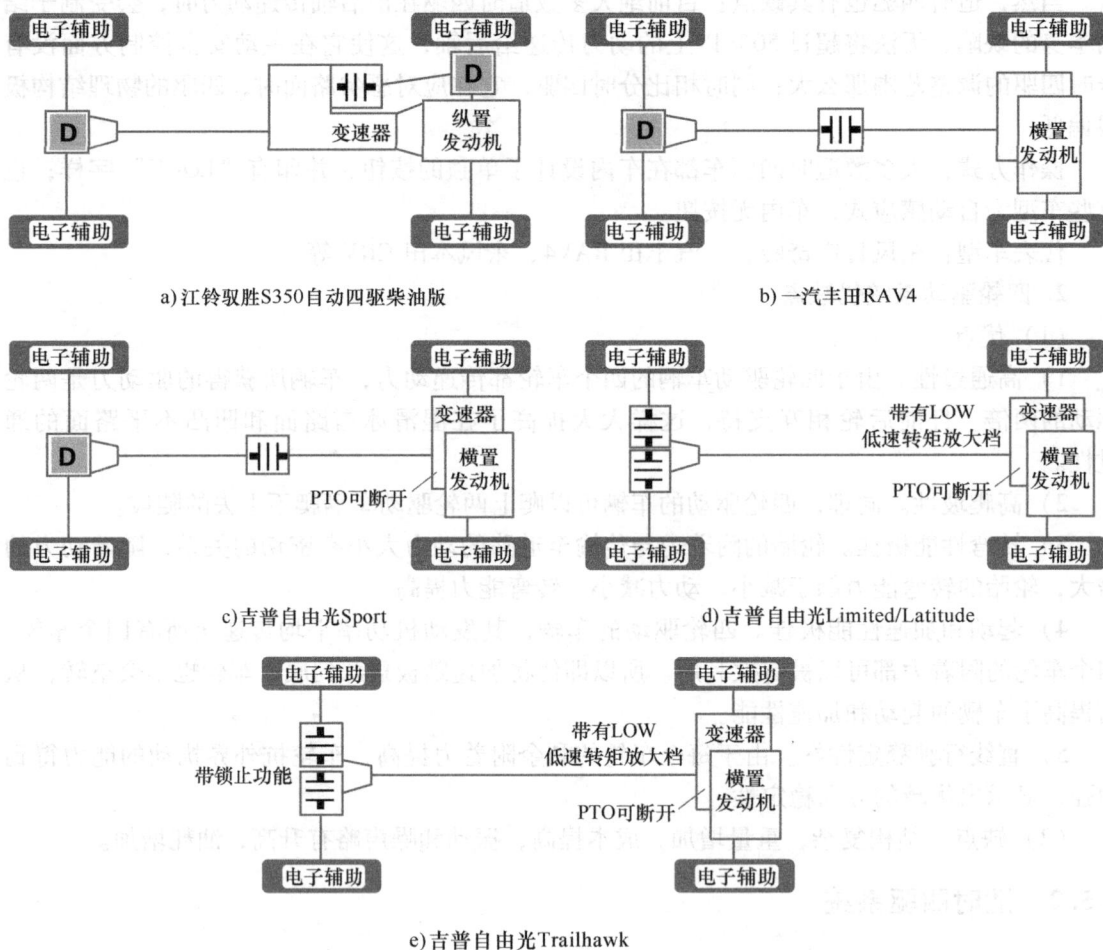

a) 江铃驭胜S350自动四驱柴油版

b) 一汽丰田RAV4

c) 吉普自由光Sport

d) 吉普自由光Limited/Latitude

e) 吉普自由光Trailhawk

图 2-101　适时四驱系统布置形式

注：**D**——开放式差速器；**┤├**——多片离合器式限滑差速器。

时给前后轮，转矩可在一定范围内调节。路况复杂时，打开"四驱锁止（LOCK）"功能可以人为地强制连通四驱，将驱动力恒定地以55∶45分配给前后轮。

3. 吉普自由光

通过前桥取力器（PTO）和多片离合器式限滑差速器将动力传递到后桥。与大多数SUV不同的是，自由光的PTO可以在必要时彻底断开后桥，此时传动轴无须再进行转动（大多数采用横置发动机的SUV中央传动轴是一直在转动的），从而提升了车辆的燃油经济性。另外，它的后桥具备多片离合器结构，低配车型的多片离合器充当的是中央差速器的角色，可控制前后轴转矩分配。

2.5.3　分时四驱系统

分时四驱系统主要有如下几种布置形式（图2-102）。

江铃驭胜手动四驱版分时四驱系统采用的是博格华纳的ESOF分时四驱系统，属于电控分动器技术，可以让驾驶人自行选择两驱或四驱模式，而且支持在80km/h以下的车速进行

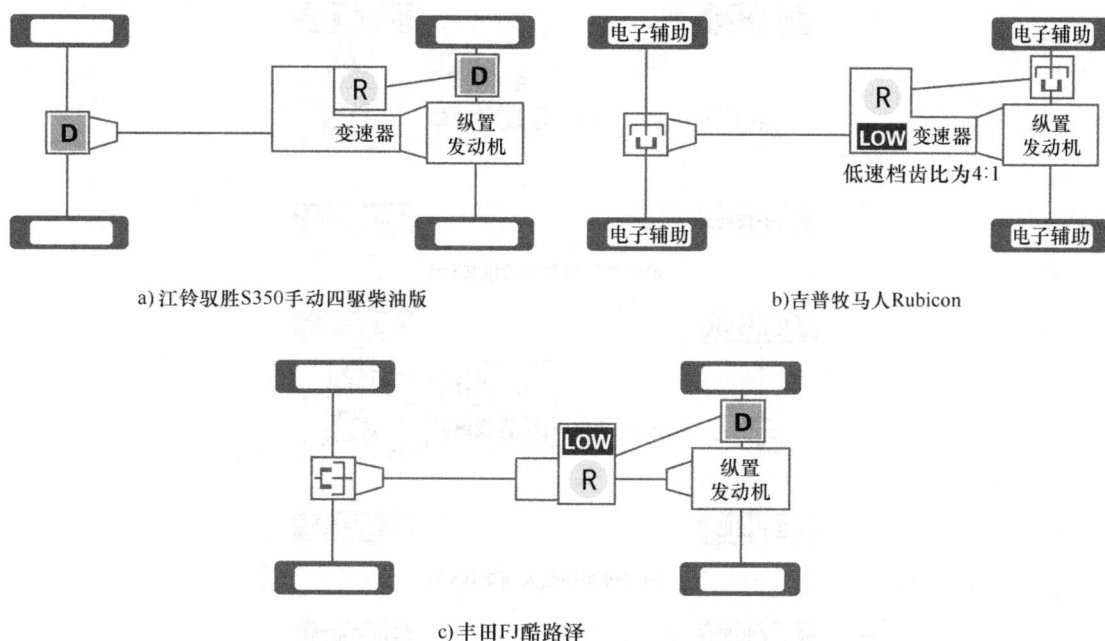

a)江铃驭胜S350手动四驱柴油版 　　　　b)吉普牧马人Rubicon

c)丰田FJ酷路泽

图2-102　分时四驱系统布置形式

注：R ——分动器；D ——开放式差速器；LOW ——低速转矩放大档；

⊏⊐ ——牙嵌式差速锁。

切换。该系统可以锁定四驱模式，但不能实现前后桥转矩比例的精确分配，前后轮间采用的是开放式差速器。

　　吉普牧马人 Rubicon 配备的分时四驱系统叫作 Rock Trac，它的分动器低速档齿比为4:1，而且前后轴还装备了电控锁止的 Tru-loc 差速锁，增强了轮间电子限滑功能。

　　丰田 FJ 酷路泽采用了结构可靠而相对简单的分时四驱结构，带低速档，前桥采用开放式差速器，后桥采用牙嵌式差速锁。最完美而又可靠的结构当然是在此基础上再加上前后差速锁，但 FJ 酷路泽与理想中还略有差距，它只具有后桥差速锁，即使这样，只要路况不是特别恶劣，配合自身的高底盘，通过应该没什么难度。

2.5.4　全时四驱系统

　　全时四驱系统主要有如下几种布置形式（图2-103）。

2.5.5　四轮驱动系统主要部件

1. 分动器

分动器在汽车上的布置如图 2-104 所示。

分动器大致可以分为两种结构：齿轮传动和链条传动，如图 2-105 所示：

链传动式分动器工作原理较为简单，可自行分析。

齿轮传动式分动器结构与工作原理如下。以北京吉普切诺基早期所使用的 87A-K 型分动器为例介绍分时四驱分动器。其结构和工作原理与普通齿轮变速器相似。

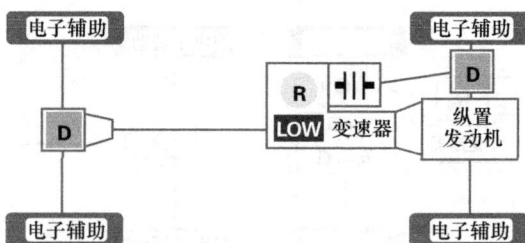

a)吉普2014款大切诺基3.6L

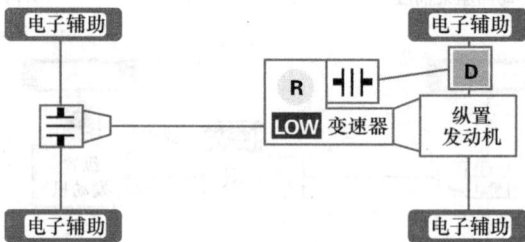

b)吉普2014款大切诺基5.7L

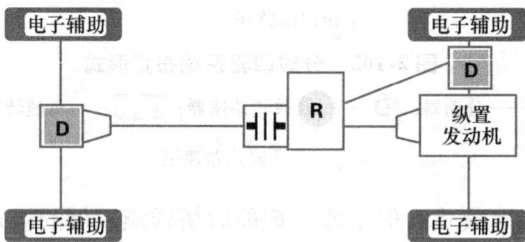

c)宝马X1/3/5

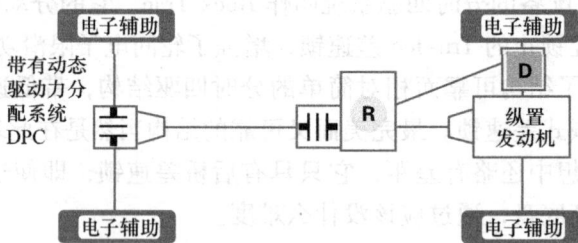

d)宝马X6

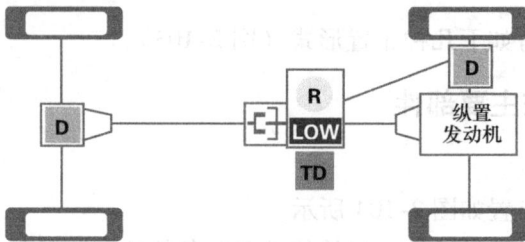

e)丰田普拉多2.7

图2-103　全时四驱系统布置形式

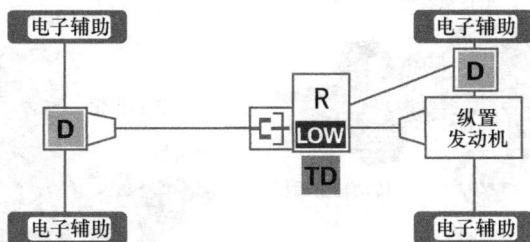

f)国产普拉多4.0L TX-L

图 2-103 全时四驱系统布置形式（续）

注：**R**——分动器；**D**——开放式差速器；**TD**——托森扭力感应自锁差速器；

LOW——低速转矩放大档；**⫾⫾**——多片离合器式限滑差速器；**⊏⫾**——牙嵌式差速锁。

a)宝马xdrive系统示意图

b)宝马xdrive系统实物图

图 2-104 分动器安装位置

　　87A-K 型分动器的结构如图 2-106 所示，结构简图如图 2-107 所示。其壳体是中间剖分式的，在壳体内设有两根串联的输入轴 1 和后输出轴 6、中间轴 7 及前输出轴 8。

　　分动器的高、低档及空档是由牙嵌式同步器接合套 3 的位置决定的。接合套内孔制有齿形花键，它与输入轴后端的齿形花键滑套着。当接合套处于前后不同位置时，可以分别和低档齿轮 2 或后输出轴 6 的齿形花键接合，也可以处于中间位置与输入轴 1 接合。当接合套处

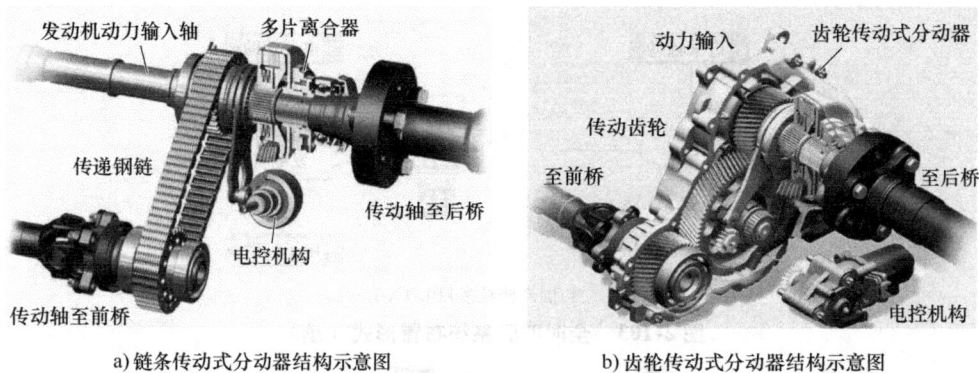

a) 链条传动式分动器结构示意图　　　b) 齿轮传动式分动器结构示意图

图 2-105　分动器结构形式示意图

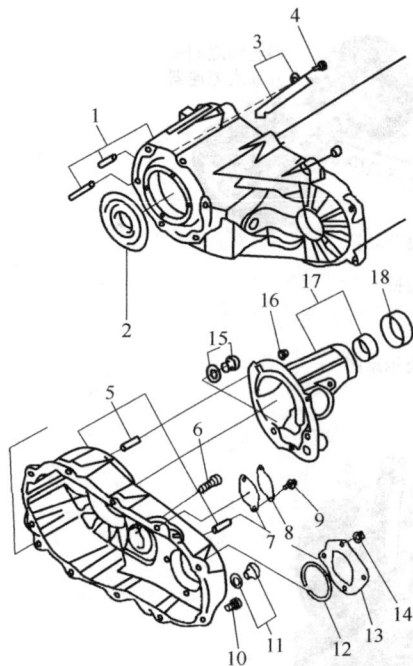

图 2-106　87A-K 型分动器的结构

1—前壳体　2、18—油封　3—油槽　4—油槽固定螺钉
5—后壳体　6—壳体固定螺栓　7—中间轴轴承盖　8—标牌
9—螺栓　10—壳体固定螺栓　11—放油螺塞
12—垫圈　13—前输出轴轴承盖　14、16—螺母
15—加油螺塞和垫片　17—后凸缘罩总成

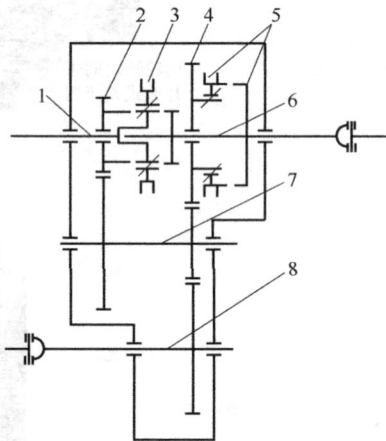

图 2-107　87A-K 型分动器的结构简图

1—输入轴　2—低档齿轮　3—同步器接合套
4—四轮驱动齿轮　5—同步器盘
6—后输出轴　7—中间轴　8—前输出轴

于前端位置时，其花键孔同时套着输入轴低档齿轮和后端的齿形花键，输入轴的转矩就通过后端的齿形花键传给接合套继而通过低档齿轮、中间轴大齿轮和中间轴小齿轮分别传给前输出轴 8 和四轮驱动齿轮 4（速比为 2.36:1），此时同步器的接合套被同步器拨叉拨向后方与同步器盘 5 接合，转矩同时传递给后输出轴，其转速与前输出轴相同。

当接合套处于中间位置时,接合套只与输入轴的齿形花键套合,因此,输入轴无转矩输出,成为空档。

当接合套处于后端位置时,输入轴的转矩通过接合套直接传给输出轴,二者转速相同,为高档传动。

分动器的四轮或两轮驱动取决于同步器接合套的位置。当同步器接合套处于前端位置时,同步器和同步盘分离,此时后输出轴的动力不传给前轴仅后轮驱动;同步器接合套处于后端位置时,后输出轴不仅驱动后轴还通过四轮驱动齿轮驱动前轴,实现四轮驱动。由于接合套和同步器位置分别由换档盘和两个拨叉来控制,其位置如表 2-2 所示。由于排除了低速两轮驱动工况,可以防止转矩传递过大而损坏传动系统零部件。

表 2-2　接合套和同步器配合的四种工况

情　况	接合套位置	同步器位置	档　位
1	前	后	4L（四轮低速驱动）
2	中	后	N（空档）
3	后	后	4H（四轮高速驱动）
4	后	前	2H（两轮高速档驱动）

惯性同步器仅用于高速档时后轮驱动的接合,低速档时同步器断开,后轮由高低档接合套传递动力。因此允许车辆行驶中实施高速两轮或高速四轮驱动工况的变换。由于高低档是采用接合套变换的,必须在车辆完全静止时进行。否则,会产生强烈冲击及噪声,甚至损坏有关零部件,换档困难。

分动器两轮或四轮驱动时转矩的传递路线如下。

1）四轮低速时:输入轴→接合套→低速档齿轮→中间齿轮组→前输出轴
　　　　　　　　　　　　　　　　　　→四轮驱动齿轮→惯性式同步器→后输出轴。

2）四轮高速时:输入轴→接合套→后输出轴→惯性式同步器→四轮驱动齿轮→中间轴齿轮→前输出轴。

3）两轮驱动（只有高速档）:输入轴→接合套→后输出轴。

2. 差速器

（1）开放式差速器　见 2.3.2 驱动桥的结构与工作原理。

（2）托森差速器　托森（Torsen）差速器又称蜗轮-蜗杆式差速器、转矩敏感式差速器,根据在汽车中应用部位的不同,可分为中央差速器和轮间差速器两种。

1）托森中央差速器。托森中央差速器（轴间差速器）的结构如图 2-108 所示,由差速器壳、蜗轮轴（6 个）、前轴蜗杆、后轴蜗杆和直齿圆柱齿轮（12 个）、蜗轮（6 个）等组成。空心轴和差速器外壳通过花键相连而一同转动。每个蜗轮轴的中间有一个蜗轮和两个尺寸相同的直齿圆柱齿轮。蜗轮和直齿圆柱齿轮通过蜗轮轴安装在差速器外壳上。其中三个蜗轮与前轴蜗杆啮合,另外三个蜗轮与后轴的蜗杆相啮合。与前、后轴蜗杆相啮合的蜗轮彼此通过直齿圆柱齿轮相啮合,前轴蜗杆和驱动前桥的差速器前齿轮轴为一体,后轴蜗杆和驱动后桥的差速器后齿轮轴为一体。

2）托森轮间差速器。托森轮间差速器的结构如图 2-109 所示。托森轮间差速器与托森中央差速器的区别仅在于前者的输入转矩是经主减速器从动齿轮直接传给差速器壳体,而不需要托森中央差速器所具有的空心输入轴，除此以外，其他结构完全相同。

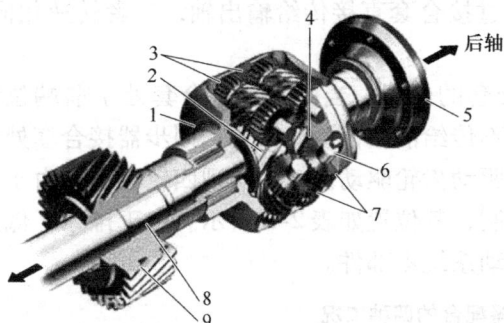

图 2-108　托森中央差速器的结构
1—差速器壳　2—前轴蜗杆　3—蜗轮　4—后轴蜗杆
5—后传动轴法兰　6—蜗轮轴　7—行星轮
8—前传动轴　9—空心输入轴

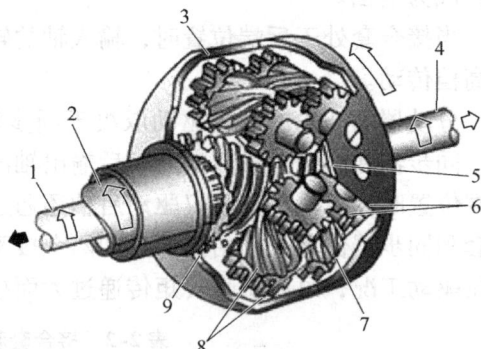

图 2-109　托森轮间差速器的结构
1、4—差速器齿轮轴　2—空心轴　3—差速器外壳
5—后轴蜗杆　6—直齿圆柱齿轮
7—蜗轮轴　8—蜗轮　9—前轴蜗杆

扫一扫

托森差速器
的工作原理

每个蜗轮轴的中间有一个蜗轮，其两侧各有一个尺寸完全相同的直齿圆柱齿轮，而蜗轮轴则安装在差速器壳体上。左半轴蜗杆与左边三个蜗轮相啮合，右边三个蜗轮与右半轴蜗杆相啮合，而与左、右半轴蜗杆相啮合的成对的蜗轮彼此之间则通过其两侧相互啮合的圆柱齿轮发生联系。左半轴蜗杆与左半轴为一体，右半轴蜗杆与右半轴为一体。差速器壳与主减速器从动齿轮盘相连，是差速器的动力输入元件。差速器壳又带动蜗轮轴及蜗轮绕半轴蜗杆转动，实现动力从差速器壳体到蜗杆轴进而到车轮的传递。

（3）多片离合器式限滑差速器　多片离合器式限滑差速器依靠湿式多片离合器产生差动转矩。这种系统多用作适时四驱系统的中央差速器使用，如图 2-110 所示。其内部有两组摩擦盘，一组为主动盘，一组为从动盘。主动盘与前轴连接，从动盘与后轴连接。两组盘片被浸泡在专用油中，二者的接合和分离依靠电子系统控制。

在直线行驶时，前后轴的转速相同，主动盘与从动盘之间没有转速差，此时盘片分离，车辆基本处于前驱或后驱状态，可达到节省燃油的目的。在转弯过程中，前后轴出现转速差，主、从动盘片之间也产生转速差。但由于转速差没有达到电子系统预设的要求，两组盘片依然处于分离状态，此时车辆转向不受影响。

当前后轴的转速差超过一定限度，例如前轮开始打滑时，电控系统会控制液压机构将多片离合器压紧，此时主动盘与从动盘开始发生接触，类似离合器的接合，转矩从主动盘传递到从动盘上从而实现四驱。

多片离合器式限滑差速器的接通条件和转矩分配比例由电子系统控制，反应速度快，部分车型还具备手动控制的"LOCK"功能，即主、从动盘片可保持全时接合状态，功能接近专业越野车的四驱锁止状态。但摩擦片最多只能传递 50% 的转矩给后轮，并且高强度的使用会使摩擦片过热而失效。

优点：反应速度很快，可瞬间接合；多数车型都是电控接合的，无须手动控制。

缺点：最多只能将50%的动力传递给后轮，高负荷工作时容易过热。

（4）黏性联轴节式差速器　黏性联轴节式差速器是全轮驱动汽车上自动分配动力的装置，如图2-111所示。它通常安装在以前轮驱动为基础的全轮驱动汽车上。这种汽车平时以前轮驱动方式行驶。黏性联轴节式差速器的最大特点就是不需要驾驶人操纵，就可根据需要自动把动力分配给后驱动桥。

图2-110　多片离合器式限滑差速器模型

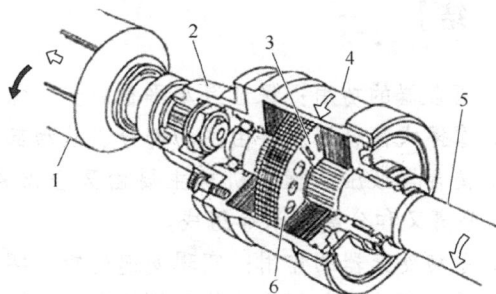

图2-111　黏性联轴节式差速器的结构
1—前传动轴　2—传动鼓　3—内板
4—壳体　5—后传动轴　6—外板

黏性联轴节式差速器的工作原理类似于多片离合器。在输入轴上装有许多内板，插在输出轴壳体内的许多外板当中，并充入高黏度的硅油。输入轴与前置发动机上的变速分动装置相连，输出轴与后驱动桥相连。

在正常行驶时，前后车轮没有转速差，黏性联轴节式差速器不起作用，动力不分配给后轮，汽车仍然相当于一辆前轮驱动汽车。

汽车在冰雪路面上行驶时，前轮出现打滑空转，前后车轮出现较大的转速差。黏性联轴节式差速器内、外板之间的硅油受到搅动开始受热膨胀，产生极大的黏性阻力，阻止内外板间的相对运动，产生了较大的转矩。这样，就自动地把动力传送给后轮，汽车就转变成全轮驱动汽车。

在汽车转向时，黏性联轴节式差速器还可吸收前后车轮由于内轮差而产生的转速差，起到前后差速器的作用。在汽车制动时，它还可以防止出现后轮先抱死的现象。

3. 牙嵌式差速锁

牙嵌式差速锁又称手动机械式差速锁（牙嵌式），如图2-112所示。

图2-112　牙嵌式差速锁

扫一扫

差速器的工作原理

手动机械式差速锁的技术简单，生产成本低，但却仍然是迄今为止最为可靠、最有效的提高车辆越野性能的装备。它可以实现两个半轴的动力完全机械式接合，非常牢固。但是只能在恶劣路况或极限状态下使用差速锁，在正常行驶时使用会对汽车的轮胎等部件造成严重的损害。

【小　结】

1. 离合器的功用：保证汽车平稳起步、保证汽车换档平顺、防止传动系统过载。

2. 摩擦式离合器主要由主动部分、从动部分、压紧机构、操纵机构四部分组成。

3. 离合器液压式操纵机构主要由离合器踏板、离合器主缸、储液罐、离合器工作缸、管路、分离叉和分离轴承等组成。

4. 手动变速器的作用：实现变速变矩、实现倒车、实现中断动力传递。

5. 手动变速器包括变速传动机构和换档操纵机构两部分。

6. 同步器的功用是使接合套与待接合的齿圈二者之间迅速达到同步，并阻止二者在同步前进入啮合；消除换档时的冲击，缩短换档时间；简化换档过程，使换档操作简捷而轻便。

7. 手动变速器定位锁止机构包括：自锁装置、互锁装置和倒档锁装置。

8. 手动变速器检修包括：手动变速器油的检查、齿轮与花键的检查、检查齿轮间隙、轴的检查、检查同步器锁环、检查同步器毂和毂套，以及检查操纵机构。

9. 驱动桥的功用：将万向传动装置（或变速器）传来的动力经降速增矩、改变动力传递方向（发动机纵置时）后，分配到左右驱动轮，使汽车行驶，并允许左右驱动轮以不同的转速旋转。

10. 驱动桥一般由主减速器、差速器、半轴、桥壳等组成。

11. 四轮驱动系统的优点：高通过性、高爬坡性、转弯性能极佳、起动和加速性能极佳、直线行驶稳定性好。

【课后练习题】

1. 离合器的功用有哪些？

2. 离合器由哪几部分组成？各部分有哪些零件？

3. 叙述离合器的工作原理。

4. 变速器有何功用？有哪些类型？

5. 同步器有哪些功用？

6. 简述锁环式同步器的组成及工作原理。

7. 说明变速器的拆卸步骤。

8. 说明离合器片的更换步骤。

9. 分动器的功用有哪些？

10. 驱动桥主要由哪几部分组成？在传动系统中的作用是什么？

第 3 章

汽车行驶系统的结构、原理与维修

【知识目标】

1. 掌握转向桥、转向驱动桥的功用、结构和工作原理。
2. 掌握车轮与轮胎的功用、结构和工作原理。
3. 掌握悬架的功用、结构和工作原理。
4. 了解自适应悬架系统的结构和工作原理。
5. 了解胎压监测系统的工作原理。

【技能目标】

1. 能够进行四轮定位检测及调整。
2. 能够对轮胎进行动平衡检测、检修和拆装。
3. 可以对减振器进行检修。

【案例导入】

　　一辆奥迪轿车的行驶里程已达 32 万 km，半年前车主就发现该车在正常行驶时，有时会突然向左行驶，驾驶人很难控制车辆。该车进店维修，技师进行路试检查时，发觉行驶中只要一踩加速踏板，该车方向立即偏右；加速踏板一松，方向又随即回左，汽车在公路上做 S 形的蛇行。对该车的转向系统进行检查，横拉杆球头、下控制臂两端的橡胶套、防侧摆杆橡胶支座的间隙或工作状况都正常，转向器自由行程符合要求。转向器及转向助力机构、右前悬架减振柱内的筒式减振器都是刚换不久的新总成，检查中也未发现异常。轮胎动平衡、车轮定位都按要求重新做过。检查该车的副车架、左右悬架减振柱，测量前、后轴距，也未发现变形或位移。大家帮忙分析一下，还应做哪些检查？真正的故障原因是什么呢？

3.1 车桥

　　车桥位于悬架与车轮之间，其两端安装车轮，通过悬架与车架（或车身）相连，功用是传递车架（或车身）与车轮之间的各种载荷。

按悬架结构不同，车桥分为整体式和断开式车桥两种，如图3-1所示。整体式车桥的中部是刚性实心或空心梁，与非独立悬架配用；断开式车桥为活动关节式结构，与独立悬架配用。

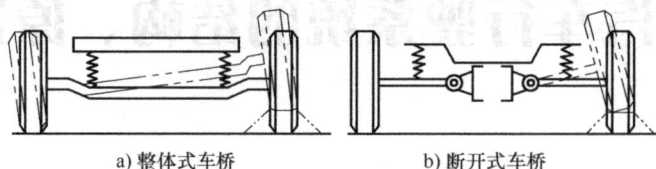

a) 整体式车桥   b) 断开式车桥

图3-1　整体式和断开式车桥

按车桥上车轮的作用不同，车桥分为转向桥、驱动桥、转向驱动桥和支持桥四种类型。其中转向桥和支持桥都属于从动桥。

在后轮驱动的汽车中，前桥不仅用于承载，而且兼起转向作用，称为转向桥；后桥不仅用于承载，而且兼起驱动的作用，称为驱动桥。

四轮驱动汽车和前轮驱动汽车的前桥，除了承载和转向的作用外，还兼起驱动作用，所以称为转向驱动桥。

只起支撑作用的车桥称为支持桥。挂车的车桥就是支持桥。支持桥除不能转向外，其他功能和结构与转向桥相同。

3.1.1　转向桥

转向桥通常位于汽车前部，能使装在其两端的车轮偏转一定的角度，以实现汽车转向；同时还要承受车架与车轮之间的作用力及其产生的弯矩和转矩。

1. 转向桥的结构和组成

各种车型的转向桥结构基本相同，主要由前梁、转向节和主销等组成，如图3-2所示。

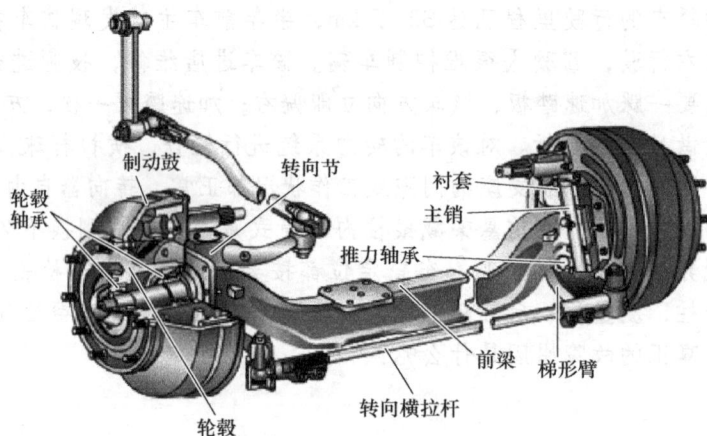

图3-2　转向桥的结构

前梁是转向桥的主体，一般由中碳钢经模锻而成。其端面采用工字形断面以提高抗弯强度；接近两端逐渐过渡为方形，以提高抗扭刚度。中部加工出两处平面用以支撑钢板弹簧座。其上钻有四个用以安装 U 形螺栓（俗称骑马螺栓）的通孔和两个位于中心的钢板弹簧定位凹坑。中部向下弯曲，使发动机位置得以降低，从而降低汽车质心，扩展驾驶人视野，并减小传动轴与变速器输出轴之间的夹角。前轴两端各有一个加粗部分，呈拳形，称为拳部，其中有通孔，主销即装入此孔内。用带有螺纹的楔形锁销将主销固定在拳部孔内，使之不能转动。

转向节是一个叉形部件。上下两叉制有同轴销孔，通过主销与前轴的拳部相连，使前轮可以绕主销偏转一定角度而使汽车转向。为了减小磨损，转向节销孔内压入青铜衬套。为使转向灵活轻便，在转向节下耳与前轴拳部之间装有滚子推力轴承。在转向节上耳与拳部之间装有调整垫片，以调整其间的间隙。在左转向节的上耳上装有与转向节臂制成一体的凸缘，在下耳上则装有与转向梯形臂制成一体的凸缘，此两凸缘上均制有一矩形键，因此在左转向节的上、下耳上都有与之配合的键槽。转向节即通过矩形键及带有锥形套的双头螺柱与转向节臂及梯形臂相连。

车轮轮毂通过两个圆锥滚子轴承支撑在转向节轴颈上。轴承的松紧度可用调整螺母加以调整。轮毂外端用冲压的金属罩盖住。转向节上还装有限位螺栓，与前轴上的限位凸台相配合，可以限制并调整转向轮的最大偏转角。

2. 转向桥的检修

（1）前梁的检修

1）前梁磨损的检修

① 钢板弹簧座平面磨损不大于 2mm，定位孔磨损不大于 1mm，否则可堆焊后加工修复或更换新件。

② 主销承孔的磨损。承孔与主销的配合间隙：乘用车不大于 0.10mm，载货汽车不大于 0.20mm。如磨损超过极限，可采用镶套法修复。

2）前梁变形的检修。

① 前梁变形的检验。使用角尺检验法判断前梁是否有弯曲和扭转变形。

② 前梁校正方法。前轴变形校正必须在钢板弹簧座和定位孔、主销孔磨损修复后进行，以便减少检验、校正的积累误差，提高生产效率。一般采用冷压校正法。

（2）转向节的检修

1）隐伤的检验。转向节的油封轴颈处，因其断面急剧变化，应力集中，是一个典型的危险断面，容易产生疲劳裂纹，造成转向节疲劳断裂酿成重大的交通事故。因此，二级维护和修理时必须对转向节进行隐伤检验，一旦发现疲劳裂纹，只能更换，不许焊修。

2）磨损的检修。

① 转向节轴磨损的检修。轴颈与轴承的配合间隙：轴颈直径不大于 40mm 时，配合间隙为 0.040mm；轴颈直径大于 40mm 时，配合间隙为 0.055mm。转向节轴轴颈磨损超标后应更换新件。

② 转向节轴锁止螺纹的检验。损伤不多于两牙。锁止螺母只能用扳手拧入，若能用手拧入，则说明螺纹中径磨损松旷，应予以修复或更换转向节。

③ 转向节上面的锥孔的检验。与转向节臂等杆件配合的锥孔的磨损，应使用塞规进行检验，其接触面积不得小于 70%，与锥孔配合的锥颈的推力端面沉入锥孔的沉入量不得小于 2mm。否则，应更换转向节。

3.1.2 转向驱动桥

前轮驱动汽车和四轮驱动汽车的前桥，既起转向桥的作用，又兼起驱动桥的作用，故称为转向驱动桥。

转向驱动桥如图3-3所示，它同一般驱动桥一样，由主减速器、差速器、半轴和桥壳等组成。

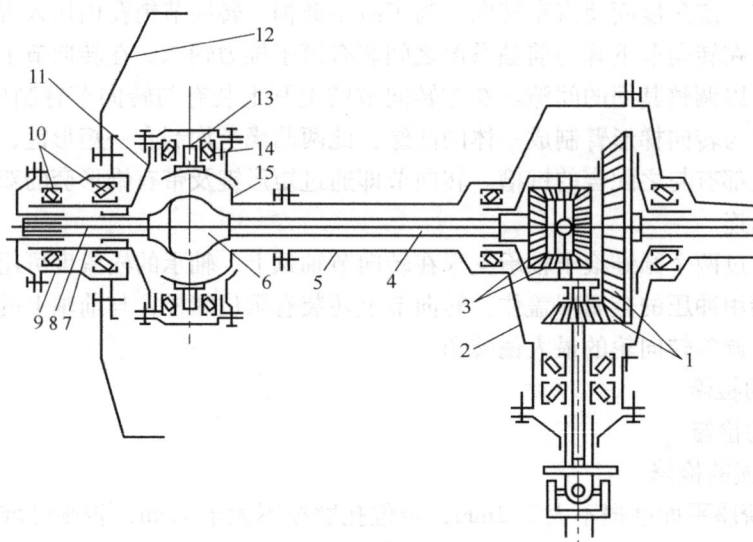

图3-3　转向驱动桥示意图

1—主减速器　2—主减速器壳　3—差速器　4—内半轴　5—半轴套管　6—万向节
7—转向节轴颈　8—外半轴　9—轮毂　10—轮毂轴承　11—转向节壳体
12—车轮　13—主销　14—主销轴承　15—球形支座

但由于转向时转向车轮需要绕主销偏转一个角度，故与转向轮相连的半轴必须分成内外两段（内半轴和外半轴），其间用万向节（一般多用等角速万向节）连接，同时主销也因此而分制成两段（或用球头销代替）。转向节轴颈部分做成中空的，以便外半轴穿过其中。

下面以乘用车的转向驱动桥为例介绍其构造、拆装和检修。

1. 乘用车转向驱动桥的构造

图3-4所示为乘用车的转向驱动桥（主减速器和差速器未画出），采用的是断开式、独立悬架转向驱动桥。

车桥上端通过左、右悬架与承载式车身相连接，下端通过左、右下摆臂与固定在车身上的副车架相连接。悬架车轮轴承壳与下摆臂之间通过可移动球形接头连接，从而使前轮固定，并通过下摆臂上的长孔可调整车轮外倾角，为了减小车辆转向时的车身倾斜，在副车架与下摆臂之间还装有横向稳定器。

动力由主减速器、差速器经半轴驱动车轮旋转。传动半轴总成如图3-5所示。

2. 转向驱动桥半轴总成的拆装

（1）拆卸

① 在车轮着地时，拧下传动轴与轮毂的紧固螺母。

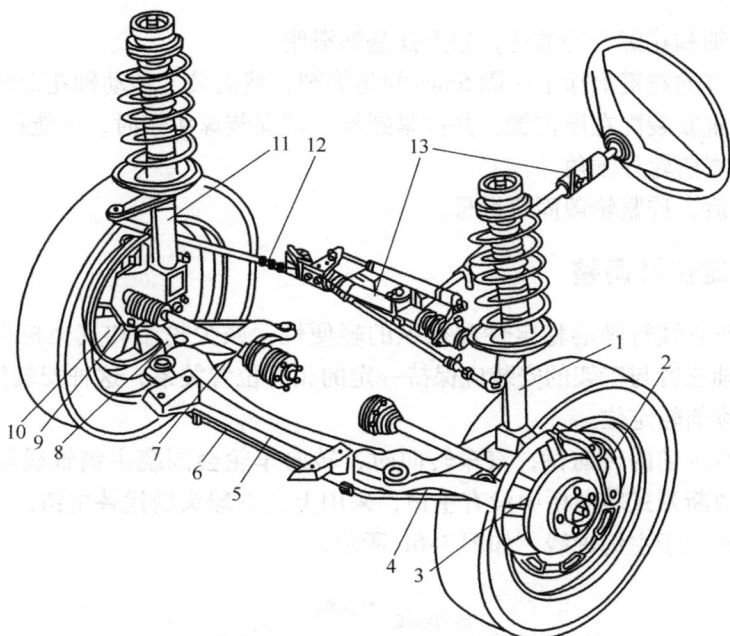

图 3-4　乘用车的转向驱动桥

1、11—悬架　2—前轮制动器总成　3—制动盘　4、8—下摆臂　5—副车架　6—横向稳定器
7—传动半轴总成　9—球形接头　10—车轮轴承壳　12—转向横拉杆　13—转向装置总成

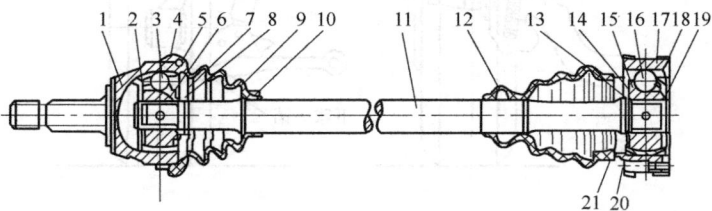

a) 结构图

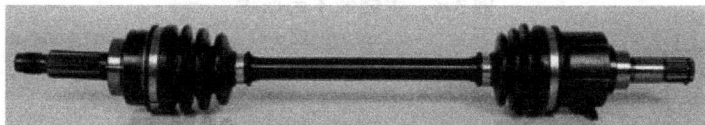

b) 实物图

图 3-5　半轴总成

1—外万向节球形壳　2、19—卡簧　3、16—钢球　4、10、21—夹箍　5—外万向节球笼　6—外万向节星形套
7—中间挡圈　8、13—碟形弹簧　9、12—橡胶护套　11—花键轴　14—内万向节星形套
15—内万向节球笼　17—内万向节球形壳　18—密封垫片　20—内万向节护盖

② 拧下传动轴凸缘上的紧固螺栓。

③ 将传动轴与凸缘分开。

④ 从车轮轴承壳内拉出传动轴。

（2）安装

① 擦净传动轴和花键上的油污，涂上锂基润滑脂。

② 在外万向节的花键上涂上一圈 5mm 的防护剂，然后装上传动轴花键套。

③ 将球头销重新装配在原位置，并拧紧螺母。在安装球头销时，不能损坏波纹管护套。

④ 必要时检查前轮外倾角。

⑤ 车轮着地后，拧紧轮毂固定螺母。

3.1.3 转向轮定位及调整

为了保证汽车直线行驶的稳定性和操纵的轻便性，减少轮胎和其他机件的磨损，转向轮、转向节和前轴三者与车架的安装应保持一定的相对位置关系，这种安装位置关系称为转向车轮定位，也称前轮定位。

对于两端装有主销的转向桥，汽车转向时，转向车轮会围绕主销轴线偏转，如图 3-6a 所示。但在大多数断开式转向桥中没有主销，采用上、下球头销代替主销，上、下球头销球头中心的连心线相当于主销轴线，如图 3-6b 所示。

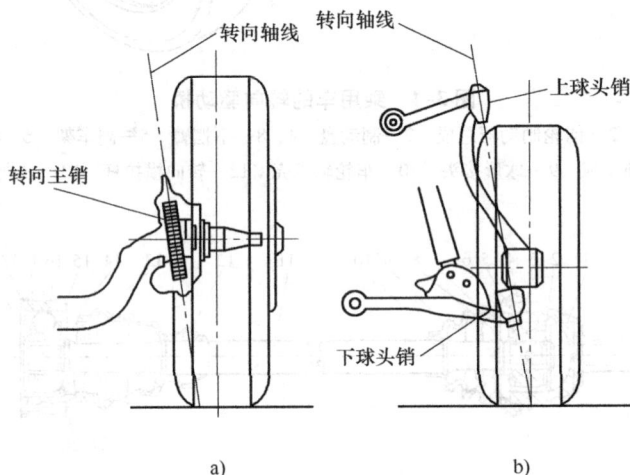

a)　　　　　　　　　　　b)

图 3-6　主销的不同形式

转向轮定位包括主销后倾、主销内倾、车轮外倾及前束四个参数。现以有主销的转向桥为例说明转向车轮定位。

1. 主销后倾

（1）定义　主销安装在前梁上，略向后倾斜，这种现象称为主销后倾。在垂直于汽车支承平面的纵向平面内，主销轴线与汽车支承平面垂线之间的夹角 γ 叫主销后倾角，如图 3-7 所示。

（2）功用　主销后倾的功用是对车轮形成回正力矩，保证汽车直线行驶的稳定性，并使汽车转向后回正操纵轻便。

（3）原理　主销后倾使主销轴线的延长线与地面的交点 A 位于车轮与路面的接触点 B 之前，A、B 两点之间的距离称为主销后倾移距。设 B 点到主销轴线延长线之间的距离为 l，汽车直线行驶时，若转向轮偶然受到外力作用而偏转（图 3-7 中所示为向右偏转），汽车将

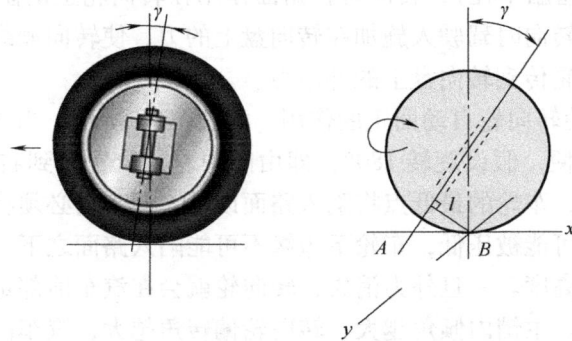

图 3-7　主销后倾

偏离行驶方向而转弯。由于汽车本身离心力的作用，在轮胎与路面接触点 B 处将产生一个路面对车轮的侧向反作用力 F，由于反作用力 F 没有通过主销轴线，因而形成了一个使车轮绕主销轴线旋转的力矩 Fl，其方向正好与车轮偏转方向相反。在力矩作用下，使车轮具有回复到原来中间位置的作用，从而保证了汽车直线行驶的稳定性。同理，在汽车转向后的回正过程中，此力矩具有帮助驾驶人使转向车轮回正的作用，使汽车转向后回正操纵轻便。

主销后倾角越大、车速越高，回正力矩越大，转向轮偏转后自动回正的能力也越强。但主销后倾角也不宜过大，一般在 2°～3°之间，否则在转向时为了克服此力矩，驾驶人需在转向盘上施加较大的力，使转向沉重。

2. 主销内倾

（1）定义　主销安装在前梁上，略向内侧倾斜，这种现象称为主销内倾。在垂直于汽车支承平面的横向平面内，主销轴线与汽车支承平面垂线之间的夹角 β 称为主销内倾角，如图 3-8 所示（车轮外倾将在其后阐述）。

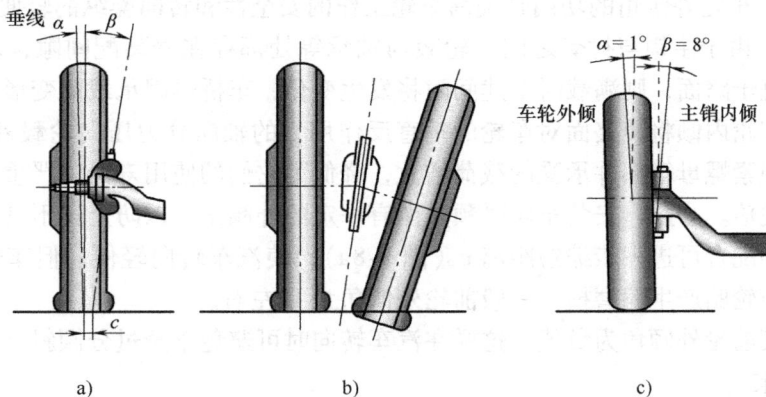

图 3-8　主销内倾及车轮外倾

（2）功用　主销内倾的功用是使转向轮自动回正，并使转向操纵轻便。

（3）原理

1）主销内倾具有使转向轮转向操纵轻便的作用。如图 3-8a 所示，由于主销内倾，主销轴线的延长线与地面的交点至车轮中心平面与地面交点之间的距离 c 缩短（在有些维修资料

中将距离 c 称为偏置或磨胎半径），转向时，路面作用在转向轮上的阻力对主销轴线产生的力矩减小，从而可减少转向时驾驶人施加在转向盘上的力，使转向操纵轻便。同时还可以减小因路面不平而从转向轮传到转向盘上的冲击力。

2）主销内倾具有使转向轮自动回正的作用。如图 3-8b 所示，当转向轮在外力作用下绕主销旋转（为了解释方便，假设旋转 180°，即由图中左边位置转到右边位置）而偏离中间位置时，由于主销内倾，车轮的最低点将陷入路面以下，即车轮必须将路面压低后才能旋转过来，但实际上路面不可能被压低，车轮下边缘不可能陷入路面之下，而是车轮连同整个汽车前部被向上抬起相应高度。一旦外力消失，转向轮就会在汽车前部重力作用下力图自动回正到旋转前的中间位置。主销内倾角越大、转向轮偏转角越大，汽车前部就抬起得越高，转向轮自动回正的作用力就越大。

主销内倾角既不宜过大，也不宜过小。如主销内倾角过大（偏置 c 减小），则转向时车轮在滚动的同时将与路面产生较大的滑动，增加轮胎与路面的摩擦阻力，这不仅使转向沉重，而且加速了轮胎的磨损，故主销内倾角一般不大于 8°，偏置一般为 40～60mm；如主销内倾角过小（偏置增大），则汽车行驶的稳定性和制动稳定性将变差。在一些发动机前置前轮驱动的乘用车上，为了使汽车具有良好的行驶稳定性，特别是制动稳定性，其主销内倾角均较大。

主销后倾和主销内倾都具有使车轮自动回正及保证汽车直线行驶稳定性的作用，但其区别在于：主销后倾的回正作用随着车速的增高而增大，而主销内倾的回正作用几乎与车速无关。

3. 车轮外倾

（1）定义　转向轮安装在转向节上时，其旋转平面上端向外倾斜，这种现象称为转向车轮外倾。车轮旋转平面与垂直于车辆支承面的纵向平面之间的夹角 α 称为车轮外倾角，如图 3-8c 所示。

（2）功用　车轮外倾角的功用是提高车轮工作的安全性和转向操纵的轻便性。

（3）原理　由于主销与衬套之间、轮毂与轴承等处都存在着装配间隙，若空车时车轮的安装正好垂直于路面，则满载时上述间隙将发生变化，车桥也因承载而变形，从而引起车轮向内倾斜。车轮内倾将使路面对车轮的垂直反作用力的轴向分力压向轮毂外端的小轴承，使该轴承及其锁紧螺母等部件承受的载荷增大，降低了它们的使用寿命，严重时会损坏锁紧螺母而使车轮脱落。为此，安装车轮时预先留有一定的外倾角，以防上述不良影响。车轮外倾与主销内倾相配合可进一步缩短距离 c（图 3-8a），使汽车转向轻便。但车轮外倾角不宜过大，否则会使轮胎产生偏磨损。一般前轮外倾角为 1°左右。

有的汽车其前轮外倾角为负值，这样在汽车转向时可避免车身过分倾斜。

4. 前轮前束

（1）定义　车轮安装在车桥上，两前车轮的中心平面不平行，其前端略向内侧收束，这种现象称为前轮前束。两前轮后端距离 A 大于前端距离 B，其差值 $A-B$ 称为前轮前束值，如图 3-9 所示。

（2）功用　前轮前束的功用是消除因车轮外倾所造成的不良后果，保证车轮不向外滚动，防止车轮侧滑和减轻轮胎的磨损。

（3）原理　由于车轮外倾，汽车行驶时，两个车轮的滚动类似于两个锥体的滚动，其轨迹不再是直线而是逐渐向各自的外侧滚开。但因受车桥和转向横拉杆的约束，两侧车轮不可能向外滚开，这样，车轮在路面上滚动行驶的同时又被强制地拉向内侧，产生向内的侧滑，从而加剧轮胎的磨损。有了前束，车轮滚动的轨迹是向内侧偏斜的，只要前束值与车轮外倾角配合适当，车轮向内、外侧滚动的偏斜量就会相互抵消，使车轮每一瞬间的滚动方向都朝着正前方，从而消除了侧滑，减轻了轮胎的磨损。

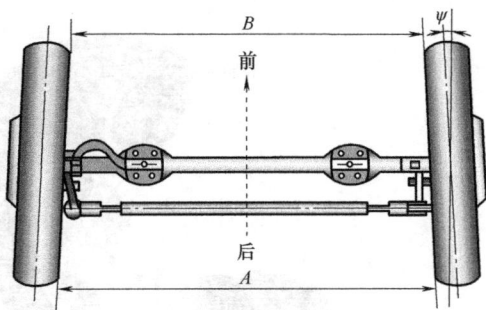

图 3-9　前轮前束

前轮前束值可以通过改变转向横拉杆的长度来调整，一般前束值为 0～12mm。

5. 车轮定位的检查和调整

下面以乘用车为例介绍其前轮定位的检查和调整。

车轮定位不仅影响轮胎的磨损程度，同时还对操纵稳定性和行车安全产生进一步的影响。因此，除了平时经常检查车轮定位外，在车桥拆装后和轮胎发生异常磨损、车辆的操纵稳定性变坏时，必须检查和调整车轮定位。

（1）检查准备　检查前轮定位前，车辆应先满足以下条件，否则检查结果无效。

① 汽车停放在水平场地或专用检测台上，车轮在直线行驶位置且无负载。

② 轮胎气压符合规定。

③ 车轮平衡，悬架活动自如。

④ 转向系统调整正确。

⑤ 前悬架弹簧无过大的间隙和损坏。

（2）车轮定位的调整　因为主销后倾角和前轮外倾角的改变会引起前束的改变，而前束的变化不会影响主销后倾角和前轮外倾角，所以前轮定位的检查和调整顺序是：首先检查和调整主销后倾角和左右轮的差值，然后检查和调整前轮外倾角和左右轮的差值，最后检查和调整前束。

可使用四轮定位仪对车轮定位进行检测。各种四轮定位仪的检测方法基本相同。

① 车辆驶入四轮定位专用举升机。

② 检查车辆的胎压、负荷、转向装置、车轮轴承等是否符合规定。

③ 安装探测杆，仪器开机，输入车辆信息。

④ 按照仪器指导进行车辆检测。

⑤ 显示检测结果并与标准值对照。

⑥ 对不符合标准的项目进行调整，直至合格为止。

扫一扫

四轮定位

3.2　车轮与轮胎

汽车车轮总成如图 3-10 所示，由车轮和轮胎两大部分组成，是汽车行驶系统的重要部件。几乎所有的汽车行驶性能都与车轮和轮胎有关。其主要功用如下。

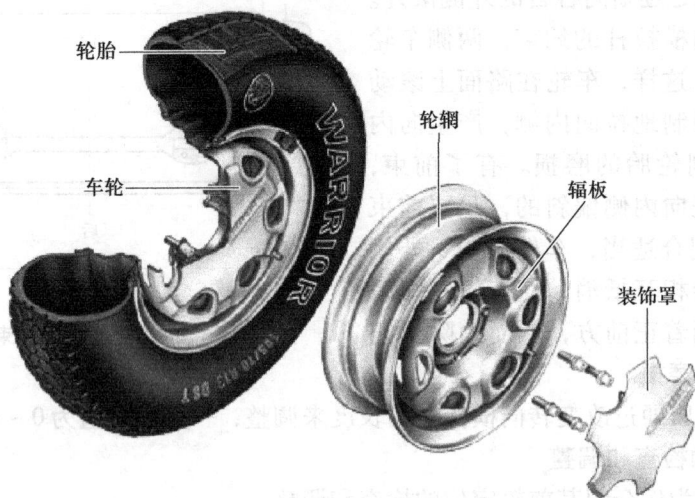

图 3-10　车轮总成

① 支撑整车质量。

② 缓和由路面传递来的冲击载荷。

③ 通过轮胎和路面之间的附着作用为汽车提供驱动力和制动力。

④ 产生平衡汽车转向离心力的侧向力，以便顺利转向，并通过轮胎产生的自动回正力矩，使汽车具有保持直线行驶的能力。

此外，车轮和轮胎（特别是乘用车轮胎）还是汽车重要的安全件。

3.2.1　车轮

1. 车轮的功用和组成

车轮是介于轮胎和车桥之间承受负荷的旋转组件，其功用是安装轮胎，承受轮胎与车桥之间的各种载荷。

车轮一般由轮毂、轮辋和轮辐组成，如图 3-11 所示。轮毂通过圆锥滚子轴承装在车桥或转向节轴径上，用于连接车轮与车桥。轮辋用于安装和固定轮胎、轮辐用于将轮毂和轮辋连接起来。

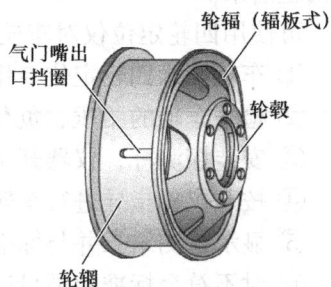

图 3-11　车轮的组成

2. 车轮的构造

（1）轮辐　按轮辐结构的不同，车轮可以分为两种形式：辐板式车轮和辐条式车轮。

目前，普通乘用车和轻、中型货车普遍采用辐板式车轮，这种车轮如图 3-11 所示。车轮中用以连接轮毂和轮辋的钢质圆盘称为辐板，大多是冲压制成的，少数和轮毂铸成一体，后者主要用于重型汽车。

辐板与轮辋通过焊接或铆接的方式固定成为一个整体，辐板通过螺栓安装在轮毂上，辐板上的孔可以减轻质量，有利于制动鼓的散热，便于接近气门嘴，同时可作为安装时的把手处。

货车后桥负荷比前桥大得多，为使后轮轮胎不致过载，后桥一般装用双式车轮，在同一轮毂上安装了两套辐板和轮辋。为了防止汽车在行驶中固定辐板的螺母自行松脱，汽车两侧车轮上的辐板固定螺栓一般采用旋向不同的螺纹，左侧用左旋螺纹，右侧用右旋螺纹。

目前在一些载货汽车上（如黄河 JN1150D 型汽车）采用了球面弹簧垫圈，可以防止螺母自行松脱，故汽车左右车轮上固定辐板的螺栓均可用右旋螺纹，从而减少了零件的种类。

乘用车车轮的辐板所用板料较薄，常冲压成起伏多变的形状，以提高其刚度，如图 3-12 所示。目前广泛采用的乘用车车轮为铝合金制造，如图 3-13 所示，且多为整体式的，即轮辋和轮辐铸成一体。它质量轻，尺寸精度高，生产工艺好，美观大方，可以明显改善车轮的空气动力学特性，降低汽车油耗。

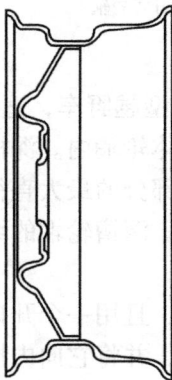

图 3-12　乘用车辐板式车轮　　**图 3-13　乘用车铝合金车轮**

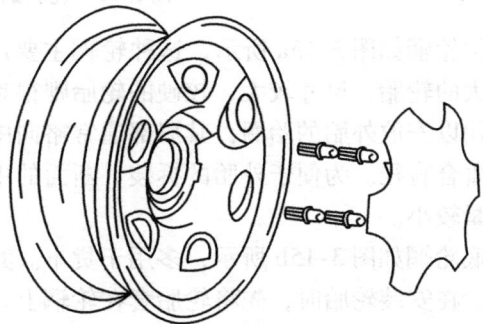

按辐条结构的不同，辐条式车轮又分为钢丝辐条式车轮和铸造辐条式车轮，如图 3-14 所示。钢丝辐条式车轮的结构与自行车车轮完全一样，由于其价格昂贵、维修安装不便，仅用于赛车和某些高级乘用车。另外，辐条式车轮还不能与无内胎轮胎组合使用。铸造辐条式车轮常用于重型货车，辐条与轮毂铸成一体，轮辋是用螺栓和特殊形状的衬块固定在辐条上的，为了使轮辋和辐条很好地对中，在轮辋和辐条上都加工出配合锥面。

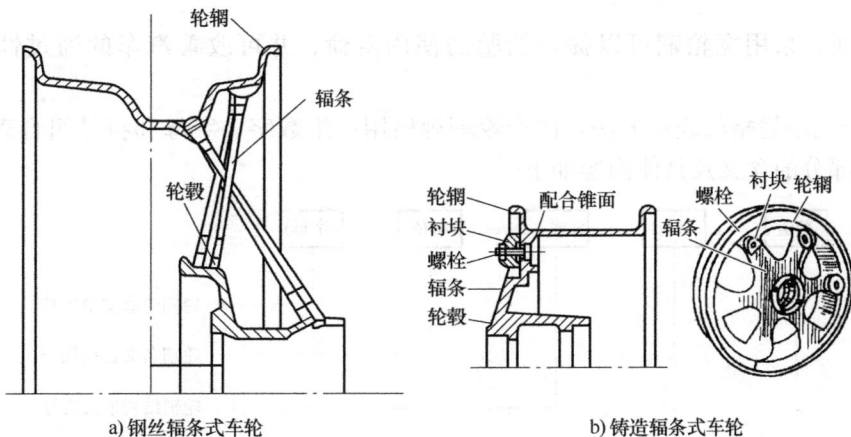

a) 钢丝辐条式车轮　　b) 铸造辐条式车轮

图 3-14　辐条式车轮

（2）轮辋

1）轮辋的类型和结构。轮辋用于安装和固定轮胎。按其结构不同，轮辋的常见结构形式有深槽轮辋、平底轮辋和对开式轮辋，如图3-15所示。此外，还有半深槽轮辋、深槽宽轮辋、平底宽轮辋、全斜底轮辋等。

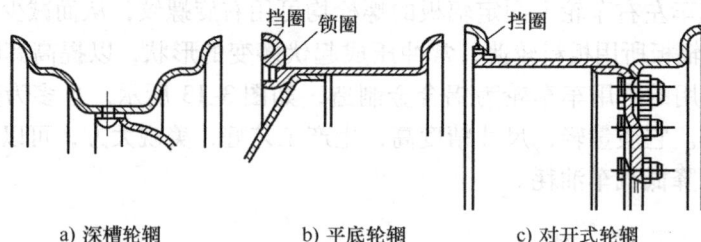

a) 深槽轮辋　　　b) 平底轮辋　　　c) 对开式轮辋

图3-15　轮辋的常见结构形式

深槽轮辋如图3-15a所示，这种轮辋主要用于乘用车及轻型越野车，适宜安装尺寸小、弹性较大的轮胎，尺寸较大、较硬的轮胎则很难装进这样的整体轮辋内。深槽轮辋有带肩的凸缘，用以安放外胎的胎圈，其肩部通常略向中央倾斜，倾斜部分的最大直径是轮胎胎圈与轮辋的着合直径。为便于外胎的拆装，断面的中部制成深凹槽。深槽轮辋的结构简单，刚度大，质量较小。

平底轮辋如图3-15b所示，多用于货车。其挡圈是整体的，且用一个开口锁圈来防止挡圈脱出。在安装轮胎时，先将轮胎套在轮辋上，而后套上挡圈，并将它向内推，直至越过轮辋上的环形槽，再将开口的弹性锁圈嵌入环形槽中。

对开式轮辋如图3-15c所示。这种轮辋由内外两部分组成，其内外轮辋的宽度可以相等，也可以不相等，二者用螺栓连成一体。拆装轮胎时拆卸螺栓上的螺母即可。图中所示挡圈是可拆的。有的无挡圈，而由与内轮辋制成一体的轮缘代替挡圈的作用，内轮辋与辐板焊接在一起。这种轮辋主要用于载重量较大的重型货车和大型客车。

近几年来，为了适应提高轮胎负荷能力的需要，国内外均朝宽轮辋的方向发展，如美国的货车已全部采用宽轮辋，欧洲各国也在积极普及宽轮辋，我国也在进行由窄轮辋向宽轮辋的过渡。

实验表明，采用宽轮辋可以提高轮胎的使用寿命，并可改善汽车的通过性和行驶稳定性。

2）国产轮辋规格的表示方法。国产轮辋规格用一组数字、字母和符号组合表示，分为几部分，各部分的含义及具体内容如下。

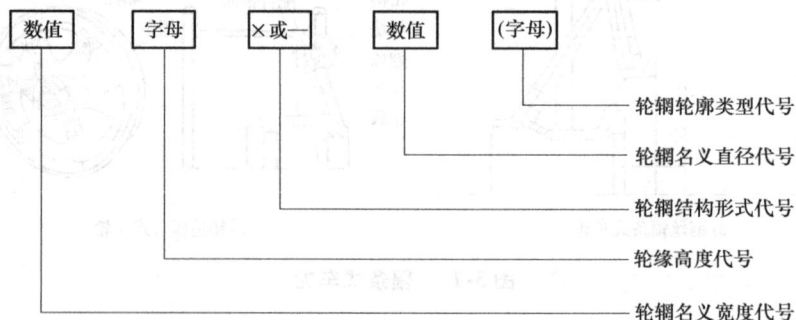

| 数值 | 字母 | ×或— | 数值 | (字母) |

- 轮辋轮廓类型代号
- 轮辋名义直径代号
- 轮辋结构形式代号
- 轮缘高度代号
- 轮辋名义宽度代号

78

① 轮辋名义宽度代号：以数字表示，一般取小数点后两位，单位为 in（当以 mm 表示时，要求轮胎与轮辋的单位一致）。

② 轮缘高度代号：用一个或几个拉丁字母表示，如 C、D、E、F、H、J、K、L、V 等。

③ 轮辋结构形式代号：用符号"×"表示一件式轮辋；用"—"表示多件式轮辋。一件式轮辋是指轮辋为整体式的，只有一件，而多件式轮辋由轮辋体、挡圈、锁圈等多个部件组成。

④ 轮辋名义直径代号：以数字表示，单位为 in（当以 mm 表示时，要求轮胎与轮辋的单位一致）。

⑤ 轮辋轮廓类型代号：用几个字母表示，每个代号所表示的轮辋轮廓类型如图 3-16 所示。

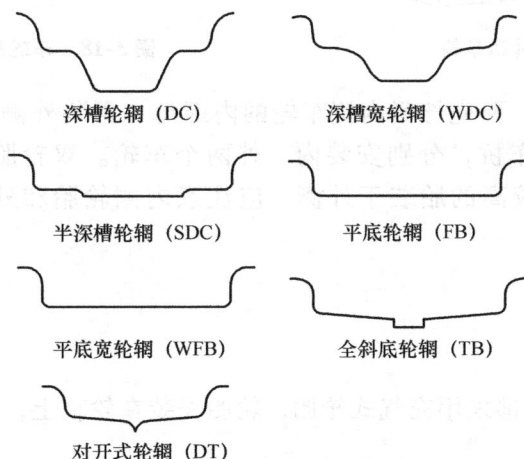

深槽轮辋（DC）　　深槽宽轮辋（WDC）

半深槽轮辋（SDC）　　平底轮辋（FB）

平底宽轮辋（WFB）　　全斜底轮辋（TB）

对开式轮辋（DT）

图 3-16　轮辋轮廓类型及代号

对于不同形式的轮辋，以上代号不一定同时出现。例如，轮辋的规格为 6.5—20，表明该轮辋宽度为 6.5in（1in ＝ 0.0254m），轮辋直径为 20in，属于多件式轮辋；轮辋的规格为 5.5J×13，表明其轮辋宽度为 5.5in，轮缘高度为 17.27mm. 轮辋直径为 13in，属于一件式轮辋。

3. 车轮的拆装

（1）车轮总成的拆卸

① 停稳车辆，用三角木堵住各车轮。

② 取下车轮上的装饰罩，弄清汽车左右侧车轮与轮毂连接螺栓的螺旋方向，使用车轮螺母拆装机或用套筒扳手初步拧松各连接螺母，如图 3-17 所示。

③ 用千斤顶顶在指定的位置，使被拆车轮稍离地面。也可将车辆停在举升机上，升起车辆，使车轮稍离开地面。

④ 拧下车轮与轮毂连接的全部螺母，取下垫圈，并摆放整齐。

⑤ 边向外拉边左右晃动车轮，从车轴上取下车轮总成。

（2）车轮总成的安装

① 顶起车桥，套上车轮，将螺母初步拧在螺柱上。

② 放下车轮并在车轮前后用三角木堵住，用扭力扳手或车轮螺母拆装机按对角线顺序分两三次拧紧车轮螺母，最后一次要按规定力矩拧紧，如图 3-18 所示。

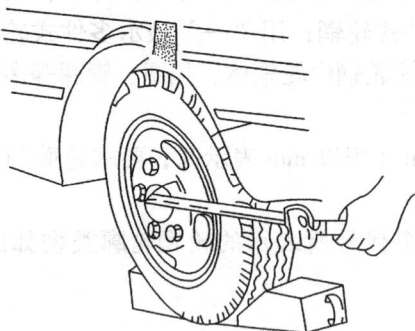

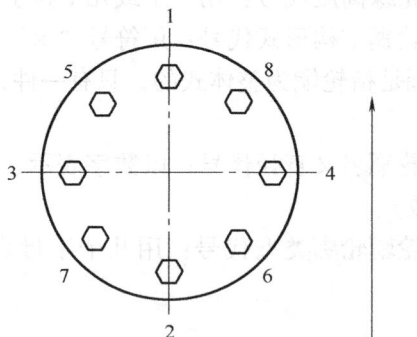

图 3-17　拆卸车轮　　　　　　　　图 3-18　车轮螺母紧固顺序

③ 安装后轮双胎时，要先拧紧内侧车轮的内螺母，再装外侧轮胎，在安装过程中，应用千斤顶分两次顶起车桥，分别安装内、外两个车轮。双轮胎高低搭配要合适，一般较低的胎装于里侧，较高的胎装于外侧。应注意内侧轮胎和外侧轮胎的气门嘴应互成 180°位置。

3.2.2　轮胎

1. 轮胎的功用和类型

（1）功用　现代汽车都采用充气式轮胎，轮胎安装在轮辋上，直接与路面接触。它的功用如下。

① 支承汽车的质量，承受路面传来的各种载荷的作用。

② 和汽车悬架共同缓和汽车行驶中所受到的冲击，并衰减由此产生的振动，以保证汽车有良好的乘坐舒适性和行驶平顺性。

③ 保证车轮和路面有良好的附着性，以提高汽车的动力性、制动性和通过性。

概括起来，轮胎的功用可以简记为支撑、缓冲、减振和提高附着性。

（2）类型

① 按轮胎内空气压力的大小，轮胎分为高压胎（0.5 ~ 0.7MPa）、低压胎（0.2 ~ 0.5MPa）和超低压胎（0.2MPa 以下）三种。低压胎弹性好、减振性能强、壁薄散热性好、与地面接触面积大而附着性好，因而广泛用于乘用车。超低压胎在松软路面上具有良好的通过能力，多用于越野汽车及部分高级乘用车。

② 按轮胎有无内胎，轮胎分为有内胎轮胎和无内胎轮胎（俗称真空胎）两种。目前乘用车上普遍采用无内胎轮胎。

③ 按胎体帘布层结构的不同，轮胎分为斜交轮胎和子午线轮胎。目前，子午线轮胎在汽车上广泛应用。

2. 轮胎的结构

（1）有内胎轮胎　有内胎轮胎由外胎、内胎和垫带等组成，使用时安装在汽车车轮的轮辋上，如图 3-19 所示。

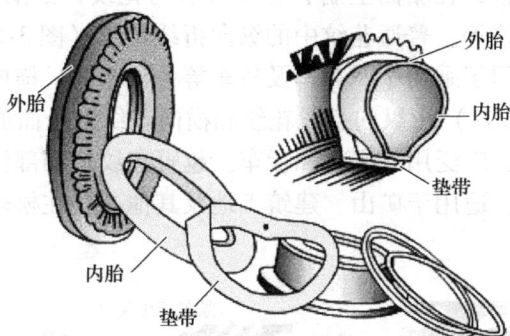

图 3-19 有内胎轮胎

内胎是一个环形的橡胶管，上面装有气门嘴，以便充入或排出空气，为使内胎在充气状态下不产生褶皱，其尺寸应稍小于外胎的内壁尺寸。

垫带是一个环形的橡胶带，它垫在内胎与轮辋之间，以保护内胎不被轮辋和胎圈磨伤。

（2）无内胎轮胎　无内胎轮胎俗称真空胎，在外观上与普通轮胎相似，但是没有内胎及垫带。它的气门嘴用橡胶垫圈和螺母直接固定在轮辋上，空气直接充入外胎中，其密封性由外胎和轮辋来保证，如图 3-20 所示。

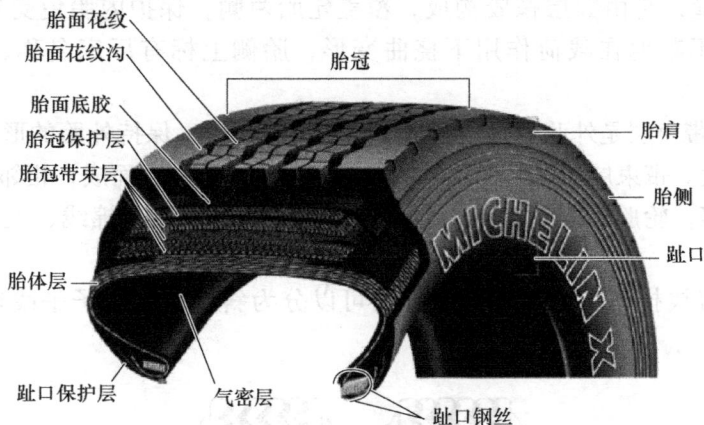

图 3-20 无内胎轮胎

无内胎轮胎的内壁有一层橡胶密封层，有的在该层下面还有一层自粘层，能自行将刺穿的孔粘合。在胎圈外侧也有一层橡胶密封层，用以加强胎圈与轮辋之间的气密性。无内胎轮胎一旦被刺破，穿孔不会扩大，故漏气缓慢，胎压不会急剧下降，仍能继续行驶一定距离，可消除爆胎的危险。因无内胎，摩擦生热少、散热快，适用于高速行驶；此外，它结构简单，质量较轻，维修也方便。但密封层和自粘层易漏气，途中修理也较困难。无内胎轮胎必须配用深槽轮辋，故目前在乘用车上应用较多。

（3）外胎的结构　外胎由胎面、保护层、带束层和趾口组成，如图 3-20 所示。

1）胎面。胎面是轮胎的外表面，可分为胎冠、胎肩和胎侧三部分。

胎冠与路面直接接触，并产生附着力，使车辆行驶和制动。为使轮胎与地面有良好的附着性能，防止纵、横向滑移，在胎面上制有各种形状的花纹，如图3-21所示，主要有普通花纹、组合花纹、越野花纹等。普通花纹中的纵向折线花纹（图3-21a）最适合于在较好的硬路面上高速行驶，广泛用于乘用车、客车及货车等各种车辆；横向花纹（图3-21b）仅用于货车，组合花纹（图3-21c）由纵向折线花纹和横向花纹组合而成，在好路面和坏路面上都可提供稳定的驾驶性能，广泛用于客车和货车。越野花纹的凹部深而粗，在软路面上与地面附着性好，越野能力强，适用于矿山、建筑工地及其他一些在松软路面上使用的越野汽车轮胎，如图3-21d所示。

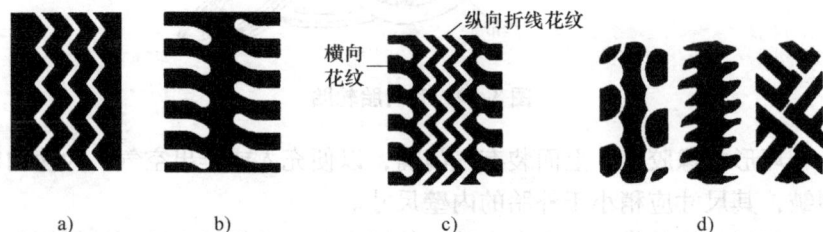

图3-21 胎面花纹

胎肩是较厚的胎冠和较薄的胎侧间的过渡部分，一般也制有各种花纹，以提高该部位的散热性能。

胎侧又称胎壁，它由数层橡胶构成，覆盖轮胎两侧，保护内胎免受外部损坏。胎侧在行驶过程中，不断地在载荷作用下挠曲变形，胎侧上标有厂家名称、轮胎尺寸及其他资料。

2）带束层。带束层是外胎的骨架，主要用于承受载荷，保持外胎的形状和尺寸，并使其具有足够的强度。带束层通常由成双数的多层帘布用橡胶贴合而成，相邻层的帘线交叉排列。带束层数越多，轮胎的强度越大，但弹性下降。帘线可以是棉线、人造丝、尼龙和钢丝的。

按照带束层帘线排列方式的不同，外胎可以分为斜交轮胎和子午线轮胎，如图3-22所示。

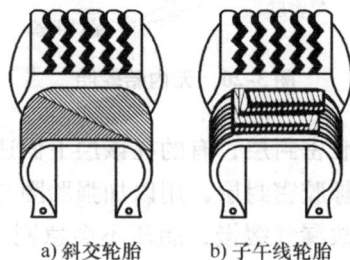

a) 斜交轮胎　　b) 子午线轮胎

图3-22 轮胎的结构形式

斜交轮胎带束层的帘线按一定角度交叉排列，帘线与轮胎横断面的交角通常为50°。子午线轮胎帘布层帘线排列的方向与轮胎横断面一致，即垂直于轮胎胎面中心线，类似于地球仪上的子午线。子午线轮胎胎侧比斜交轮胎软，在径向上容易变形，可以增加轮胎的接地面积。

子午线轮胎与斜交轮胎相比具有行驶里程长、滚动阻力小、节约燃料、承载能力大、减振性能好、附着性能好、不易爆胎等优势，目前在汽车上应用广泛。

3）缓冲层。缓冲层夹在胎面和带束层之间，由两层或数层较稀疏的帘布和橡胶制成，弹性较大。其作用是加强胎面与帘布层之间的结合，防止汽车紧急制动时胎面与帘布层脱离，并缓和汽车行驶时所受到的路面冲击。

4）趾口。趾口由钢丝圈、趾口保护层等组成，有很大的刚度和强度，可以使外胎牢固地安装在轮辋上。

3. 轮胎规格的表示方法

轮胎的尺寸标注如图 3-23 所示。

（1）斜交轮胎的规格　我国和大多数国家一样，斜交轮胎的规格用 B-d 表示，载货汽车斜交轮胎和乘用车斜交轮胎的尺寸 B 和 d 均使用英寸（in）为单位，例如 9.00-20 表示轮胎宽度为 9.00in、轮胎内径为 20in 的斜交轮胎。

（2）子午线轮胎的规格　以乘用车轮胎的规格 195/60 R 14 85 H 为例进行说明。

① 195 表示轮胎宽度 195mm，货车子午线轮胎的宽度一般用英寸（in）为单位。

② 60 表示扁平比为 60%，扁平比为轮胎高度 H 与宽度 B 之比，有 60、65、70、75、80 五个级别。

③ R 表示子午线轮胎，即"Radial"的第一个字母。

④ 14 表示轮胎内径 14in。

⑤ 85 表示荷重等级，即最大载荷质量。荷重等级为 85 的轮胎的最大载荷质量为 515kg。常见的荷重等级及对应的最大载荷质量如表 3-1 所示。

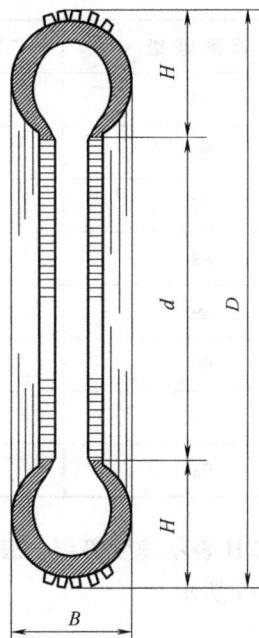

图 3-23　轮胎的尺寸标注

D—轮胎外径　d—轮胎内径或轮辋直径　B—轮胎断面宽度　H—轮胎断面高度

表 3-1　荷重等级及对应的最大载荷质量

荷　重　等　级	最大载荷质量/kg	荷　重　等　级	最大载荷质量/kg
71	345	78	425
72	355	79	437
73	365	80	450
74	375	81	462
75	387	82	475
76	400	83	487
77	412	84	500

（续）

荷 重 等 级	最大载荷质量/kg	荷 重 等 级	最大载荷质量/kg
85	515	93	650
86	530	94	670
87	545	95	690
88	560	96	710
89	580	97	730
90	600	98	750
91	615	99	775
92	630	100	800

⑥ H 表示速度等级，表明轮胎能行驶的最高车速。常见的速度等级及对应的最高车速如表 3-2 所示。

表 3-2　速度等级及对应的最高车速

速 度 等 级	最高车速/（km/h）	速 度 等 级	最高车速/（km/h）
L	120	T	190
M	130	U	200
N	140	H	210
P	150	V	240
Q	160	Z	240 以上
R	170	W	270 以下
S	180	Y	300 以下

另外，在轮胎规格前加"P"表示乘用车轮胎；在胎侧标有"Reinforced"表示经强化处理，"Radial"表示子午线胎，"Tubeless"（或 TL）表示无内胎（真空胎），"M＋S"（Mud and Snow）表示适于泥地和雪地，"→"表示轮胎旋向，不可装反。

4. 轮胎的拆装与检查

（1）轮胎的拆装

① 拆装轮胎要在清洁、干燥、无油污的地面上进行。

② 拆装轮胎要用专用工具，不允许用大锤敲击或其他尖锐的用具拆胎。

③ 外胎、内胎、垫带、轮辋必须符合规格要求才能组装。要特别注意子午线轮胎胎圈部分是否完好。

④ 内胎装入外胎前，须紧固气门嘴，以防漏气，并在外胎内部和垫带上涂上滑石粉。

⑤ 气门嘴的位置应装在轮辋气门嘴孔中。胎侧有平衡标记（彩色胶片）的，标记应在与气门嘴相对的位置上，以便平衡。轮辋上有平衡块的，应用动平衡机进行平衡调整。

⑥ 安装有方向花纹的轮胎，应注意滚动方向的标记。拆装子午线轮胎应做记号，使安装后的子午线轮胎滚动方向保持不变。

目前乘用车几乎都采用无内胎的子午线轮胎，最常见的拆装轮胎的专用设备是轮胎拆装机。

（2）轮胎的检查　轮胎的检查主要是检查轮胎的磨损程度和轮胎气压，轮胎磨损程度的检查包括胎面花纹深度的检查和轮胎异常磨损的检查。

轮胎磨损过甚，花纹过浅，是行车重要的不安全因素。过度磨损的轮胎，除容易爆裂外，还会使汽车操纵稳定性变坏。汽车在雨中高速行驶时，由于不能把水全部从胎下排出，轮胎将会出现水滑现象，致使汽车失控。花纹越浅，水滑的倾向越严重。而轮胎（包括备胎）气压的检查对于行车也是非常重要的。轮胎气压不足，会导致轮胎过热，并因轮胎的接地面积不均匀而产生不均匀磨损或胎肩和胎侧快速磨损，缩短轮胎的使用寿命；同时会增加滚动阻力、加大耗油，而且影响车辆的操控，严重时甚至引发交通事故。轮胎气压过高，则车身重量集中在胎面中心上，导致胎面中心快速磨损，不但缩短轮胎的使用寿命，而且降低车辆的舒适性。所以日常维护和各级维护时，对轮胎的检查是非常必要的。

1）胎面花纹深度的检查。《GB 7258—2012 机动车运行安全技术条件》规定，乘用车、摩托车和挂车轮胎胎冠上花纹深度应大于等于 1.6mm（磨损标志），其他机动车转向轮胎冠上的花纹深度大于等于 3.2mm；其余轮胎胎冠花纹深度应大于等于 1.6mm。

轮胎花纹深度可用深度尺进行测量。

胎面磨损标志位于胎面花纹沟底部，当胎面磨损到此处时，花纹沟断开，表明轮胎必须停止使用，为便于用户找到磨损标志所在的位置，通常在磨损标志对应的胎肩处标出"TWI"或者"△"等符号。这种磨损标志每条轮胎应沿周向等距离设置不少于四个。

2）轮胎异常磨损的检查。检查轮胎的异常磨损可以发现故障的早期征兆和原因，以便及时排除影响轮胎使用寿命的不良因素，防止早期磨损和损坏。

图 3-24a 所示胎面中间磨损，是由于充气压力过高，轮胎中间便会凸出，承受了较大的载荷，使轮胎中间磨损快于胎肩；图 3-24b 所示为轮胎的内侧或外侧磨损，其主要原因可能是外倾角不正确；如图 3-24c 所示轮胎的胎肩出现了磨损，其原因主要是未能正确保持充气压力，如果轮胎充气压力过低，轮胎的中间便会凹入，将载荷转移到胎肩上，使胎肩磨损快于胎面中间；图 3-24d 所示斑块状磨损，是由于脉冲减振缺陷所致，如车轮动不平衡；图 3-24e 所示大面积磨损，常常是由于制动抱死拖滑或原地转向所致；另外还有一种羽状磨损，即轮胎在横向出现锯齿形磨损，主要是由于前束调节不当所致，过量的前束，会迫使轮胎向外滑动，并使胎面的接触面在路面上朝内拖动，造成羽状磨损。

3）轮胎气压的检查。轮胎气压可用胎压表进行检查。首先在驾驶人侧 B 柱或油箱盖内侧找到胎压标准，然后利用胎压表检查轮胎气压。若不正常，调整到标准值。

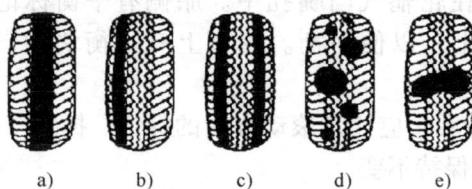

图 3-24　轮胎异常磨损

4）轮胎换位。

① 按时换位可使轮胎磨损均匀，约可使使用寿命延长 20%，应结合车辆二级维护定期换位。

在路面拱度较大的地区或夏季，轮胎磨损差别较大，可适当增加换位次数。

② 轮胎换位方法常用的有循环换位法、交叉换位法和单边换位法，如图 3-25 和图 3-26 所示。

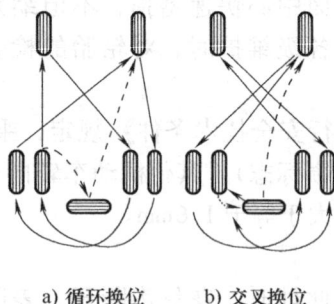

a) 循环换位　　b) 交叉换位

图 3-25　六轮二桥汽车轮胎换位法

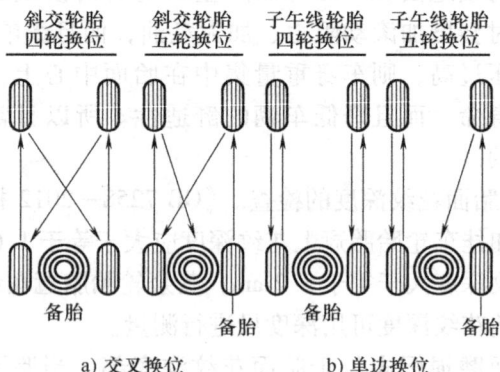

a) 交叉换位　　b) 单边换位

图 3-26　四轮二桥汽车轮胎换位法

子午线轮胎的旋转方向应始终不变。若反向旋转，会因钢丝帘线反向变形产生振动，汽车平顺性变差。所以一些乘用车使用手册推荐单边换位法。

③ 轮胎换位后，应按所换的胎位要求，重新调整气压。

④ 轮胎换位后须做好记录，下次换位仍要按上次选定的换位方法换位。

3.2.3　车轮动平衡试验

1. 车轮不平衡的危害及原因

（1）车轮不平衡的危害　汽车车轮是旋转构件，如果车轮不平衡，在高速行驶时会引起车轮上下跳动和横向摇摆，不仅影响汽车乘坐舒适性，而且使驾驶人难以控制行驶方向以及汽车制动性能变差，影响行车安全。车轮不平衡还会大大增加各部件所受的力，加大轮胎的磨损和行驶噪声等。因此，汽车在使用和维修中必须进行车轮平衡试验和校准。

（2）车轮不平衡的原因

① 质量分布不均匀，如轮胎产品质量欠佳，翻新胎、补胎、胎面磨损不均匀及在外胎与内胎之间垫带等。

② 轮辋、制动鼓变形。

③ 轮毂与轮辋加工质量不佳，如中心不准、轮胎螺栓孔分布不均、螺栓质量不佳等。

2. 车轮动平衡试验

由于车轮不平衡对汽车危害很大，必须对车轮的不平衡进行试验，并进行调平衡工作。

车轮的不平衡包括静不平衡和动不平衡，由于动平衡的车轮一定处于静平衡状态，只要检测了动平衡，就没有必要检测静平衡。

车轮的动平衡试验有离车式和就车式两种方法。常见的为离车式车轮的动平衡试验。

（1）离车式车轮动平衡机的基本组成　利用离车式车轮动平衡机对车轮进行动平衡检测时，需将车轮从汽车上拆下。图 3-27 所示为常见的车轮动平衡机。该动平衡机主要由驱动装置、转轴与支承装置、显示与控制装置、制动装置及防护罩组成。

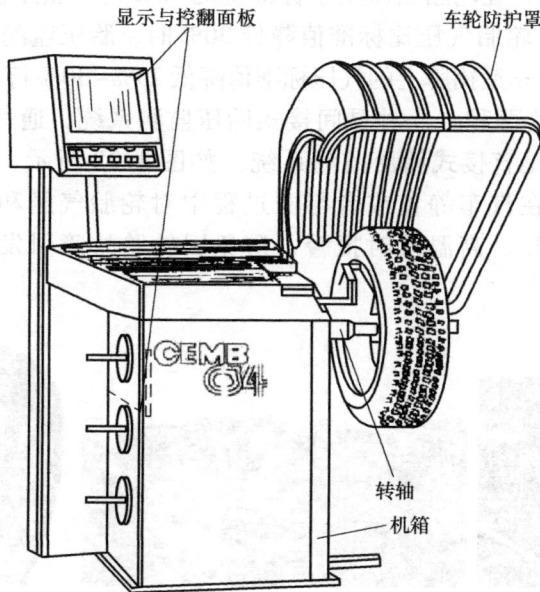

图 3-27　离车式车轮动平衡机

（2）离车式车轮动平衡机的使用方法

① 对被测车轮进行清洗，去掉泥土、砂石，拆掉旧平衡块。

② 检查轮胎气压，并充气至规定气压值。

③ 根据轮辋中心孔的大小选择锥体，将车轮安装于平衡机上。

④ 打开电源开关，检查指示装置是否指示正确。

⑤ 键入轮辋直径、宽度，测出轮辋边缘到机箱之间的距离并键入。

⑥ 放下防护罩，按下起动键，开始测量。

⑦ 当车轮自动停转后，从显示装置读出车轮内、外动不平衡量和位置。

⑧ 抬起车轮防护罩，用手慢慢旋转车轮，当动平衡机显示装置发出信号时，停止转动车轮。

⑨ 根据动平衡机显示的动不平衡量，在轮辋内侧或外侧的上部（时钟十二点位置）的边缘加装平衡块。内、外侧要分别进行，平衡块要装卡牢固。

⑩ 重新起动动平衡机，进行动平衡试验，直至动不平衡量 <5g，机器显示 "00" 或 "OK" 时为止。

⑪ 取下车轮，关闭电源，测试结束。

扫一扫

3.2.4 胎压监测系统

通过胎压监测系统时刻了解轮胎状况，预防爆胎，节油环保。

车轮动平衡检测

胎压监测系统（TPMS）直接集成在行车 ECU 里，在中控仪表板中间显示。在北美胎压监测系统规定中，明确要求胎压监测系统必须在轮胎出现异常 2min 内出反应，报警提示车主；规定还特别说明：胎压监测系统在未接收到轮胎中胎压监测传感器信号或者接收不稳定时必须报警提示车主。

美国高速委员会规定：在轮胎胎压低于标准值的 75% 时，胎压监测系统必须报警提示车主；而轮胎厂商规定，轮胎气压比标准值降低 30% 时，胎压监测系统须报警提示车主。由此可见：当轮胎气压比车型铭牌上的气压标准值降低 25%~30% 行车都是安全的。

胎压监测系统可分为两种：一种是间接式胎压监测系统，通过轮胎的转速差来判断胎压是否异常；另一种是直接式胎压监测系统，如图 3-28 所示，通过在轮胎里面加装四个胎压监测传感器，在汽车静止或者行驶过程中对轮胎气压和温度进行实时自动监测，并对轮胎高压、低压、高温及时报警，避免因轮胎故障引发交通事故，以确保行车安全。

图 3-28 直接式胎压监测系统

间接式轮胎压力监测系统需要通过防抱死系统（ABS）的轮速传感器来比较轮胎之间的转速差别，以达到监测胎压的目的。当轮胎压力降低时，车辆的重量会使轮胎直径变小，车速就会产生变化，就会触发胎压监测系统的报警装置，从而提醒车主注意轮胎胎压不足。间接式胎压监测系统造价相对较低，已经装备了四轮 ABS（每个轮胎装备一个轮速传感器）的汽车只需对软件进行升级即可。但是，间接系统没有直接系统准确率高，它根本不能确定故障轮胎，而且系统校准极其复杂，在同一车轴上的两个轮胎气压都低时该系统无法正常工作。因此间接式 TPMS 属于被动型 TPMS。

直接式轮胎压力监测系统是利用安装在轮胎上的压力传感器来测量轮胎气压和温度的，它利用无线发射器将压力信号从轮胎内部发送到中央接收器模块上，然后对轮胎气压数据进行显示。当轮胎出现高压、低压、高温时，系统就会报警提示车主。车主可以根据车型、用车习惯、地理位置自行设定胎压报警值范围和温度报警值范围。直接式胎压监测系统还可以提供更高级的功能，随时测定每个轮胎内部的实际瞬压，很容易确定故障轮胎。因此，直接式胎压监测系统属于主动型胎压监测系统，因性能稳定、精确度高、灵敏度强而深受车主青睐。

　　还有一种复合式胎压监测系统，它兼有上述两个系统的优点。复合式胎压监测系统在两个互相成对角的轮胎内装备直接传感器，并装备一个四轮间接胎压监测系统。与全部使用直接胎压监测系统相比，这种复合式胎压监测系统可以降低成本，克服间接胎压监测系统不能检测出多个轮胎同时出现气压过低的缺点。但是，它仍然不能像直接胎压监测系统那样提供所有四个轮胎内实际压力的实时数据。

3.3　车架和悬架

3.3.1　车架

1. 车架的功用和结构

　　（1）车架的功用　车架俗称"大梁"，它是汽车的装配基体，汽车绝大多数零部件、总成都要安装在车架上；另外，车架不仅承受各零部件、总成的载荷，还要承受汽车行驶时来自路面各种复杂载荷的作用，如汽车加速、制动时的纵向力，汽车转弯、侧坡行驶时的侧向力，不良路面传来的冲击等。所以车架的功用可以概括为两点：一是支撑、连接汽车各零部件、总成；二是承受车内车外各种载荷的作用。

　　（2）车架的类型和构造　汽车上采用的车架有四种类型：边梁式车架、中梁式车架、综合式车架和无梁式车架。目前汽车上多采用边梁式车架和无梁式车架。

　　1）边梁式车架。边梁式车架如图 3-29 所示，它由两根纵梁和若干根横梁构成。纵梁和横梁之间通过铆接或焊接的方法连接起来。这种车架结构简单、便于整车的布置，所以在各种类型的汽车上都广泛应用。

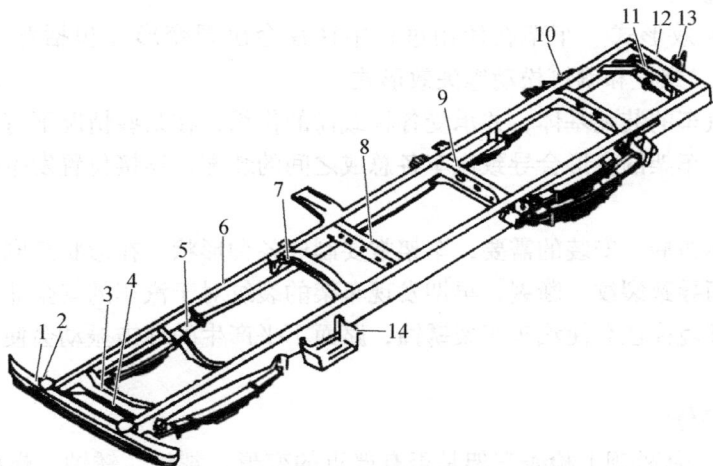

图 3-29　边梁式车架

1—保险杠　2—挂钩　3—前横梁　4—发动机前悬置横梁　5—发动机后悬支架及横梁　6—纵梁
7—驾驶室后悬置横梁　8—第四横梁　9—后钢板弹簧前支架横梁　10—后钢板弹簧后支架横梁
11—角撑横梁组件　12—后横梁　13—拖钩　14—蓄电池托架

纵梁的结构具有以下特点。一是从宽度上看，有前窄后宽、前宽后窄和前后等宽三种形式，前窄使前轮具有足够的偏转角度，提高了车辆的机动性能；后窄用于重型车辆，便于布置双胎。二是从平面度上看，有水平和弯曲两种形式，水平的纵梁便于零部件、总成的安装和布置；弯曲的纵梁可以降低车辆重心。三是从断面形状上看，有槽形、Z字形、T字形和箱形几种，这些形状主要是为了满足在质量最小的前提下，车架具有足够的强度和刚度，以承受各种载荷（横梁多为槽形）。

2）无梁式车架。无梁式车架是用车身兼作车架，汽车的所有零部件、总成都安装在车身上，车身要承受各种载荷的作用，因而这种车身又称为承载式车身，广泛用于乘用车和客车，如图 3-30 所示。

图 3-30　承载式车身

3）中梁式车架和综合式车架。中梁式车架和综合式车架分别如图 3-31 和图 3-32 所示，由于这两种车架结构复杂，加工制造及维修困难。目前应用很少。

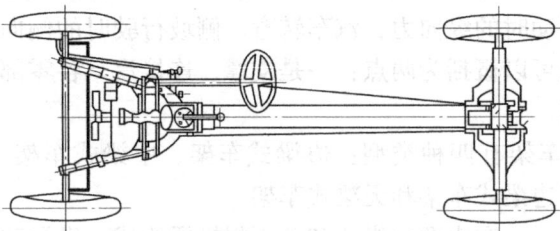

图 3-31　中梁式车架

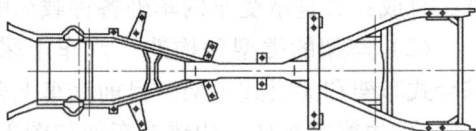

图 3-32　综合式车架

2. 车架的检修

（1）车架的失效形式　车架在使用过程中往往会出现变形（包括弯曲变形和扭转变形）、裂纹、锈蚀、螺栓和铆钉松动等失效形式。

由于车架是汽车的装配基体，并承受各种载荷的作用，在某些情况下有可能出现车架的弯曲和扭转变形。车架的变形会导致汽车各总成之间的装配、连接位置发生变化，使得各系统出现故障。

为了汽车整体布局、安装的需要，车架常要制成各种形状，在形状急剧变化的地方往往会由于应力集中而导致裂纹、断裂，早期发现车架的裂纹对于汽车的安全非常重要。

恶劣的工作环境往往会使汽车车架锈蚀，路面不平产生的冲击振动会使螺栓、铆钉等连接松动。

（2）车架的检修

1）外观检查。从外观上检查车架是否有严重的变形、裂纹、锈蚀、螺栓或铆钉松动等现象。

2）车架变形的检修。车架弯曲的检查可以通过拉线、直尺等来测量、检查。一般要检查车架上平面和侧平面的直线度误差。车架纵梁直线度允许误差为 1000mm 长度上不大于 3mm。

车架扭转通常采用对角线法进行测量。分段测量车架各段对角线长度差，不应超过5mm。如果车架的各项形位误差超过标准值，则应进行校正。

3）裂纹的检修。车架出现裂纹，应根据裂纹的长短及所在部位的不同，采取不同的修复方法。微小的裂纹可以采用焊修的方法。裂纹较长但未扩展至整个断面，且处在受力不大的部位，应先进行焊修，再用三角形腹板进行加强。如果裂纹已扩展到整个断面，或虽未扩展到整个断面但在受力较大的部位时，应先对裂纹进行焊修，然后用三角形或槽形腹板进行加强。加强腹板在车架上的固定方式可以是铆接、焊接或铆焊。采用铆接方法时，铆钉孔应上下交错排列。采用铆焊结合的方法时，应先铆后焊，以免降低铆接质量。采用焊接方法时，应尽量减少焊接部位的应力集中。

3.3.2　悬架

1. 悬架概述

（1）悬架的组成　悬架是车架（或车身）与车桥（或车轮）之间一切传力连接装置的总称。现代汽车的悬架虽有不同的结构形式，但一般都由弹性元件、减振器、导向机构等组成，乘用车一般还有横向稳定杆。悬架的组成如图 3-33 所示。

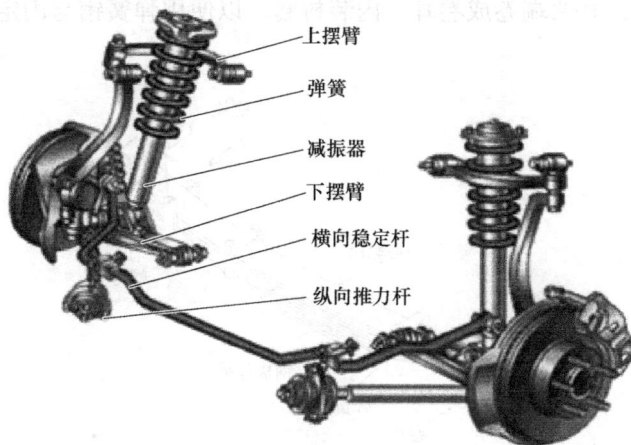

上摆臂
弹簧
减振器
下摆臂
横向稳定杆
纵向推力杆

图 3-33　悬架的组成

弹性元件使车架（或车身）与车桥（或车轮）之间形成弹性连接，可以缓和由于不平路面带来的冲击，并承受和传递垂直载荷。减振器可以衰减由于路面冲击产生的振动，使振动的振幅迅速减小。导向机构包括纵向推力杆和横向推力杆，用于传递纵向载荷和横向载荷，并保证车轮相对于车架（或车身）的运动关系。横向稳定杆可以防止车身在转向等情况下发生过大的横向倾斜。

（2）悬架的功用　从悬架的组成可以总结出悬架具有如下功用。

① 连接车架（或车身）和车轮，把路面作用到车轮的各种力传给车架（或车身）。

② 缓和冲击、衰减振动，使乘坐舒适，具有良好的平顺性。

③ 保证汽车具有良好的操纵稳定性。

第二、三项功用与弹性元件和减振器的性能有关，具体来说是与弹性元件的刚度和减振器的阻尼力有关。只有悬架系统的软、硬合适才能使车辆乘坐舒适、操纵稳定。

（3）悬架的分类　如图3-34所示，汽车悬架有非独立悬架和独立悬架两种类型。

非独立悬架的结构特点是两侧车轮安装在一根整体式车桥上，车轮和车桥一起通过弹性悬架悬挂在车架（或车身）下面，所以一侧车轮发生位置变化后会导致另一侧车轮的位置也发生变化。独立悬架的结构特点是两侧车轮分别独立地与车架（或车身）弹性相连，与其配用的车桥为断开式车桥，所以两侧车轮的运动是相对独立、互不影响的。

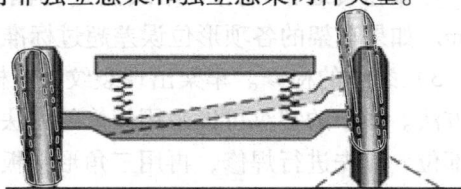

a) 非独立悬架

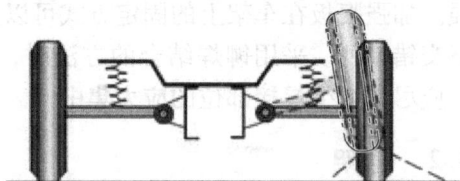

b) 独立悬架

图 3-34　非独立悬架与独立悬架示意图

2. 悬架的主要部件

（1）弹性元件　汽车上常用的弹性元件包括钢板弹簧、螺旋弹簧、扭杆弹簧和气体弹簧等。

1）钢板弹簧。钢板弹簧广泛应用于汽车的非独立悬架中，其形式和结构如图3-35所示。

钢板弹簧由若干片长度不等的合金弹簧钢片叠加而成，构成一根近似等强度的弹性梁。最长的一片称为主片，其两端卷成卷耳，内装衬套，以便用弹簧销与固定在车架上的支架或吊耳做铰链连接。

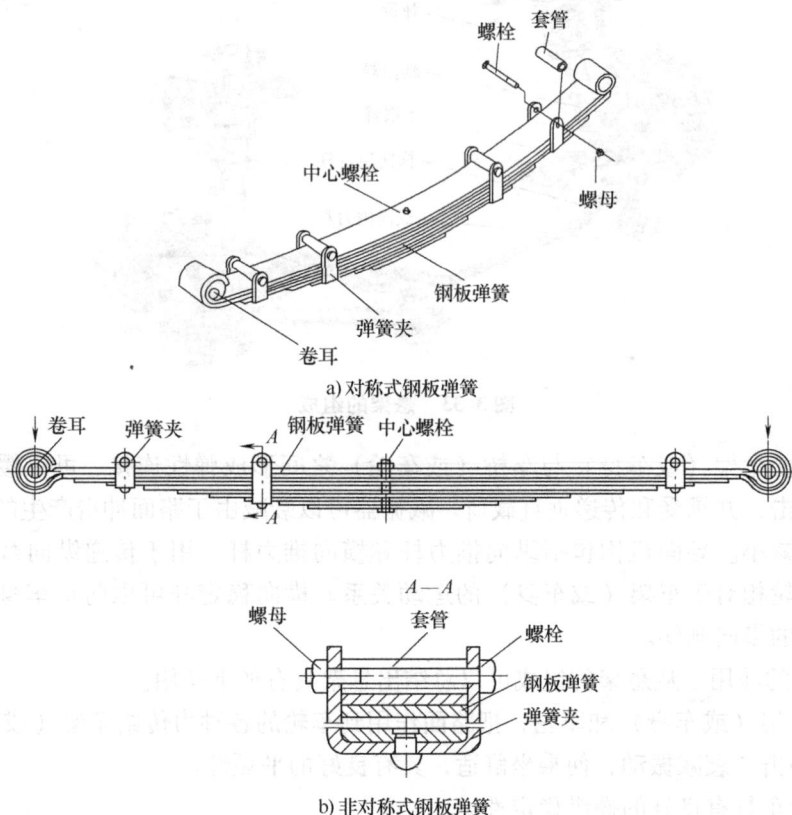

a) 对称式钢板弹簧

b) 非对称式钢板弹簧

图 3-35　钢板弹簧

各弹簧片用中心螺栓连接，并保证各片的相对位置。中心螺栓距两端卷耳中心的距离可以是相等的，称为对称式钢板弹簧，如图 3-35a 所示；也可以是不相等的，称为非对称式钢板弹簧，如图 3-35b 所示。

为了防止汽车在行驶过程中各弹簧片分开，在钢板弹簧上装有若干弹簧夹，以免主片独自承载。弹簧夹通过铆钉与最下片弹簧片相连，弹簧夹两边通过螺栓相连，螺栓上有套管，装配时要求螺母朝向轮胎，以免螺栓脱落时刮伤轮胎，甚至飞崩伤人。

钢板弹簧在载荷作用下变形时，各片之间会相对滑动而产生摩擦，这可以衰减车架的振动。但摩擦会加速弹簧片的磨损，所以在装配钢板弹簧时，各片之间要涂抹石墨润滑脂或装有塑料垫片以减磨。

钢板弹簧除了起弹性元件的功用，还起减振器和导向机构的功用。钢板弹簧各片之间相对滑动，产生摩擦，可以衰减车架的振动，即起到减振器的功用。另外，钢板弹簧还可以承受纵向、横向载荷，所以又起到了导向机构的功用。

2）螺旋弹簧。螺旋弹簧广泛应用于独立悬架，有些乘用车的后轮非独立悬架也采用螺旋弹簧做弹性元件。由于螺旋弹簧只能承受垂直载荷，且变形时不产生摩擦力，悬架中必须装有减振器和导向机构。螺旋弹簧如图 3-36 所示，由特殊的弹簧钢棒卷制而成，可以制成圆柱形或圆锥形，也可以制成等螺距或不等螺距。圆柱形等螺距螺旋弹簧的刚度是不变的，圆锥形或不等螺距螺旋弹簧的刚度是可变的。

3）扭杆弹簧。扭杆弹簧是由弹簧钢制成的杆件，如图 3-37 所示。扭杆的断面通常为圆形，少数为矩形或管形，其两端制成花键、方形、六角形等形状，以便一端固定在车架上，另一端固定在悬架的摆臂上。摆臂与车轮相连，当车轮跳动时，摆臂绕扭杆轴线摆动，使扭杆产生扭转弹性变形，以保证车轮与车架的弹性联系。

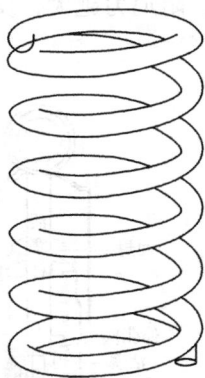

图 3-36　螺旋弹簧

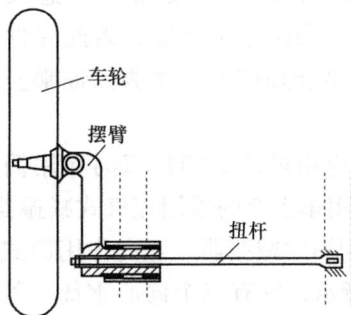

图 3-37　扭杆弹簧

因为扭杆弹簧在制造时使之具有一定的预应力，且左、右扭杆弹簧预应力方向是不同的，所以左、右扭杆弹簧不能互换或装错。为此，左、右扭杆上标有不同的标记。

4）气体弹簧。气体弹簧分为空气弹簧（图 3-38）和油气弹簧（图 3-39）两种。

空气弹簧的结构、原理都很简单，下面仅介绍油气弹簧的结构、原理，如图 3-39 所示。油气弹簧的球形室固定在工作缸上，室的内腔用橡胶油气隔膜隔开，充入高压氮气的一侧为气室，与工作缸相通并充满油液的一侧为油室。工作缸内装有活塞、阻尼阀及其阀座。

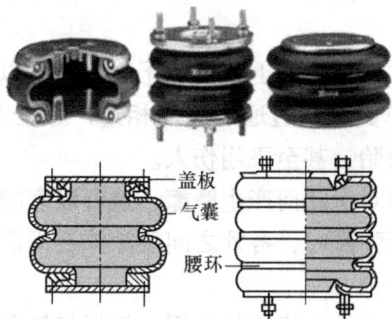

图 3-38　空气弹簧

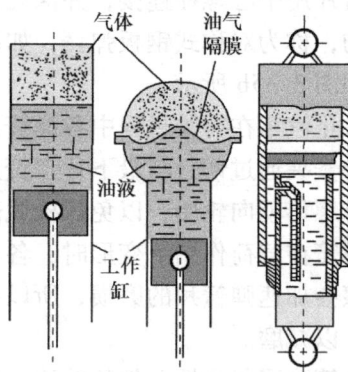

图 3-39　油气弹簧

当载荷增加且车架与车桥相互靠近时，活塞上移，使工作缸内容积减小，油压升高，油液顶开阻尼阀进入球形室，推动隔膜向气室方向移动，使气室容积减小，氮气压力升高，油气弹簧的刚度增大。当载荷减小时，在高压氮气的作用下隔膜向油室方向移动，室内油液经阻尼阀流回工作缸，推动活塞下移，这时气室容积增大，氮气压力下降，弹簧刚度减小。当氮气压力通过油液传递作用在活塞上的力与载荷平衡时，活塞便停止移动。随着载荷的变化，气室内氮气也随之变化，相应地活塞处于工作缸中不同位置。可见，油气弹簧具有变刚度的特性。

（2）减振器　液压减振器的基本原理是当车架与车桥做往复相对运动时，减振器中的油液反复经过活塞上的阀孔，由于阀孔的节流作用及油液分子间的内摩擦力便形成了衰减振动的阻尼力，使振动的能量转变为热能，并由油液和减振器壳体吸收，然后散发到大气中。

阀门越大，阻尼力越小，反之亦然。相对运动速度越大，阻尼力越大，反之亦然。

阻尼力越大，振动的衰减越快，但悬架弹性元件的缓冲效果不能发挥，乘坐也不舒适，因此弹性元件的刚度与减振器的阻尼力要合理搭配，才能保证乘坐舒适性和操纵稳定性的要求。

目前汽车上应用最广泛的是双向作用筒式减振器，近年来，在高级乘用车上有的采用充气式减振器。

1）双向作用筒式减振器。双向作用筒式减振器的基本组成如图 3-40 所示，它有三个同心钢筒，外面的钢筒是防尘罩，其上部的吊耳与车架相连。中间是储油缸筒，内装有一定量的油液，其下端的吊耳与车桥相连。最里面是工作缸筒，其内装满油液。它还有四个阀，即压缩阀、伸张阀、流通阀和补偿阀。流通阀和补偿阀是一般的单向阀，其弹簧弹力很弱，当阀上的油压作用力与弹簧弹力同向时，阀处于关闭状态，完全不通油液；而当油压作用力与弹簧弹力反向时，只要很小的油压，阀便能开启。压缩阀和伸张阀是卸载阀，其弹簧刚度较大，预紧力较大，只有当油

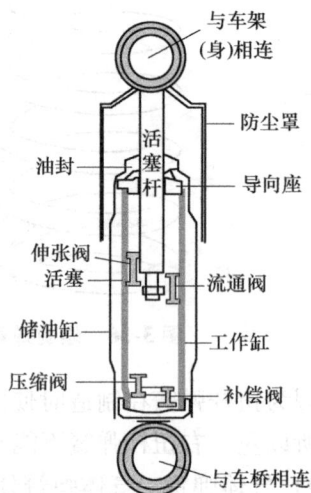

图 3-40　双向作用筒式减振器的基本组成

压增高到一定程度时，阀才能开启；而当油压降低到一定程度时，阀即自行关闭。

双向作用筒式减振器的工作原理可用压缩和伸张两个行程加以说明。

① 压缩行程。当车桥移近车架（或车身）时，减振器受压缩，活塞下移，使其下方腔室容积减小，油压升高。具有一定压力的油液顶开流通阀进入活塞上方腔室。由于活塞杆占去上腔室的部分容积，使上腔室增加的容积小于下腔室减小的容积，因此还有一部分油液不能进入上腔室而只能压开压缩阀，流回储油缸筒。油液流经上述阀孔时，受到一定的节流阻力，为克服这种阻力而消耗了振动能量，使振动衰减。

② 伸张行程。当车桥相对远离车架（或车身）时，减振器受拉伸，活塞上移，使其上腔室油压升高。上腔室的油液便推开伸张阀流入下腔室。同样由于活塞杆的存在，上腔室减小的容积小于下腔室增加的容积，因而从上腔室流出来的油液不足以充满下腔室所增加的容积，使下腔室产生一定的真空度，这时储油缸筒中的油液在真空度作用下推开补偿阀流进下腔室进行补充。

从上面的原理分析可以得知，这种减振器在压缩、伸张两个行程都能起减振作用，因此称为双向作用减振器。

2）充气式减振器。充气式减振器如图 3-41 所示，其结构特点是在缸筒的下部装有一个浮动活塞，高压的氮气充浮动活塞与缸筒一端形成的密闭气室里。浮动活塞的上面是减振器油液。O 形密封圈把油和气完全分开，因此该活塞也叫封气活塞。在工作活塞上装有压缩阀和伸张阀，这两个阀都是由一组厚度相同、直径不等、由大到小排列的弹簧钢片组成的。

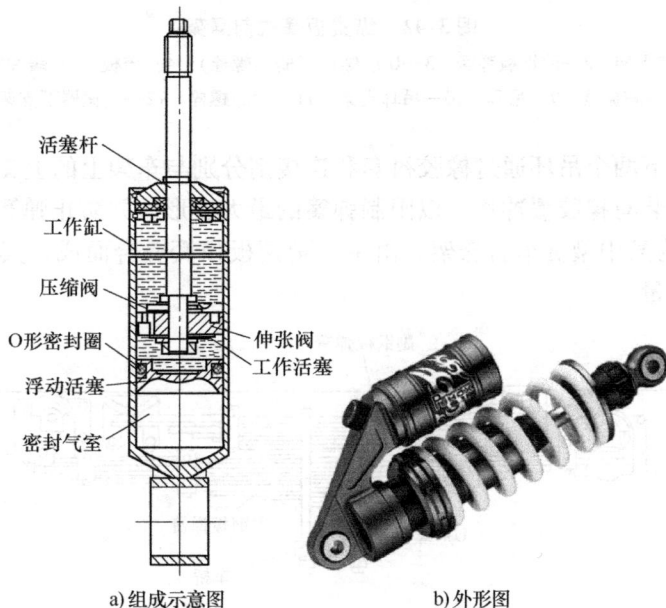

a) 组成示意图　　　　　b) 外形图

图 3-41　充气式减振器

当车轮上下跳动时，工作活塞在油液中做往复运动，使工作活塞的上、下腔之间产生油压差，压力较高的油液便推开压缩阀或伸张阀来回流动。阀孔对压力油产生较大的阻尼力，使振动衰减。

3. 典型悬架系统

（1）非独立悬架　非独立悬架广泛应用于货车的前、后悬架和乘用车的后悬架。按照采用弹性元件的不同，非独立悬架可以分为钢板弹簧式非独立悬架和螺旋弹簧式非独立悬架。

1）钢板弹簧式非独立悬架。这种悬架的钢板弹簧一般纵向布置，所以也称为纵置板簧式非独立悬架。

图3-42所示为载货汽车的前悬架。钢板弹簧中部通过U形螺栓（骑马螺栓）固定在前桥上。钢板弹簧的前端卷耳用弹簧销与前支架相连，形成固定式铰链支点，起传力和导向作用；而后端卷耳则用吊耳销与可在车架上摆动的吊耳相连，形成摆动式铰链支点，从而保证弹簧变形时两卷耳中心线间的距离有改变的可能。

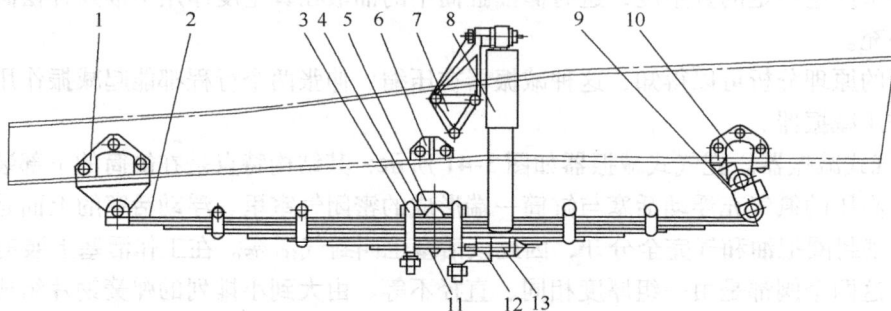

图3-42　纵置板簧式前悬架

1—钢板弹簧前支架　2—前钢板弹簧　3—U形螺栓（骑马螺栓）　4—盖板　5—缓冲块　6—限位块
7—减振器上支架　8—减振器　9—吊耳　10—吊耳支架　11—中心螺栓　12—减振器下支架　13—减振器连接销

减振器的上、下两个吊环通过橡胶衬套和连接销分别与车架上的上支架和车桥上的下支架相连接。盖板上装有橡胶缓冲块，以限制弹簧的最大变形，并防止弹簧直接碰撞车架。

图3-43所示为某中型货车后悬架，由主、副钢板弹簧叠合而成，其刚度是可变的，以适应装载不同的质量。

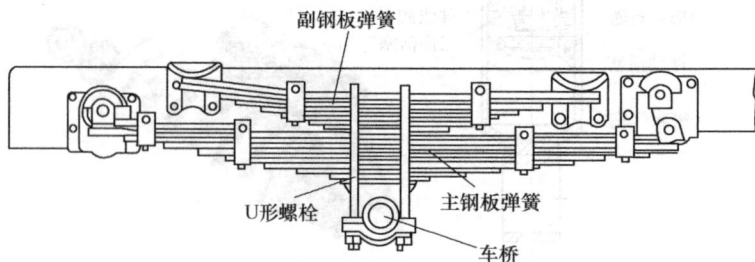

图3-43　变刚度钢板弹簧悬架

当汽车空载或实际装载质量不大时，副钢板弹簧不承受载荷而由主钢板弹簧单独工作。在重载或满载情况下，车架相对车桥下移，使车架上副簧滑板式支座与副簧接触，主、副簧共同参与工作，一起承受载荷而使悬架刚度增大，以保证车身振动频率不致因载荷增大而变化过大。

2）螺旋弹簧非独立悬架。螺旋弹簧非独立悬架一般只用于乘用车的后悬架，图 3-44 所示是某乘用车的后悬架。两根纵向推力杆的后端与后轴焊接为一体，前端通过带橡胶的支承座与车身做铰链连接。纵向推力杆用以传递纵向力及其力矩。横向推力杆和加强杆用以提高后桥刚度及传递横向力。整个后桥、纵向推力杆及车轮可以绕支承座的铰支点连线相对于车身做上、下纵向摆动。螺旋弹簧的上端装在弹簧上座中，下端则支撑在减振器外壳上的弹簧下座上，它只承受垂直力。减振器的上端与弹簧上座一起装在车身底部的悬架支座中，下端则与后轴相连接。

（2）独立悬架　现代汽车特别是乘用车广泛采用独立悬架。由于独立悬架能使两侧车轮各自独立地与车架或车身弹性连接，故具有以下优点。

① 因左右车轮的运动相对独立、互不影响，故可以减少行驶时车架或车身的振动，同时可以减弱转向轮的偏摆。

② 独立悬架的非簧载质量小，可以减小来自路面的冲击和振动，提高了行驶的平顺性。簧载质量是指汽车上由弹性元件支撑的质量；而非簧载质量是指弹性元件下吊挂的质量。对于非独立悬架，整个车桥和车轮都属于非簧载质量，而对于独立悬架，只有部分车桥是非簧载质量，而主减速器、差速器、壳体等都装在车架或车身上，成了簧载质量，所以独立悬架的非簧载质量要比非独立悬架的小。

③ 独立悬架是与断开式车桥配用的，可以降低汽车的重心，提高汽车行驶的平顺性。

目前比较常见的独立悬架有麦弗逊式独立悬架、双叉臂式独立悬架和多连杆式独立悬架。

1）麦弗逊式独立悬架。麦弗逊式独立悬架目前在乘用车中应用广泛，其结构如图 3-45 所示，由减振器、螺旋弹簧、横摆臂、横向稳定杆（图中未画出）等组成。减振器与套在它外面的螺旋弹簧合为一体，构成悬架的弹性支柱，支柱上端与车身挠性连接，支柱的下端与转向节刚性连接。横摆臂的外端通过球头销与转向节的下部连接，内端与车身铰接。

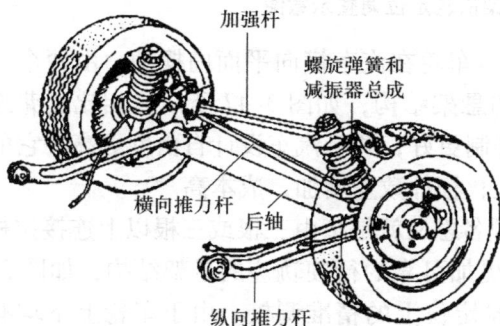

图 3-44　螺旋弹簧非独立悬架

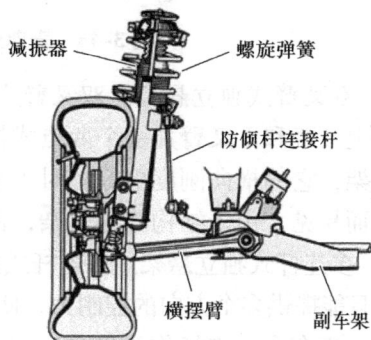

图 3-45　麦弗逊式独立悬架

麦弗逊式独立悬架没有传统的主销实体，主销轴线为上下铰接中心的连线。当车轮上下跳动时，下铰接中心随横摆臂摆动，因而主销轴线随之摆动。车轮沿着摆动的主销轴线运动。

　　麦弗逊式独立悬架具有结构紧凑、集成度高的优点，因此占用的空间更小，这也是为什么会被广泛应用在前悬架的原因之一——车身宽度相同的情况下，发动机舱空间可以更大，便于布置机械部分，车头吸能区域设计更自由，乘员舱空间表现更好。

　　当然，麦弗逊式独立悬架的缺点同样显而易见：受制于结构，它横向刚性较差；对车辆俯仰以及转向抑制不足。

　　前轮采用麦弗逊式独立悬架时，前轮各定位参数的变化较小，除前束可调整外，其他参数有的车型规定不可调整，有的车型则规定可以调整。常见的调整部位及调整方法如下。

　　①改变转向节与横摆臂外端的位置。如图3-46a所示，松开转向节球头销与横摆臂的连接螺栓，左右横向移动球头销及转向节，可以改变车轮外倾角。

　　②改变弹性支柱上支座的位置。如图3-46a所示，悬架的弹性支柱上支座用螺栓固定在车身上，松开螺栓，左右横向移动上支座，可以调整车轮外倾角。

　　③改变转向节上端的位置。如图3-46b所示，由减振器和螺旋弹簧组成的弹性支柱下端通过上、下两个螺栓与转向节上端固定，其中上螺栓经偏心轴销将两者连接在一起。转动上螺栓可使偏心凸轮转动，从而带动转向节上端左右横向（A向）移动，从而改变车轮外倾角。

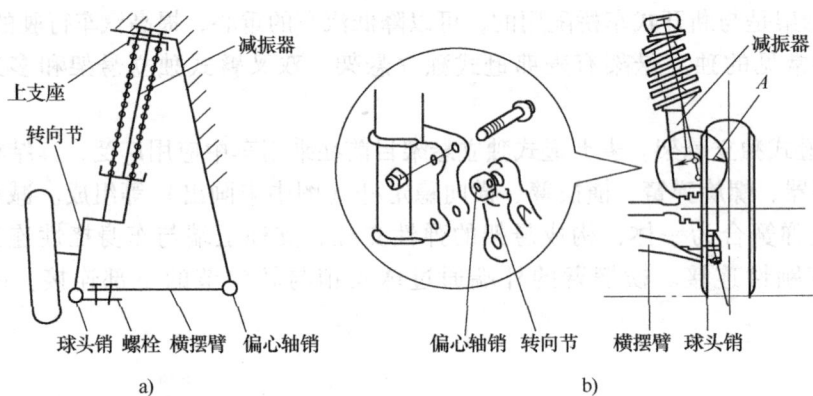

图3-46　麦弗逊式独立悬架前轮定位调整示意图

　　2）双叉臂式独立悬架。双叉臂式独立悬架是车轮在汽车横向平面内摆动，由两个三点式杆件上叉臂和下叉臂加一个两点式杆件构成的悬架结构，如图3-47所示。相比麦弗逊式独立悬架，它的横向刚度更好；对于车辆俯仰抑制更好，并且汽车设计自由度更高。它的缺点也显而易见，由于结构略显复杂，占用空间大；杆件数量增加，成本高。

　　3）多连杆式独立悬架。多连杆式独立悬架顾名思义就是指由三根或三根以上连接拉杆构成，并且能提供多个方向的控制力，使轮胎具有更加可靠的行驶轨迹的悬架结构，如图3-48所示。由于有多根连杆作为定位，可以实现车轮定位上的精准调校。由于车轮上下均有支承，它的结构强度要高于麦弗逊式独立悬架，而重量又小于双叉臂式独立悬架。当车辆转弯时，多连杆悬挂不仅能改变轮胎的外倾角，而且能改变前束角，达到"后轮随动转向"的效果。这种特性能够极大地提升车辆的操控性。另外，多连杆结构由于具备更好的支承性，它在抑制侧倾、降低因加速和制动所带来的抬头或点头现象也比麦弗逊式独立悬架更有优势；同时基于多连杆悬架结构本身更稳定的特性，工程师在调校悬架时被赋予更多的弹簧硬度调整空间，因而可以带来更好的舒适性。

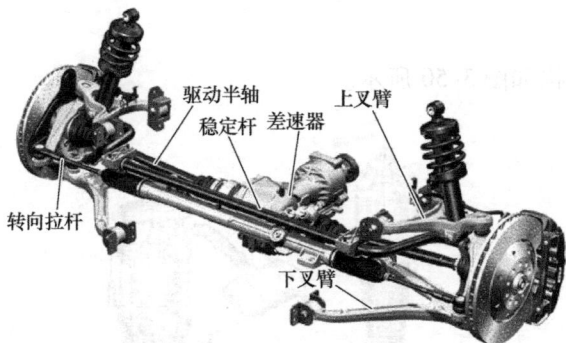

图 3-47　双叉臂式独立悬架　　　　　　　　图 3-48　多连杆式独立悬架

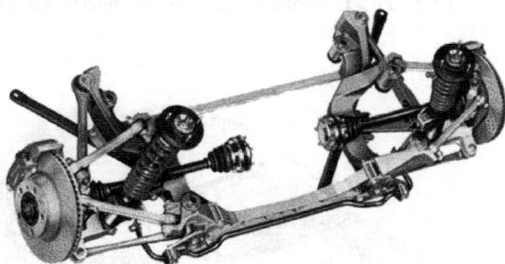

4. 悬架系统的检修

（1）车辆升起前的检查

1）检查减振器减振力。在车前、车后通过上下晃动车身确定减振器减振力的大小，并检查车身停止晃动的时间长短。

2）检查车辆倾斜。目视观察车辆是否倾斜。如果车辆倾斜还需检查轮胎气压、左右车轮的尺寸及车辆承载是否均匀。

（2）车辆升起后的检查

1）检查减振器。检查减振器是否有凹痕、是否漏油，检查防尘套是否有裂纹或损坏。

2）检查弹性元件。检查钢板弹簧或螺旋弹簧、扭杆弹簧等是否损坏。

3）检查其他部位。检查悬架的其他部位，如摆臂、稳定杆、推力杆等是否损坏。

4）检查连接情况。用手晃动悬架的主要元件，检查是否有磨损或松动。最后用扭力扳手将螺母或螺栓按规定力矩紧固。

3.3.3　自适应空气悬架系统

传统的悬架系统一般具有固定的弹簧刚度和减振器阻尼力，不能同时满足汽车行驶平顺性和操纵稳定性的要求。例如：降低弹簧刚度，平顺性会变好，使乘坐舒适，但由于悬架偏软会使操纵稳定性变差；而增加弹簧刚度会提高操纵稳定性，但较硬的弹簧又使车辆对路面的不平度很敏感，使平顺性降低。因此，理想的悬架系统应在不同的使用条件下具有不同的弹簧刚度和减振器阻尼力，这样既能满足平顺性的要求又能满足操纵稳定性的要求。自适应空气悬架系统就是这种理想的悬架系统。

下面以奥迪 A8 自适应空气悬架系统为例进行介绍。

1. 概述

奥迪 A8 轿车配备了全新开发的自适应空气悬架系统。此装置可以实时跟踪汽车当前的行驶状态，测得车轮和车身的运动状态，并在四个可选模式（自动模式、舒适模式、动态模式和高位模式）中实现不同的减振特性曲线。其每个减振器都可进行单独调控，因此在设定好的每种模式下均能保证汽车具有最佳的舒适性和行驶安全性。在模式的框架下，车身高度自动调控程序和减振特性曲线被整合成一个系统。该系统由四个弹簧/减振支柱组成，如图 3-49 所示。其中弹簧为空气弹簧，减振器为电控连续可调的双管式气压减振器。

2. 主要部件

（1）弹簧/减振支柱　弹簧/减振支柱的结构如图 3-50 所示。

图 3-49　奥迪 A8 自适应悬架系统

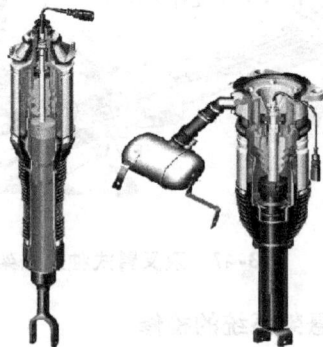

a) 前弹簧/减振支柱　　b) 后弹簧/减振支柱

图 3-50　弹簧/减振支柱

空气弹簧采用外部引导式，它被封装在一个铝制的圆筒内。为了防止灰尘进入，用一个皮碗密封活塞和圆筒之间的区域。为了保证行李箱具有尽可能大的可利用空间和最大的储物宽度，最大限度地减小了空气弹簧的直径。为了满足舒适性的要求，空气弹簧体积应最小。后空气弹簧使用一个与减振器相连的容器存储额外的空气。空气弹簧不仅替代了钢制弹簧，而且相对于钢制弹簧还有以下独特的优点。

① 不论载荷多大，车身固有频率基本保持恒定。

② 静态弹簧挠度与载荷无关，总是不变的（水平高度调节）。因此，与车身高度可变的车辆相比，车轮罩下车轮所需要的空间较小。

③ 在各种载荷状态下都能保持完整的压缩行程和伸长行程，提高了行驶稳定性。

④ 不会出现因载荷改变而使得前束和前轮外倾角改变的情况。

⑤ 由于偏转角小，球头磨损也较小。

⑥ 由于系统设计结构上的原因，理论上还可以充入压力更高的气体（承载可更大）。

⑦ 通过改变弹簧内的空气压力，可以实现不同的车辆高度（最小离地间隙）。

空气弹簧的特性曲线由弹簧的气体容积来确定。它决定特性曲线的走向，容积小的话，弹簧就较硬（特性曲线较斜）；容积大的话，弹簧就较软（特性曲线较平）。

空气弹簧使用了铝制气缸的新式外部引导性装置，减小了空气弹簧伸缩囊的壁厚。这样，在路面不平的情况下响应更加灵敏。

减振器为无级电子双管气压减振器。活塞上的主减振阀门通过弹簧机械预紧。在阀门上方安装有电磁线圈，连接导线经由活塞杆的空腔与外部连接。

衰减度（阻尼比）是用来衡量振动被减小快慢程度的一个量。在减振力恒定的情况下，悬架质量增大时，衰减度减小，这意味着振动衰减得要慢一些。理想的状况是：在所有载荷状况下，衰减度都能保持恒定。

减振力主要取决于阀门的通流阻力。流过的油的通流阻力越大，减振力也越大。当电磁线圈上没有电流作用时，减振力达到最大。减振力最小时电磁线圈上的电流大约为1800mA。在紧急运行时不对电磁线圈通电。这样就设定了最大减振力，并通过其来保证车辆行驶时动态稳定。

（2）空气压缩机　空气压缩机总成安装在发动机舱的左前方，如图 3-51 所示，这样可以避免工作噪声传入汽车内部，还能实现有效的冷却，提高压缩机的持续开启时间并且由此提高调控质量。为保护压缩机不至过热，在需要时（如气缸盖温度过高时）会将其关闭。最大系统静态压力为 16×10^5Pa。

（3）电磁阀组　电磁阀组包括压力传感器以及用于控制空气弹簧和储气罐的阀门。它安装在汽车左侧车轮外壳和 A 柱之间的车轮罩内。

（4）储气罐　储气罐位于汽车左侧行李箱底板和后部消声器之间。储气罐由铝材制成，其容积为 5.8L，最大工作压力为 16×10^5Pa。

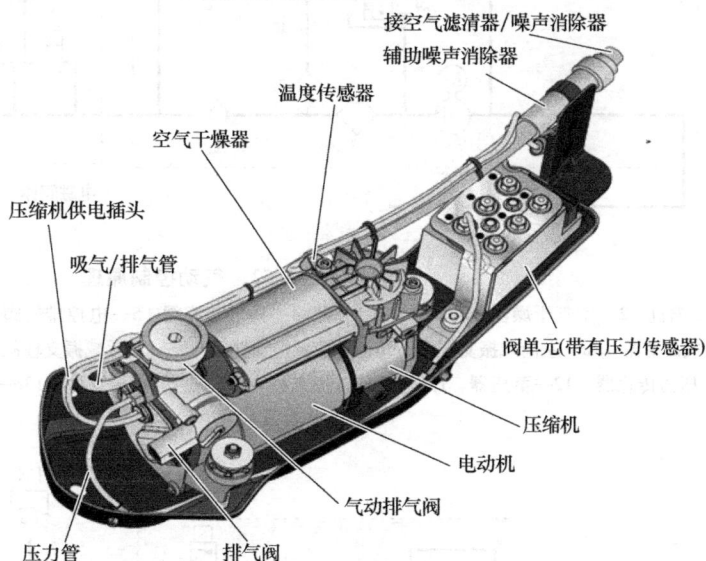

图 3-51　空气压缩机总成

系统布局的目的是在保证功能要求的前提下尽可能地降低能耗（压缩机打开的阈值设置为最小）。要使调控动作仅通过压力存储器进行，在储气罐和空气弹簧之间必须有一个最小为 3×10^5Pa 的压差。

（5）传感器

1）压缩机温度传感器用于探测压缩机气缸盖的温度。它的电阻随温度的升高急剧降低。此电阻的变化由控制单元处理。空气压缩机最大运行时间取决于当前温度。

2）压力传感器根据电磁阀的控制情况，用于测量前桥和后桥弹簧支柱或储气罐间的压力变化情况。

3）车身加速度传感器用于对每种行驶状态实行最理想的减振调控，为此必须知道车身运动（簧载质量）和车轴运动（非簧载质量）的时间曲线。使用三个传感器测量车身的加速度。其中有两个位于前桥的弹簧支柱拱顶上，第三个位于右后轮罩内。通过处理车身高度传感器信号来获取车轴部件（非簧载质量）的加速度。

4）车身高度传感器有四个，这四个传感器在结构上相同，支架和连接杆位于车轴的侧面和特定的位置上，传感器测得悬臂和车身之间的距离并由此测得车辆的高度状态。

（6）控制单元　电子控制悬架系统的核心元件为控制单元。它安装于车内储物箱前，用于处理其他总线部件的相关信息和独立的输入信号；处理生成控制信号，这些信号用于控制压缩机、电磁阀和减振器。

气动控制原理如图 3-52 所示，进气过程如图 3-53a 所示，排气过程如图 3-53b 所示。

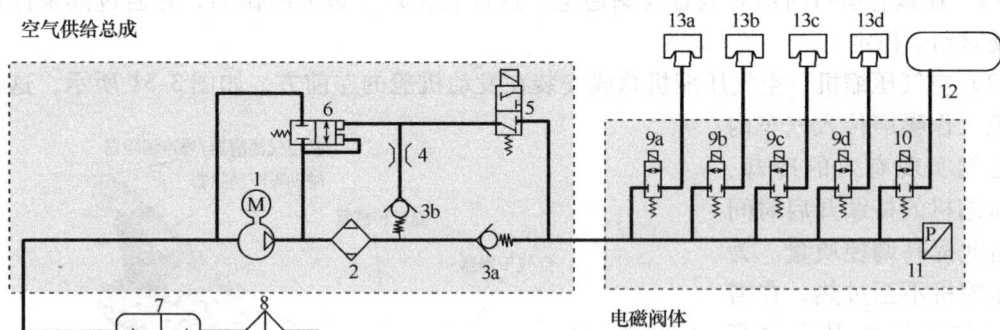

图 3-52　气动控制原理

1—压缩机　2—空气干燥器　3a、3b—单向阀　4—排气节流阀　5—电控排气阀　6—气动排气阀　7—辅助消声器
8—空气滤清器　9a—左前减振支柱阀　9b—右前减振支柱阀　9c—左后减振支柱阀　9d—右后减振支柱阀　10—蓄压器阀
11—压力传感器　12—蓄压器　13a—左前减振支柱　13b—右前减振支柱　13c—左后减振支柱　13d—右后减振支柱

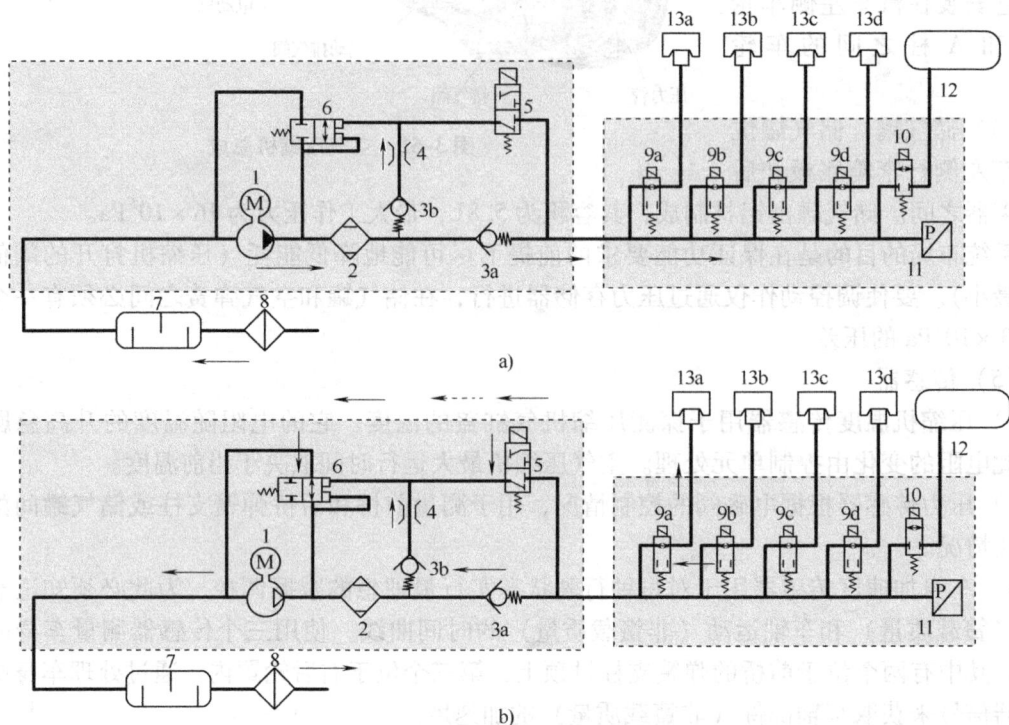

图 3-53　气动控制原理图

注：图注如图 3-52 所示。

3. 调控方案

（1）普通调控方案　车身高度调控主要是调节同一车桥上左右两侧的高度差（例如由

于单侧负载引起的）。车身高度调节次序如图3-54所示。提升时首先后桥被提升，然后是前桥；降低时首先前桥被降低，然后是后桥。设置这个顺序的目的是在前照灯照明距离调节装置失灵的情况下，避免前照灯在悬架调控时导致其他路人眩目。

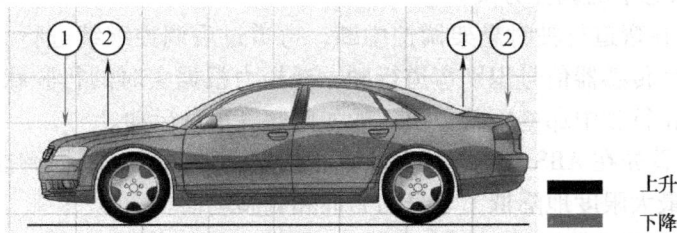

图 3-54　车身高度调节次序

对于奥迪 A8 轿车来说，可以选择标准型底盘自适应空气悬架和运动型底盘自适应空气悬架两种。

1）标准型底盘调控方案。可以手动或自动选择以下模式。

①"自动"模式。目标车身高度以舒适性为目标，沿着相应的减振曲线自适应调控。以超过 120km/h 的速度行驶 30s 后车身高度下降 25mm。通过降低车身高度能够有效改善汽车的空气动力性，并且能够降低燃油消耗。当车速低于 70km/h 的行驶时间超过 120s 或车速低于 35km/h 时又自动提升至标准车身高度。

②"舒适"模式。车身高度与"自动"模式一样，在低速范围内减振功能比"自动"模式弱。"舒适"模式以比"自动"模式更舒适为依据进行调控，相对"自动"模式来说乘坐舒适性有进一步提升。

③"动态"模式。车身高度比"自动"模式降低了 20mm。控制曲线自动调整为运动型减振特性曲线。以超过 120km/h 的速度行驶 30s 后车身继续下降 5mm。在整个车速范围内设定了一条严格的减振特性曲线。当车速低于 70km/h 的行驶时间超过 120s 或车速低于 35km/h 时，又自动提升至运动型车身标准高度。

④"高位"模式。此模式只在车速小于 80km/h 时才能选用。从 100km/h 开始此模式自动退出，然后调控为先前所选模式（"自动""动态"或"舒适"）。即使车速以后再次低于 80km/h，也不再自动运行"高位"模式。相对于"自动"模式，"高位"模式下车身高度上升了 25mm，与"自动"模式一样具有舒适性调整。

2）运动型底盘调控方案。该方案与标准型底盘调控方案的区别是：弹性和减振以运动型为依据进行调控，在车速小于 120km/h 时"自动""动态"和"舒适"模式下的车身高度位置相同，但减振特性曲线不同，车身标准高度比标准型底盘调控方案低 20mm。

①"自动"模式。车身标准高度相当于标准型底盘调控方案的"动态"模式，带有相应减振特性曲线以运动型为依据进行调控，比"动态"模式更舒适。以超过 120km/h 的速度行驶 30s 后车身高度再下降 5mm。

②"动态"模式。车身高度和运动型底盘调控方案"自动"模式一样，带有相应减振特性曲线的运动型调整。从 120km/h 开始行驶 30s 后车身高度下降 5mm。

③"舒适"模式。车身高度和运动型底盘调控方案的"自动"模式一样，在低速范围内减振比"自动"模式更低。不能自动进行"高速公路车身降位"。

④"高位"模式。相对于运动型底盘调控方案的"自动"模式来说，车身高度上升了25mm，以运动型为依据进行调控。相对于标准型底盘调控方案的标准车身高度提高了5mm。

3）特殊运行状态下的调控方案。

① 弯道行驶。在弯道行驶时悬架调控中断，弯道过后调控继续进行。通过转向角传感器信号和横向加速度传感器信号识别弯道行驶。减振力根据实时的行驶状况进行自动调节。因此，能够有效防止行驶中那些不希望出现的如侧倾等车身运动。

② 制动过程。首先在 ABS、ESP 制动时引入减振调控功能，减振调控取决于受控制的制动压力，因此，最大限度地降低了车身的俯仰和侧倾运动。

③ 起步过程。在起步过程中由于车身的质量惯性，汽车首先存在俯仰运动。通过合适的、与当前状态匹配的减振力能将这些运动限制在最小的程度。

④ 预动和随动模式。调控行车前或点火开关打开前相对于额定高度的偏差。在一定情况下通过操作车门、行李箱盖或 15 号线能将系统从睡眠模式唤醒并进入预动模式。例如，点火开关关闭之后，在随动模式下调控由于乘员下车或卸载而造成的车身高度差。

⑤ 睡眠模式。在进入随动模式 60s 后没有输入信号的情况下，系统进入保证能量节约的睡眠模式。2.5h 和 10h 后睡眠模式将短时间关闭，以便再次检查车身高度状况。在一定情况下与额定值的高度差异通过存储器得以补偿，例如通过冷却空气弹簧内的气体来补偿。

⑥ 升降台模式。通过对车身高度传感器信号的处理以及静止车辆控制的持续时间来识别升降台运行状态。没有故障被写入故障存储器。此模式不会通过指示灯显示。

⑦ 车辆千斤顶的使用（维修模式）。使用车辆千斤顶时必须关闭调控系统。通过操作多媒体交互系统（MMI）系统中菜单的控制按钮 CAR→SETUP 来完成。此模式可以通过在 MMI 中设置转入非激活状态，也可以通过以 15km/h 的速度行驶转入非激活状态。

⑧ 挂车运行状态。在挂车与拖车建立电气连接时，挂车运行状态会被自动识别。使用 SETUP 按键可调用系统状态。在一定情况下使用 MMI 控制按钮可激活系统状态。对于标准型底盘来说在挂车运行状态下无法选择"动态"模式。

4. 指示警告

（1）车身高度最低位　通过高度低位指示灯以及警告灯的闪烁显示车身高度最低位（低于正常水平高度65mm以上）。车身高度最低位可能在车辆长时间静止后出现。

（2）车身高度最高位　通过警告灯的闪烁显示车身高度最高位（高于正常水平高度50mm以上）。在重物卸载时可能出现短时间的车身高度最高位。

【小　结】

1. 车桥位于悬架与车轮之间，其两端安装车轮，通过悬架与车架（或车身）相连；其功用是传递车架（或车身）与车轮之间的各种载荷。

2. 转向桥主要由前梁、转向节和主销等组成。

3. 转向轮定位包括车轮外倾、主销后倾、主销内倾及前束四个参数。

4. 轮胎的功用：支撑汽车的质量，承受路面传来的各种载荷的作用；和汽车悬架共同缓和汽车行驶中所受到的冲击，并衰减由此产生的振动，以保证汽车有良好的乘坐舒适性和行驶平顺性；保证车轮和路面有良好的附着性，以提高汽车的动力性、制动性和通过性。

5. 直接式轮胎压力监测系统是利用安装在轮胎上的压力传感器来测量轮胎的气压和温度的，它利用无线发射器将压力信号从轮胎内部发送到中央接收器模块上，然后对轮胎气压数据进行显示。

6. 悬架是车架（或车身）与车桥（或车轮）之间一切传力连接装置的总称。一般都由弹性元件、减振器、导向机构等组成。

7. 自适应空气悬架系统在不同的使用条件下具有不同的弹簧刚度和减振器阻尼力，这样既能满足汽车平顺性的要求又能满足汽车操纵稳定性的要求。

【课后练习题】

1. 车桥的作用有哪些？
2. 四轮定位参数对汽车性能有哪些影响？
3. 说明车轮定位参数的检测与调整方法。
4. 轮胎的作用有哪些？
5. 轮胎的检查项目有哪些？
6. 怎样检查轮胎的动平衡？
7. 独立悬架与非独立悬架各有哪些特点？
8. 试举例比较各种独立悬架的优缺点。
9. 说明奥迪A8自适应悬架系统的控制功能。
10. 说明车轮拆装方法。
11. 说明减振器拆装方法。

第4章

CHAPTER 4 汽车转向系统的结构、原理与维修

【知识目标】

1. 了解汽车转向系统的功用、类型及轿车转向系统的基本组成。
2. 掌握动力转向系统的组成、主要部件的结构及工作原理。
3. 了解电子控制动力转向系统的组成和工作原理。

【技能目标】

1. 能够安全准确地从实车上拆装助力转向系统的各组成部分。
2. 能拆解并检修转向系统的主要零件。
3. 可以对转向系统进行常见保养项目的检查。

【案例导入】

2014 年 11 月外媒报道，美国政府安全调查机构宣布展开了对 2013 款本田雅阁汽车电动助力转向系统突然失效造成的多起事故的调查。截至当年 11 月，该故障已经造成了大约 24 起事故投诉。据悉，该故障影响的本田雅阁汽车大约有 37.4 万辆，其中有四起事故明确是该故障造成的，并且事故发生时车辆的速度低于 30mile/h（约合48km/h）。

美国国家公路交通安全管理局称，初步的调查结果显示，雅阁的助力转向系统在工作中出现了突然失速和突然提速的情况，其中有大约 13 起事故中车辆的动力转向警告灯发送了警告警示。在出现故障时，一些车主通过关掉汽车发动机再重新起动消除了故障现象。然而有部分车主在采取相同方法时，故障现象仍然存在。

由上述报道可见，转向系统对行车安全非常重要。那么转向系统是由哪些部分组成的呢？又是怎样工作的呢？

汽车转向系统的作用是用来控制汽车行驶方向的，使汽车能够按照驾驶人的意愿改变其行驶方向及保持直线行驶。汽车转向时，驾驶人通过操纵转向盘使转向车轮绕主销偏转相应的角度，当达到驾驶人预期的行驶方向时回正转向盘，使转向车轮回位并

在新的行驶方向上直线行驶。汽车上的这套由驾驶人操纵、转向轮偏转和回位的控制机构称为汽车转向系统。

汽车转向系统按照其转向能源及控制方式的不同分为机械转向系统、液压助力转向系统、电控液压助力转向系统和电动助力转向系统四种。其中，机械转向系统主要以驾驶人的体力作为转向能源；而后三种兼用驾驶人体力和发动机（或电动机）的动力作为能源，属于助力转向系统，是在机械转向系统的基础上加设一套转向助力装置形成的，改善了机械转向系统转向沉重、操作费力的缺点，在各类车辆上广泛应用。机械转向系统是助力转向系统的一部分，故本书将机械转向系统包含在液压助力转向系统中进行介绍。

4.1　液压助力转向系统

液压助力转向系统（Hydraulic Power Steering，HPS）是在机械转向系统的基础上加设一套液压助力装置而形成的兼用驾驶人体力和发动机动力的转向系统。液压助力转向系统从诞生发展至今已有一百多年的历史，因其技术成熟、可靠性高、制造成本低等优点广泛应用于中低档轿车、客车、货车等各类车型上。

4.1.1　液压助力转向系统的结构及工作原理

液压助力转向系统主要由转向操纵机构、转向器及转向传动机构组成的机械装置部分和液压泵、转向控制阀、助力液储液罐、液压管路等液压助力控制两大部分组成。图 4-1 所示为液压助力转向系统的组成。汽车向左转向时，驾驶人逆时针转动转向盘 1，对转向盘施加转向力，转向盘通过转向轴将力传递到转向器 4，转向器将转向力成倍增加，增加后的转向力矩输出到转向横拉杆 3，通过左右两侧转向横拉杆 3 传递到两侧车轮转向节臂，转向节臂通过转向节连接两侧车轮，使两侧车轮同时按一定偏转角度关系向左偏转。与此同时，转向轴拉动转向控制阀 5 中的滑阀，使转向助力缸的左腔与液面压力为零的转向助力液储液罐 7

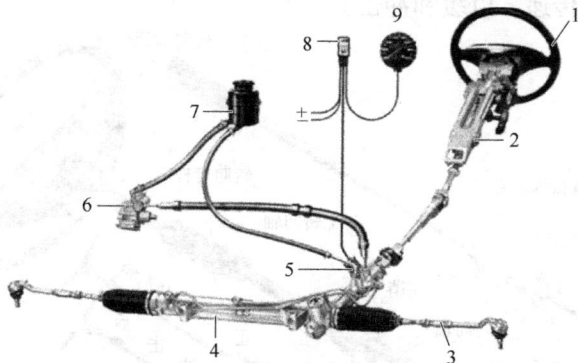

图 4-1　液压助力转向系统

1—转向盘　2—可调式转向柱　3—转向横拉杆　4—液压助力齿轮齿条转向器
5—转向控制阀　6—液压助力泵　7—助力液储液罐　8—控制单元　9—车速表

接通，转向助力缸的右腔与液压助力泵 6 输出的高压油接通，右腔压力大于左腔，转向助力缸的活塞在向左的液压作用力下将压力（转向助力）经推杆施加在转向横拉杆上，使之左移。汽车右转同理。这样，驾驶人施加于转向盘上很小的转向力矩，便可克服地面作用于转向轮上的转向阻力矩，达到省力轻便的目的。

1. 转向操纵机构

转向操纵机构的作用是将驾驶人作用在转向盘上的力矩传递到转向器，包含转向盘到转向器之间的所有零部件，这些零部件通常有转向盘、转向轴、转向管柱及其吸能装置。

（1）转向盘　如图 4-2 所示，转向盘通过轮毂的细牙内花键与转向轴连接。转向盘上都装有喇叭按钮，有些轿车的转向盘上还装有车速控制开关、安全气囊、多媒体操作按钮等，即广泛应用在轿车上的多功能转向盘。

转向盘的位置是可调的，有电动和手动调节两种形式，均可对转向盘进行上下及前后调节。上下调节是调节转向盘的垂直距离，前后调节是调节转向盘轴线上的长短。驾驶人可根据自己的身材进行调节，保证舒适的驾驶空间。

（2）转向轴、转向柱管及其吸能装置　转向轴是连接转向盘和转向器的传动件，转向柱管固定在车身上，转向轴从转向柱管中穿过，支撑在柱管内的轴承和衬套上。

轿车除要求装有吸能式转向盘外，还要求

图 4-2　转向盘的结构

转向柱管必须装备能够缓和冲击的吸能装置。转向轴和转向柱管吸能装置的基本工作原理是：当转向轴受到巨大冲击而产生轴向位移时，通过转向轴产生错位、转向柱管或支架产生塑性变形等方式吸收冲击能量。

1）转向轴错位缓冲。图 4-3 所示是桑塔纳轿车的转向盘和转向轴结构，转向轴由上下两部分组成，正常情况下，上下转向轴通过柱销连接传递转向力，发生碰撞受到猛烈冲击后从柱销处断开中断力的传递，以缓和冲击。

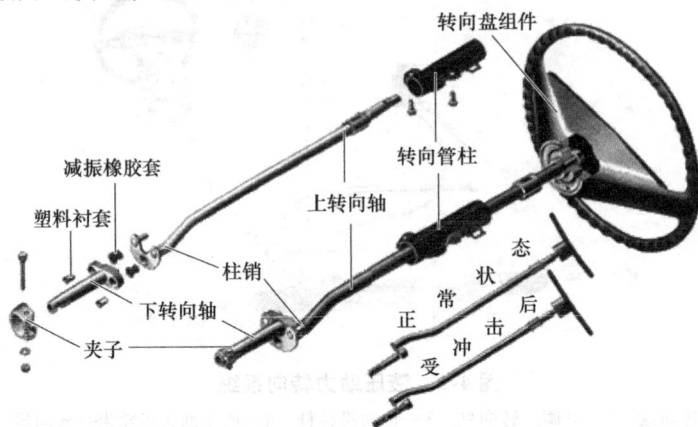

图 4-3　桑塔纳轿车转向盘与转向轴

2）转向轴错位和支架变形缓冲。如图 4-4 所示，马自达 6 轿车转向柱管吸能装置的工作原理是：发生碰撞时，转向器向后移动，下转向传动轴插入上转向传动轴的孔中，上转向传动轴被压扁，吸收了冲击能量。此外，转向柱管通过支架和 U 形金属板固定在仪表板上，当驾驶人身体撞击转向盘后，转向管柱和支架将从仪表板上脱离下来向前移动。这时，一端固定在仪表板上而另一端固定在支架上的 U 形金属板就会产生扭曲变形并吸收冲击能量。

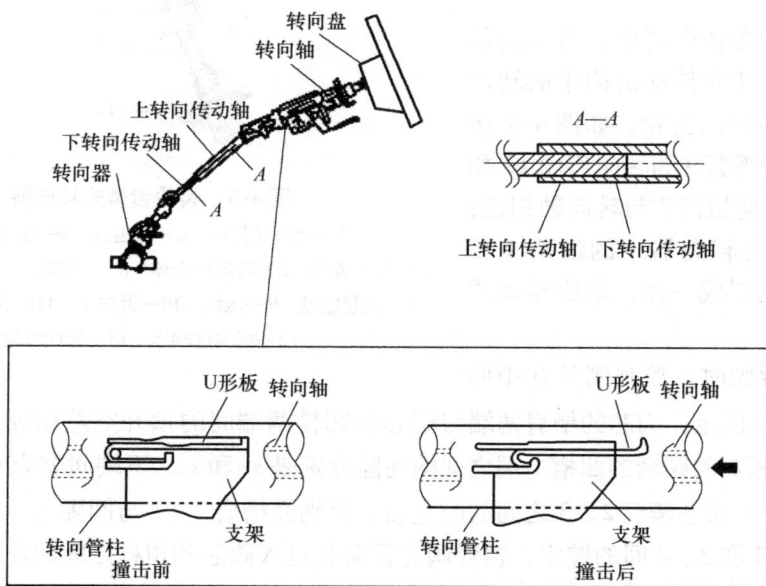

图 4-4　马自达 6 轿车转向管柱吸能装置

2. 液压助力转向器

（1）齿轮齿条式液压助力转向器　齿轮齿条式液压助力转向系统在轿车上广泛应用，其液压助力转向器的结构如图 4-5 所示，由液压缸、活塞、转向控制阀和油液管路等组成的液压控制部分和齿轮齿条等组成的机械结构两部分组成。两部分相辅相成，相互叠加，共同形成使车轮转向的力。

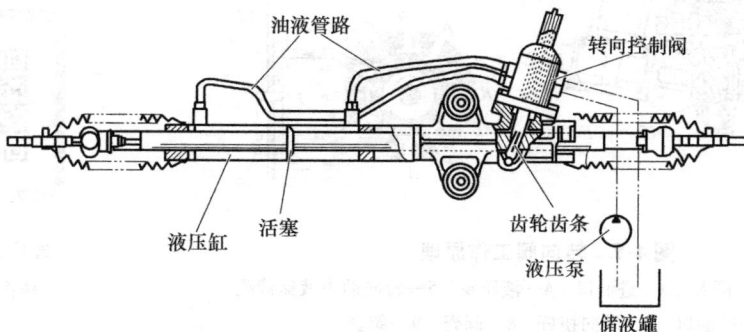

图 4-5　齿轮齿条式液压助力转向器

齿轮齿条式液压助力转向器的机械结构部分如图4-6所示,转向齿轮13通过转向齿轮轴11与转向轴相连,转向齿条4与转向横拉杆1相连,通过齿轮齿条的减速增扭作用,将驾驶人作用在转向盘上的力矩增加后成为能使转向车轮偏转的力矩。

控制阀集成在转向器中,与转向器制成一体,连接转向传动机构中的转向轴和转向器中的转向齿轮,如图4-7所示,控制阀中的阀套9和转向齿轮12相连,阀芯2和转向扭杆7与转向轴相连;液压助力缸15与转向器中的齿条1相连,与转向器也制成一体,形成整体式助力转向器。

汽车直线行驶时,控制阀处在中间

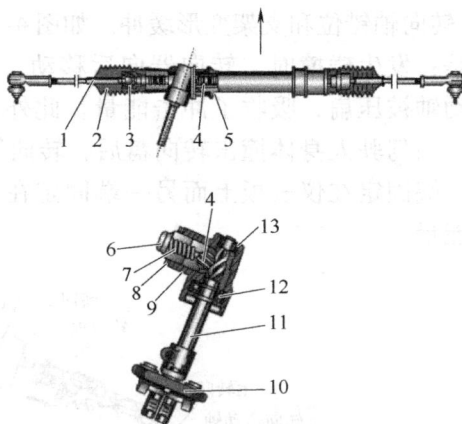

图4-6 齿轮齿条式转向器

1—转向横拉杆 2—防尘套 3—球头座
4—转向齿条 5—转向器壳体 6—调整螺塞 7—压紧弹簧
8—锁紧螺母 9—压块 10—万向节 11—转向齿轮轴
12—深沟球轴承 13—转向齿轮

位置,如图4-7a所示,阀芯的槽肩两端与阀套的凹槽两端间的预开空隙相等,设阀芯的槽肩2、3上端与相对的阀套的凹槽上端之间的间隙分别是s_1和s_3,下端间隙为s_2和s_4。液压泵输出的油液进入阀芯槽肩2、3之间的腔室后,分别经槽肩2、3与间隙s_2、s_3和s_1、s_4进入阀芯槽肩1、2和3、4间的腔室,再经阀芯径向孔进入阀芯和扭杆之间的环形腔,流回储油罐。由于液压助力缸左腔14和右腔13压力相等无压差,故不产生助力作用。

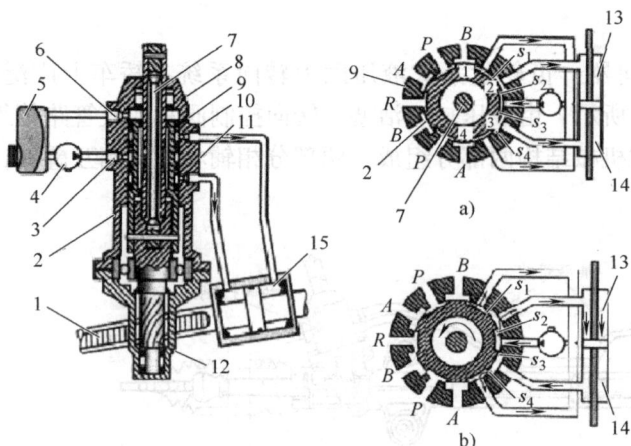

图4-7 转向阀工作原理

1—齿条 2—阀芯 3—进油口 4—液压泵 5—转向助力液储液罐
6—回油口 7—转向扭杆 8—阀壳 9—阀套
10—油口A 11—油口B 12—转向齿轮 13—液压缸右腔
14—液压缸左腔 15—液压助力缸

扫一扫

齿轮齿条式液压助力转向系统中转向阀的工作原理

当汽车左转向时，转向盘通过转向轴带动阀芯 2 及转向扭杆 7 一起左转，同时，转向扭杆还要带动转向齿轮 12 和阀套 9 转动，如图 4-7b 所示，由于地面转向阻力的作用，转向开始时两者都不能转动，转向扭杆在转向力矩的作用下产生扭转变形，使阀芯和阀套之间产生相对转动，使 s_1 和 s_3 减小，s_2 和 s_4 增大；液压泵 4 输出的助力液经 s_2 进入助力缸右腔，助力缸活塞和齿条相连，推动齿条向左运动使车轮向左偏转；同时助力缸右腔的油液经 s_4 进入阀芯槽肩 3、4 间的腔室，再经环形腔流回转向助力液储液罐 5。

转向时，阀芯与阀套间的瞬时相对角位移随驾驶人作用在转向盘的力矩变化而变化。当驾驶人增加作用在转向盘上的力矩时，阀芯与阀套之间瞬时相对角位移增大，阀芯与阀套之间油液的流量增大，使得助力缸左、右腔的压差增大，从而增加转向助力，同理，若驾驶人减小作用在转向盘上的力矩时转向助力减小；当转向盘停在某一位置不再转动时，阀套与阀芯的相对转角保持不变，助力缸两腔的压差保持恒定，油压助力与转向阻力平衡，车轮维持在某一转向位置上。转向控制阀的这种控制原理称作"渐进随动原理"。

转向后回正时，驾驶人放松转向盘，阀芯在扭杆的带动下回到中间位置，即阀芯与阀套之间的相对转角消失，液压助力系统不起助力作用，此时转向轮在回正力矩的作用下自动回位。一旦液压助力装置失效，该助力转向器即变成机械式转向器。此时若转动转向盘，阀芯也随之转动，并通过扭杆带动阀套和转向齿轮转动，以保证汽车能够转向。

汽车右转时的工作过程类似于向左转向，这里不再赘述。

（2）循环球式液压助力转向器　循环球式液压助力转向系统在中、大型商用汽车上应用较多，在一些越野车型，如奔驰 G 级、吉普牧马人、切诺基、丰田兰德酷路泽、三菱帕杰罗等中也比较常见。循环球式液压助力转向器的左部为循环球转向器及转向助力缸，右部为转向控制阀部分，其结构如图 4-8 所示。循环球式液压助力转向器的机械结构如图 4-9 所示，有两级传动副，第一级是螺杆螺母传动副，第二级是齿条齿扇传动副，主要由转向螺母、转向螺杆、齿扇和很多小钢球等零件组成。这些小钢球被放置在转向螺母和转向螺杆之间的密闭管道内，起到将螺母和螺杆之间的滑动摩擦转变为阻力较小的滚动摩擦的作用。当驾驶人转动转向盘时，与转向盘转向轴相连的转向螺杆 8 随之转动，转向螺杆套在转向螺母内，推动转向螺母向左或向右转动移动，使与之外啮合的齿扇转动，带动与之相连的摇臂轴 5 及转向节等使车轮发生偏转实现转向。在这个过程中，这些钢球 2 就在转向螺母和转向螺杆之间的密闭管道里循环往复地滚动，这就是循环球式转向器得名的原因。

循环球式液压助力转向器的液压控制部分由转向助力缸和转向控制阀等组成。如图 4-8 所示，转向器壳体 1 兼作助力缸，转向器中转向螺母 2 兼起助力缸活塞的作用。转向控制阀 5 阀套与转向螺杆 6 制成一体，转向扭杆 3 的两端通过定位销分别与转向螺杆 6 和阀芯固定，转向器的进油环槽 Q、左腔环槽 L、右腔环槽 R 和回油环槽 H 均在转向器的右盖 A 上，左腔环槽 L 经右盖及壳体 1 上的孔与助力缸左腔相连（图中未画出），而助力缸右腔通过螺杆上的油孔与转向控制阀中右腔环槽 R 相连通。

扫一扫

齿轮齿条式液压助力转向器的工作原理

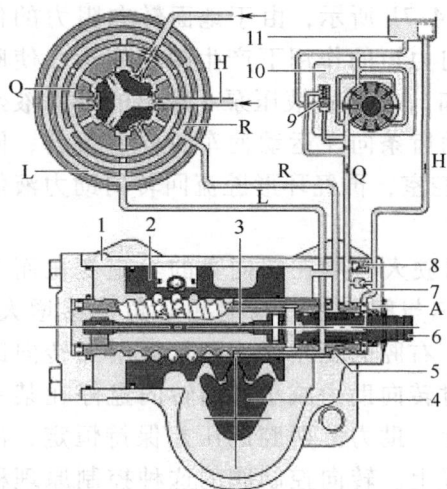

图 4-8　循环球式液压助力转向器的结构

1—壳体　2—转向螺母　3—转向扭杆　4—齿扇
5—转向控制阀　6—转向螺杆　7—单向阀
8—限压阀　9—溢流阀　10—转向助力泵
11—储液罐　L—左腔环槽　R—右腔环槽
Q—进油环槽　H—回油环槽

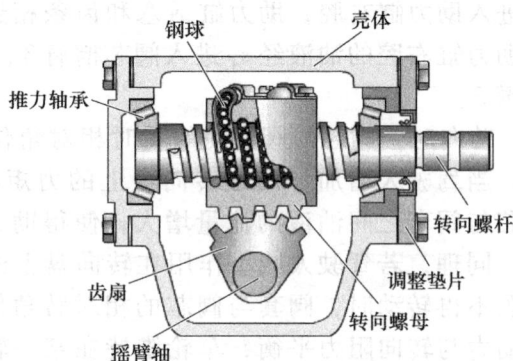

图 4-9　循环球式液压助力转向器
的机械结构

转向器阀芯和阀套的结构如图 4-10 所示，与前面介绍的齿轮齿条式液压助力转向器的控制阀结构和工作原理基本相同。

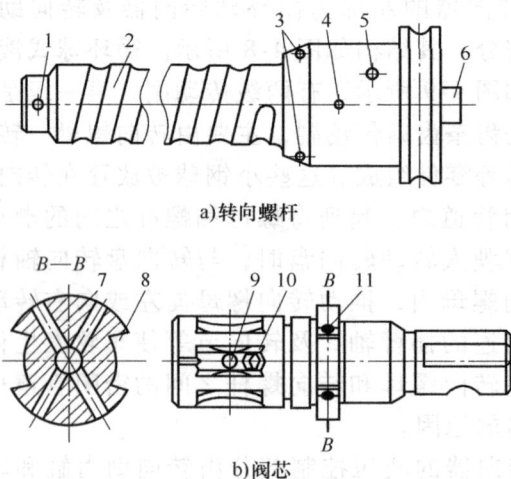

a)转向螺杆

b)阀芯

图 4-10　转向器阀芯和阀套的结构

1、9—定位销孔　2—阀套（转向螺杆）　3—右腔油孔　4—左腔油孔　5—进油孔
6—定位凸起　7—阀芯　8—定位缺口　10、11—回油孔

在图 4-10 中，阀芯上有一个连通进油高压腔和回油低压腔的斜向阶梯孔，孔中放入钢球构成单向阀。正常工作时，该单向阀关闭；在转向助力系统液压泵不能供油的情况下，若发动机停止工作，则向右转动转向盘时，转向助力缸活塞向右移动，使左腔中出现真空，在没有单向阀的情况下，左腔的真空会带动液压泵旋转而从储油罐中吸油，这就造成液体的阻力阻碍活塞运动，使得此时操纵转向盘比纯机械式转向系统更沉重。而有了此单向阀时，活塞移动造成的转向助力缸两腔的压差使单向阀开启，油液直接从回油腔进入进油腔，使转向阻力减小。该单向阀有时也称为短路阀。

驾驶人在转向时存在一种极限情况，即转向器活塞 2 移至极限位置后，若驾驶人仍继续沿原来方向转动转向盘，则助力缸中将产生过高的压力而易造成助力转向系统有关零部件损坏。为避免此现象的发生，图 4-11 所示的助力转向器的活塞中安装了由阀杆、球阀组成的限位阀。当向右转动转向盘时，活塞左移，转向器右腔为高压，左腔为低压。当活塞左移至设定的极限行程时，壳体上的阀杆顶开球阀，助力缸左右腔相通，右腔压力迅速降低。同理，当活塞右移至设定的极限行程时，螺杆左端的阀杆顶开球阀，使左腔卸压。

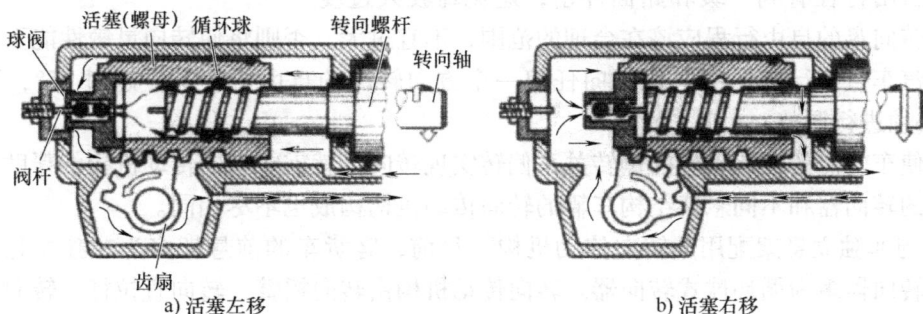

a) 活塞左移　　　　　　　　　　　　b) 活塞右移

图 4-11　助力转向器限位卸压原理

以上介绍的两种液压助力转向系统不工作（即转向盘在中间位置不转动）时，液压泵空转，油液不断流动，称为常流式；若无论转向盘处于何种位置（中间、左右转或静止），系统管路中的油液总是保持高压状态，则称该系统为常压式。常流式比常压式转向器功率消耗小。因为减少了蓄能器，使结构变得简单，故现在大部分汽车采用常流式助力转向器。

扫一扫

循环球式液压助力
转向器的工作原理

3. 转向传动机构

（1）汽车转向时两侧转向轮偏转角的理想关系　转向传动机构是从转向器到转向轮之间所有传动杆件的总称，它的作用是将转向器输出的力和运动传到转向桥两侧的转向节，使转向轮绕主销偏转。同时，为保证汽车转向时内外两侧车轮与地面间的相对滑动尽可能小，减轻轮胎磨损，两转向轮偏转角应按一定关系变化，理想的关系是转向系统能保证所有车轮均做纯滚动，即所有车轮轴线的延长线都要相交于一点，如图 4-12 所示，存在如下关系：

$$\cot\alpha = \cot\beta + B/L$$

式中，α、β——内外侧转向轮的偏转角（°）；

B——两侧主销轴线与地面相交点之间的距离（m）；

L——汽车轴距（m）。

（2）转向系统的传动比和转向盘的自由行程　无论是何种形式的转向系统，最终都是要达到通过操纵转向盘使转向轮偏转的目的。

1）转向系统角传动比。转向盘转角增量与同侧转向节相应转角增量之比 i_ω 为转向系统角传动比。

2）转向系统的力传动比。两个转向轮受到的转向阻力与驾驶人作用在转向盘上的手力之比 i_p 称为转向系统的力传动比，它与角传动比 i_ω 成正比。

通常，轿车转向系统的角传动比在 16:1 和 18:1 之间，即如果要让转向车辆转动 1°转向盘要转动 16°~18°。

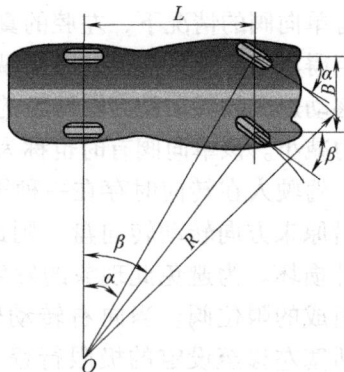

图4-12　双轴汽车转向时两侧
转向轮偏转角的理想关系

转向盘在空转阶段的转角行程称为转向盘的自由行程。转向盘的自由行程有利于缓和路面冲击，避免驾驶人过度紧张，但转向盘的自由行程应该在合理的范围，不宜过大，否则将使转向灵敏性能下降。一般来说，汽车直线行驶的中间位置向任何一个方向转动的自由行程不应超过 15°，当超过 15°时，必须进行调整。

要想使车轮能按上述理想的偏转关系偏转实现转向，就需要转向传动机构的帮助，然而不同形式的转向器和不同悬架结构车辆的转向传动机构构成也不尽相同。

（3）与非独立悬架配用的转向传动机构　目前，客货车的前悬架多为非独立悬架，与之配用的转向器多为循环球式转向器。转向传动机构由转向摇臂、转向直拉杆、转向节臂和转向梯形等零部件共同组成，其中转向梯形由梯形臂、转向横拉杆和前梁共同构成，转向梯形常见的布置形式如图 4-13 所示。

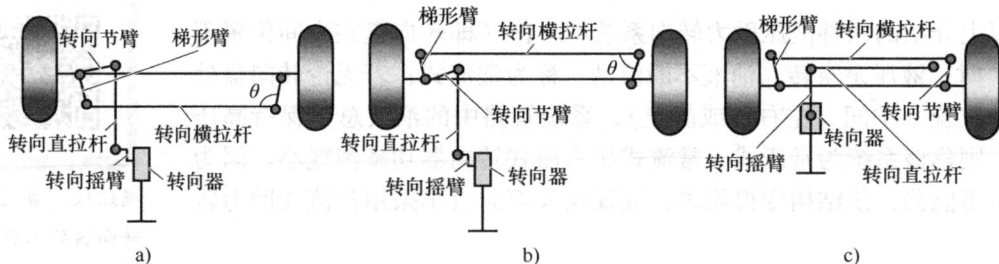

图4-13　转向梯形常见的布置形式

1）转向摇臂。循环球式转向器通过转向摇臂与转向直拉杆相连。转向摇臂的大端用带锥变的三角形细花键与转向器中摇臂轴的外端连接，小端通过球头销与转向直拉杆做空间铰链连接，转向摇臂的结构如图 4-14 所示。

2）转向直拉杆。转向直拉杆是转向摇臂与转向节臂之间的传动杆件，具有传力和缓冲作用。在转向轮偏转且因悬架弹性变形而相对于车架跳动时，转向直拉杆与转向摇臂及转向节臂的相对运动都是空间运动，为了不发生运动干涉，三者之间的连接件都是球形铰链，如

图 4-15 所示。

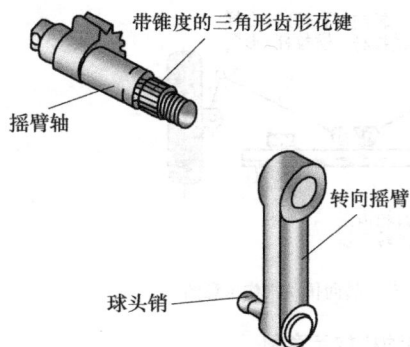

图 4-14　转向摇臂的结构

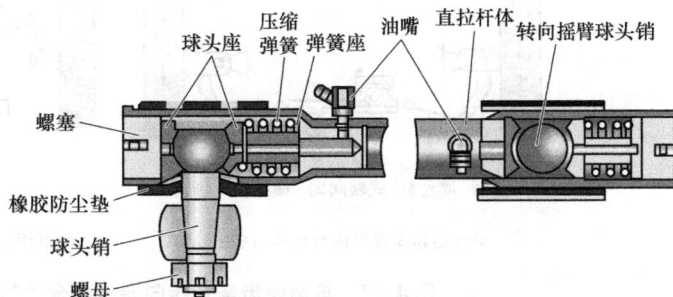

图 4-15　转向直拉杆的结构

3）转向横拉杆。转向横拉杆是转向梯形机构的底边，由横拉杆体和旋装在两端的横拉杆接头组成。其特点是长度可调，通过调整横拉杆的长度，可以调整前轮前束。前轴及转向横拉杆的常见结构如图 4-16 所示。

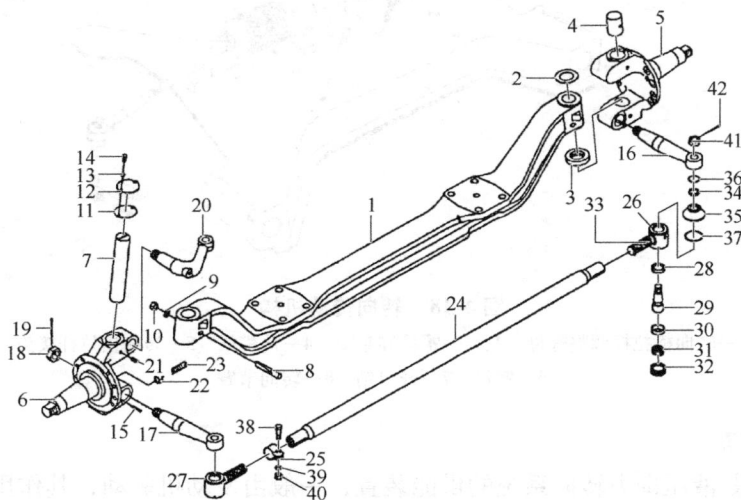

图 4-16　前轴及转向横拉杆

1—前轴　2、3、30—调整垫片　4、7—连接销　5—右转向节　6—左转向节　8、9、10—开口销及螺母
11、12、13、14、15、31、41、42—密封圈　16—右转向梯形臂　17—左转向梯形臂　18、19—螺母及垫圈
20—转向直拉杆　21、22、23—开口销及螺母　24—转向横拉杆　25—螺母　26、27—球头销　28—垫片
29—球头销螺母　32—防尘罩　33、34、35、36、37、38、39、40—球头销螺母及调整垫片

（4）与独立悬架配用的转向传动机构　当转向轮采用独立悬架时，为了满足转向轮独立运动的需要，转向桥是断开式的，转向传动机构中的转向梯形也必须断开。与独立悬架配用的多为齿轮齿条式转向器，转向器布置在车身上，转向横拉杆通过球头销与齿条及转向节臂相连，如图 4-17 所示。

轿车上常见的转向传动机构的结构如图 4-18 所示，齿轮齿条式助力转向器的齿条直接与左右两个转向横拉杆相连，转向横拉杆与转向节臂相连，同样，转向横拉杆的前束可以通过调整螺母 1 进行调节。

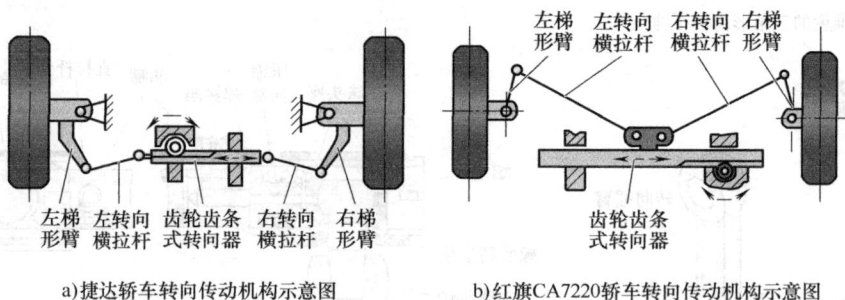

a)捷达轿车转向传动机构示意图   b)红旗CA7220轿车转向传动机构示意图

图 4-17   与齿轮齿条式转向器相配合的转向传动机构示意图

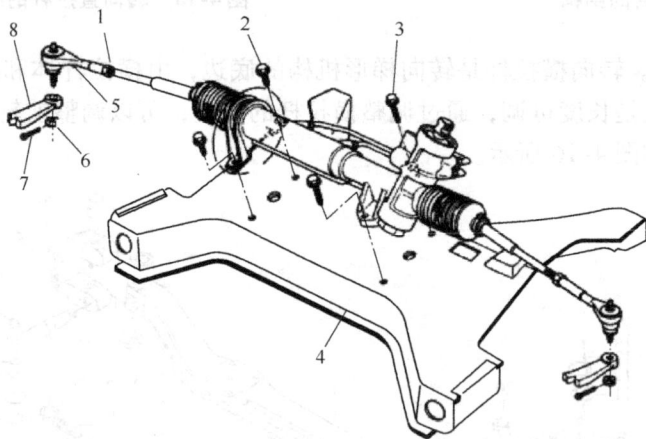

图 4-18   转向传动机构

1—转向横拉杆调整螺母   2、3—螺栓和垫圈   4—前横梁   5—转向横拉杆接头
6—螺母   7—开口销   8—转向节臂

4. 转向液压泵

转向液压泵是液压助力转向系统的供能装置，一般由发动机驱动，其作用是将输入的机械能转换为液压能输出。转向液压泵的结构形式有齿轮式、叶片式、转子式、柱塞式等，目前叶片泵应用较多。

图 4-19 所示为双作用式叶片泵的结构及原理。转向液压泵的转子通过花键安装在驱动轴上。转子上均匀地开有径向叶片槽，矩形叶片能在槽内径向滑动。如图 4-19b 所示，当转子逆时针方向旋转时，叶片在离心力及高压油的作用下紧贴在定子的内表面上。这样，相邻的两个叶片之间就形成了密闭的油腔，其工作容积开始时由小变大，从吸油口吸进油液；而后工作容积由大变小，压缩油液，经出油口向外供油。结构上，若转子每旋转一周，每个工作腔都各自吸、压油两次，这种形式的叶片泵称为双作用式叶片泵。双作用式叶片泵有两个吸油区和两个排油区，并且各自的中心角也是对称的，所以作用在转子上的油压作用力互相平衡。因此，这种液压泵也称为卸荷式叶片泵。

叶片泵是一种容积式液压泵，其输出油量 Q 与转子转速 n（是发动机转速的两倍）之间存在如下关系：

a) 结构　　　　　　　b) 原理

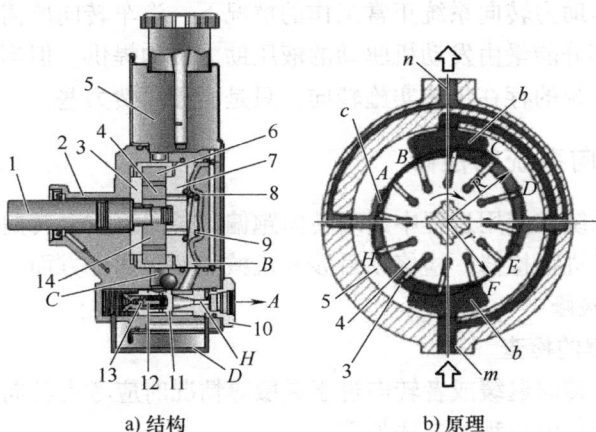

图4-19　双作用式叶片泵的结构及原理

1—驱动轴　2—壳体　3—前配油盘　4—叶片　5—储液罐　6—定子　7—后配油盘

8—后盖　9—弹簧　10—管接头　11—柱塞　12—阀杆　13—球阀　14—转子　A—出油口

B—出油腔　C—进油腔　D—油道　E—出油口　F—进油口　H—量孔

m—进油口　n—出油口　b—进油腔　c—出油腔

$$Q = qn$$

式中，q 为液压泵排量，即液压泵转两圈时排出的油量。

一般来说，发动机怠速运转时，液压泵即输出额定流量。这样，当发动机高速运转时，液压泵流量将过大，导致功率消耗增加和油温过高。为此，液压助力转向系统中必须设置流量控制阀（图4-20中的2），以限制转向液压泵的输出流量。

转向液压泵工作时，其输出油压的大小取决于液压助力转向系统的负荷，即助力缸活塞所受的运动阻力。而液压泵能承受的最大压力由液压泵的密封性能和有关机件的强度决定。若转向阻力过大或操作不当，则液压助力转向系统内的油液压力将会过高，有可能使系统因过载而损坏。因此，液压助力转向系统中还必须装设限制系统最高压力的安全阀（图4-20中的3）。

扫一扫

叶片泵的
工作原理

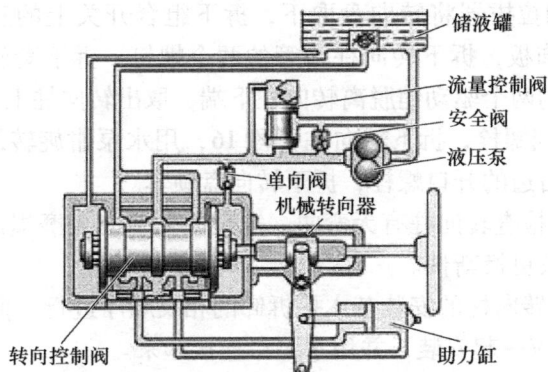

图4-20　液压助力转向器液压控制原理

由此可见，在液压助力转向系统正常工作的情况下，汽车转向所需的能量只有一小部分由驾驶人提供，而大部分能量由发动机驱动的液压助力机构提供。但当液压助力机构部分失效时，由于机械转向系统的存在仍能实施转向，只是会相对费力些。

4.1.2 液压助力转向系统的检修

当液压助力转向系统在使用过程中出现转向跑偏、转向沉重、转向不灵、左右转向轻重不同等问题时需要对其进行检修，检修项目涉及机械和液压两个方面。

4.1.2.1 机械部分的检修

1. 转向盘自由行程的检查

当出现转向不灵、转向迟缓或者转向过于灵敏等情况时应考虑转向盘的自由行程可能不符合要求，检查转向盘自由行程的方法如下。

平放汽车，使前轮位于正中间位置。在不转动前轮的情况下，用指尖轻轻向左或向右转动转向盘，当手感变重时（即前轮开始向左或向右转动时）所移动的距离就是转向盘的自由行程，在转向盘边缘处测量自由行程，如图 4-21 所示，其值应为 15 ~ 20mm。

如果转向盘的自由行程过大超过规定值，对于齿轮齿条式转向器而言，说明转向器齿轮与齿条啮合间隙偏大，或各

图 4-21 转向盘的自由行程

连接处松旷，或齿轮和齿条磨损，调整补偿弹簧的压力，可使齿条微量变形，实现无侧隙或小侧隙啮合。对于循环球式转向器也是同理，可以检查调整转向器的调整螺栓或转向操作机构或转向传动机构。

2. 转向柱的检修

1）转向柱的拆卸。转向柱上装有一套组合开关，包括点火开关、前风窗刮水器及洗涤器开关、转向灯开关及远近光变光开关，因此在拆卸前必须将蓄电池电源线断开，转向指示灯开关放在中间位置，并使车轮处在直线行驶位置，按下列步骤拆卸。转向柱分解如图 4-22所示。

向下按橡皮边缘，撬出大盖板 1，取下喇叭按钮盖板 2，拆卸喇叭按钮及有关接线，拆下转向柱紧固螺母 3，用拉拔器将转向盘取下，拆下组合开关上的三个平口螺栓，取下开关，拆下仪表板左下方饰板，拆下转向柱套管的两个螺钉，拆下套管，将转向柱上段往下压，使上段端部凸缘上的两个驱动销脱离转向柱下端，取出转向柱上段，取下转向柱管橡胶圈 13，松开夹紧箍的紧固螺栓，拆下转向柱下段 16，用水泵钳旋转卸下弹簧垫圈，卸下左边的内六角螺栓，拧出右边的开口螺栓，拆下转向盘锁套。

2）转向柱的检查。检查转向柱有无弯曲、安全联轴节有无磨损或损坏、弹簧弹性是否失效，如有，则应修理或更换新件。

3）转向柱的安装。转向柱的安装基本按拆卸的相反顺序进行，但应注意以下几点。

① 转向柱与凸缘管应一起安装，并用水泵钳连接起来。

② 应将凸缘管推至转向齿轮轴上，夹紧箍圈口应向外。注意：不可用手等掰开夹箍。

③ 装配转向柱管的断开螺栓时，应将螺栓拧紧至螺栓头断开为止，然后拧紧圆柱螺栓。

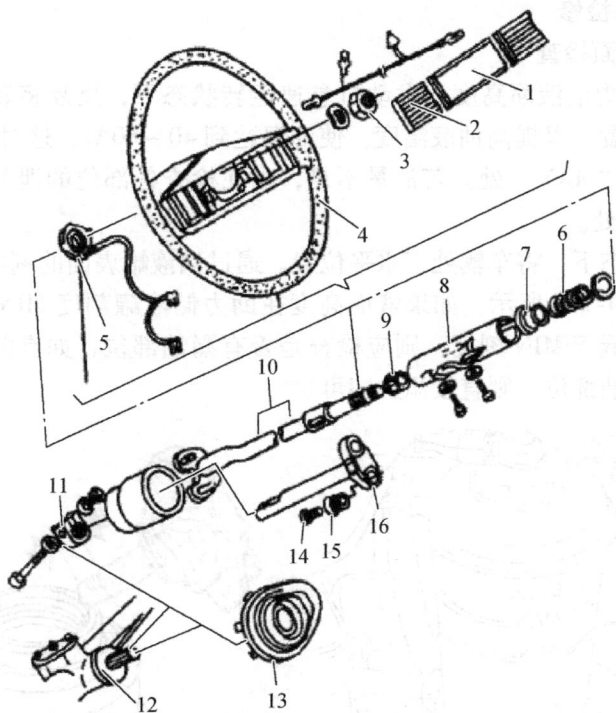

图 4-22　转向柱分解图

1—大盖板　2—喇叭按钮盖板　3—转向盘与转向柱紧固螺母　4—转向盘　5—接触环　6—压缩弹簧
7—连接圈　8—转向柱套管　9—轴承　10—转向柱上段　11—夹紧箍　12—转向器　13—转向柱管橡胶圈
14—转向减振阻尼销　15—转向减振橡胶圈　16—转向柱下段

④ 当车轮处于直线行驶位置、转向指示灯开关处在中间位置时，才可安装转向盘，否则在安装转向盘时，当分离爪齿通过接触环上的簧片时，有可能造成损坏。

⑤ 应更换所有的自锁螺母和螺栓；转向柱不能进行焊接修理。

3. 转向传动机构的检修

1）转向传动机构的检查包括以下内容。

① 用四轮定位仪检查前轮定位参数，调整前轮定位有关参数，使之符合规定值。

② 检查杆件的连接是否松动，横拉杆、梯形臂等杆件是否变形或弯曲；检查间隙是否符合标准值，铰链处若间隙大于标准值，应更换球头销或球头座。

2）转向传动机构的检修步骤如下。

① 拆下六角螺栓及螺母、支架和车轮罩，从支架上拆下左、右转向横拉杆，转向减振器（若有）。

② 检查支架、锁止板是否有变形或裂纹，变形轻微时可修复或校正；严重时应更换。

③ 检查左、右转向横拉杆是否有弯曲现象。若有弯曲且其值超过 1.0mm 或发生双向弯曲，则应更换新件。用磁力探伤机检查左、右转向横拉杆是否有裂纹，若有裂纹，必须更换。

④ 检查调整拉杆上的螺纹是否损坏，若损坏应更换。

⑤ 检查左、右转向横拉杆两端球头销与球头座的连接是否松动，必要时更换球头销。

4.1.2.2 液压部分的检修

1. 转向助力油液面检查

（1）检查转向助力油液面高度　发动机怠速运转状态下，反复将转向盘从一侧极限位置转到另一侧极限位置，以提高油液温度，使油温达到 40~80℃，这时检查储液罐内液量，油液面应在储液罐的"MAX"处。若油量不足，则在检查各部位的泄漏后，按规定牌号补充液压油至"MAX"处。

在发动机停机状态下，将车辆处于水平位置。通过储液罐表面的刻度或储液罐内的油尺观察液面位置，如图 4-23a 所示，如果液面高度在助力储液罐刻度 MIN~MAX 中间偏上的位置，则正常。如果低于 MIN 刻度，则应检查是否有漏油部位，如有漏油部位，则应先维修后添加；如果无漏油部位，则直接添加即可。

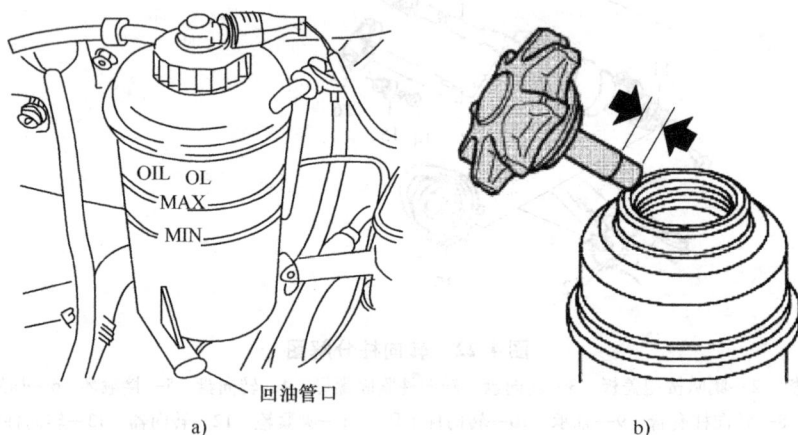

图 4-23　观察转向液液面位置

（2）更换转向液压油　顶起汽车，使发动机怠速运转，从储液罐及回流管中排出液压油，一边排油，一边将转向盘转到极限位置，至液压油排净后添加液压油，反复使转向盘在左右极限位置间转动，直至储液罐内无气泡和泡沫，排净液压系统中的空气为止。如液面有所下降，应继续添加液压油直至达到规定液面高度（"MAX"处）为止。

2. 转向液压泵传动带的检查与调整

使用新的传动带时，先按新传动带的标准垂度或张力进行调整，然后让发动机运转5min 后，按旧传动带的标准垂度或张力再次进行调整。

（1）转向液压泵传动带的检查

1）传动带张紧力测量仪检查法。在传动带上连接传动带张紧力测量仪，测量传动带张紧力。检查传动带是否有裂纹或损坏，必要时更换新传动带。传动带标准张力是：旧传动带390~540N，新传动带 740~880N。

2）非传动带张紧力测量仪检查法。在液压泵传动带轮和曲轴传动带轮间的传动带上施加 98N 的力，测量传动带的挠度，如图 4-24 所示。正常时，旧传动带的挠度为 13.0~16.0mm，新传动带为 11.0~12.5mm。

（2）转向液压泵传动带的调整　调整步骤如下。

① 松开液压泵的安装螺母，如图 4-25 所示，转动调节螺栓使传动带张力达到标准值，

然后重新拧紧安装螺母。

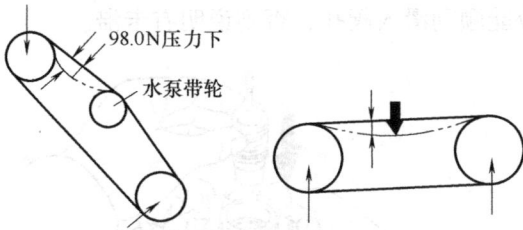

图 4-24　非传动带张紧力测量仪检查法

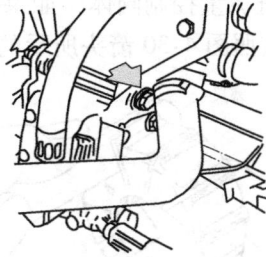

图 4-25　液压泵支架上的固定螺母

② 松开张紧螺栓的螺母，如图 4-26 所示。

③ 通过张紧螺栓把传动带张紧，如图 4-27 所示。当压在传动带中间处，符合标准挠度时为合适。

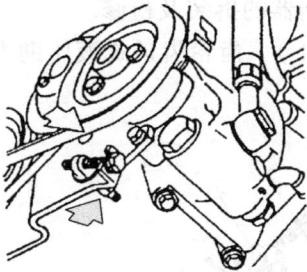

图 4-26　前支架上的张紧螺栓

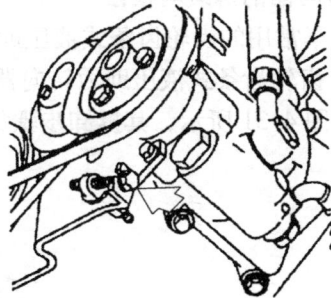

图 4-27　张紧传动带

④ 拧紧张紧螺栓的螺母。

⑤ 拧紧液压泵支架上的固定螺栓。

3. 液压泵压力的检查

将压力表装到连接在阀体和软管之间的压力管中，起动发动机。如果需要，向储液罐补充液压油。急速关闭截止阀（不超过 5min），并读出压力数值。液压泵压力额定值为 6.8 ～ 8.2MPa。如果没有达到额定数值，应检查限压阀和溢流阀是否完好。如不正常，应更换限压阀和溢流阀或者液压泵。

4. 转向液压泵的检修

（1）检查叶片泵的转子和叶片泵板间隙　使用游标卡尺测量带轮的叶片泵轴外径，同时测量叶片泵前外壳衬套的内径。衬套内径 2 和轴外径 1 为配合间隙值，如图 4-28 所示，如果测量间隙超出最大值，则需更换叶片泵总成。一般配合间隙为 0.07mm，具体查阅维修车型数据表。

（2）使用塞尺测量叶片泵转子槽侧面和叶片泵板之间的间隙　如图 4-29 所示，

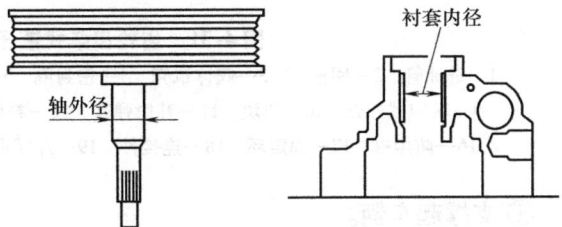

图 4-28　叶片泵转子和叶片泵板间隙测量

如果间隙超出标准值，则更换叶片泵总成。

（3）检查流量控制阀体　如果控制阀不能平滑地进入孔中，则更换控制阀体或更换叶片泵总成。按照图4-30箭头所示的方向阀体应能顺利滑入阀孔，否则说明有卡滞。

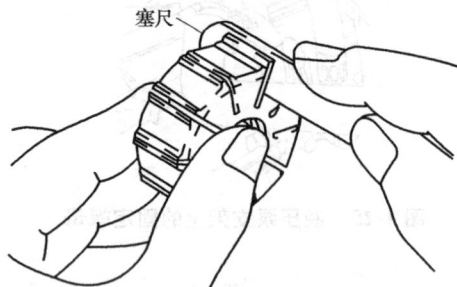

图4-29　叶片泵转子间隙测量　　　　图4-30　流量控制阀体的检查

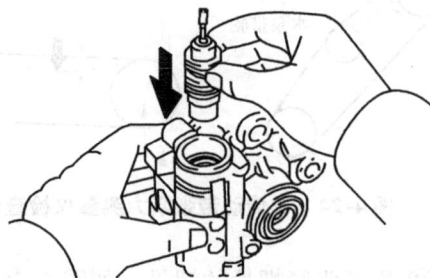

5. 转向器的拆装与检修

以轿车常用的齿轮齿条式液压助力转向器为例介绍转向器的拆装及检修。

（1）齿轮齿条式液压助力转向器的拆卸（从实车上拆下）　齿轮齿条式液压助力转向器分解图如图4-31所示，其拆卸步骤如下。

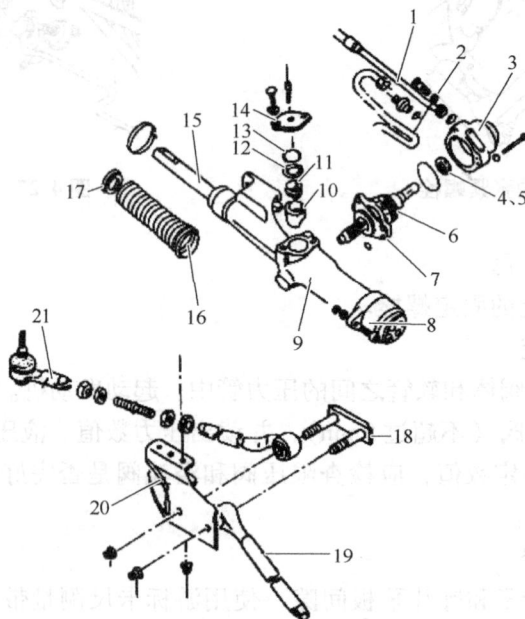

图4-31　齿轮齿条式液压助力转向器分解图

1—进油管　2—回油管　3—阀体罩壳　4—密封圈　5—轴承　6—转向齿轮　7—连接盖　8—密封罩
9—转向器外壳　10—压块　11—补偿弹簧　12—补偿垫片　13—密封压座　14—压盖　15—齿条
16—防尘罩　17—固定环　18—连接件　19—左转向横拉杆　20—转向支架　21—右转向横拉杆

① 支撑起车辆。

② 排放转向液压油。

③ 拆下固定转向横拉杆的螺母，如图 4-32 所示。

④ 拆下左前轮罩处的转向器固定螺栓，如图 4-33 所示。

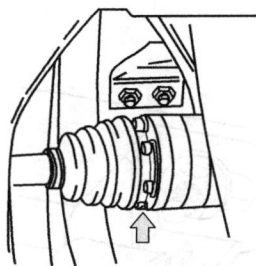

图 4-32　固定转向横拉杆的螺母

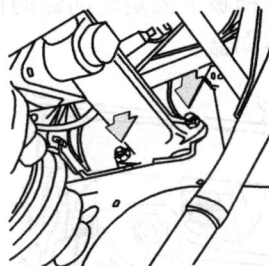

图 4-33　左前轮罩处的转向器固定螺栓

⑤ 松开转向器转向控制阀外壳上的进油管，如图 4-34 所示。

⑥ 拆下后横板上固定转向器的自锁螺母（左侧），如图 4-35 所示。

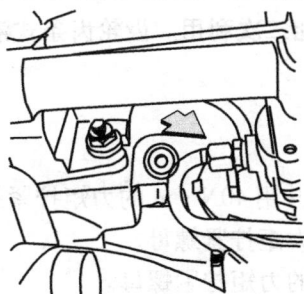

图 4-34　转向控制阀外壳上的进油管

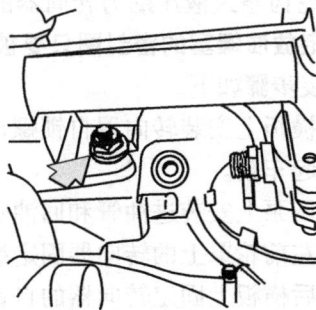

图 4-35　后横板上固定转向器的自锁螺母（左侧）

⑦ 把车辆放下。

⑧ 拆下紧固齿条与转向横拉杆的螺栓，如图 4-36 所示。

⑨ 拆下仪表板侧边下盖、通风管和踏板盖。

⑩ 拆下紧固转向齿轮轴与联轴节的螺栓，如图 4-37 所示，并使各轴分开。

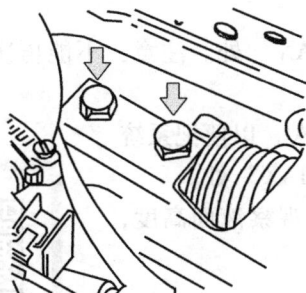

图 4-36　紧固齿条与转向横拉杆的螺栓

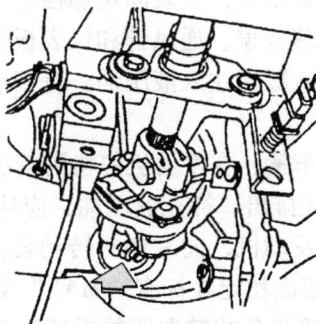

图 4-37　紧固转向齿轮轴与联轴节的螺栓

⑪ 拆卸防尘套。

⑫ 从车厢内部拆下固定转向器分配阀外壳上回油管的放油螺塞，如图 4-38 所示。

⑬ 拆下后横板上固定转向器的自锁螺母，如图 4-39 所示。

⑭ 拆下转向器。

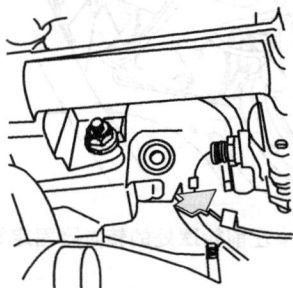

图 4-38　回油管上的放油螺塞　　　　图 4-39　固定转向器的自锁螺母（右侧）

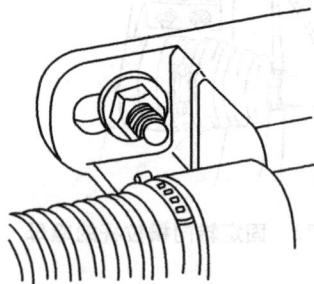

（2）齿轮齿条式液压助力转向器的安装（装上实车）　**安装时应注意：液压泵和转向器分配阀上固定放油螺塞的密封圈只要被拆卸就必须更换，不能二次利用。**齿轮齿条式液压助力转向器安装步骤如下。

① 在后横板上安装转向器自锁螺母，但不必完全拧紧。

② 支撑起车辆。

③ 在液压泵上安装进油管和回油管，使用新的密封圈，并用 40N·m 的力矩拧紧螺栓。

④ 安装左前轮罩上的转向器固定螺栓，并用 20N·m 的力矩拧紧螺母。

⑤ 安装后横板上固定转向器的自锁螺母，并用 40N·m 的力矩拧紧螺母。

⑥ 把进油管固定在转向器分配阀外壳上。

⑦ 把车辆放下。

⑧ 用 40N·m 的力矩拧紧后横板上固定转向器的自锁螺母。

⑨ 安装转向横拉杆支架固定螺栓，并用 45N·m 的力矩拧紧。

⑩ 从车厢内把回油管安装在转向器分配阀外壳上。

⑪ 安装防尘套。

⑫ 连接联轴节，安装固定螺栓并用 25N·m 的力矩拧紧。

⑬ 安装踏板盖、通风管和仪表板盖。

⑭ 向储液罐内注入液压油，直到液面达到标有"MAX"处。注意：不能再次使用排出的液压油。

⑮ 举升车辆，在发动机停机的情况下转动转向盘数次，以便把系统中存在的空气排出。补充液压油，应达到储液罐标有"MAX"处。

⑯ 起动发动机，向左和右转动转向盘至极限位置，观察液面高度，一直操作到液面稳定在标有"MAX"处为止。

扫一扫

动力转向器
的拆装

（3）齿轮齿条式转向器的拆装与调整

1）拆卸。图 4-6 所示为轿车上所用齿轮齿条式转向器。拆卸分解中，应先在转向齿条端头与横拉杆连接处打上安装标记，然后拆卸转向齿条端头，但不能碰转向齿条的外表面。拆下转向齿条导块组件后，拉住转向齿条，使齿对准转向齿轮，再拆卸转向齿轮，最后抽出转向齿条。抽出时，注意不能让转向齿条转动，以防止碰伤齿面。

2）装配。

① 安装转向齿轮步骤如下。

将上轴承和下轴承压在转向齿轮轴轴颈上，轴承内座圈与齿端之间应装好隔圈。

把油封压入调整螺塞。

将转向齿轮及轴承一块压入壳体内。

装上调整螺塞及油封，并调整转向齿轮轴承预紧度。手感应无轴向窜动，转动自如，转向齿轮的转动力矩应符合原厂规定，一般约为 $0.5 \mathrm{N \cdot m}$。

按原厂规定力矩紧固锁紧螺母，并装好防尘罩。

② 装入转向齿条等部件，其步骤如下。

装入转向齿条。

安装齿条衬套。转向齿条与衬套的配合间隙不得大于 0.15mm。

装入转向齿条导块、隔环、导块压紧弹簧、调整螺塞（弹簧帽）及锁紧螺母。

③ 安装垫圈和转向齿条端头。**安装时应特别注意，转向齿条端头和齿条的连接必须紧固，锁止可靠。**

④ 安装横拉杆和横拉杆端头。安装横拉杆和横拉杆端头，并按原厂规定检查调整左、右横拉杆的长度，以保证转向轮前束正确。另外，横拉杆端头球销的夹角应符合原厂规定。调整合格后，必须按原厂规定的力矩紧固并锁止横拉杆夹子。

3）调整。转向齿条与转向齿轮的咬合间隙也称为转向齿条的预紧力，其调整机构如图 4-40 所示。因结构的差异，其调整方法也有所不同，但常见的有两种方法：一是改变转向齿条导块 6 与盖之间的垫片厚度来调整

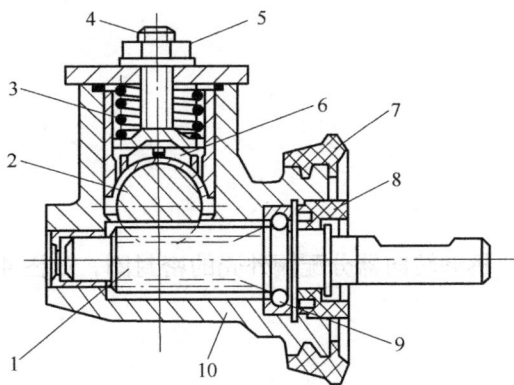

图 4-40　齿轮齿条式转向器调整机构

1—转向齿轮　2—转向齿条　3—弹簧　4—调整螺栓
5—调整螺母　6—导块　7—防尘罩　8—油封
9—轴承　10—壳体

转向齿条 2 与转向齿轮 1 轮齿的咬合深度，完成预紧力的调整；另一种方法是用盖上的调整螺母 5 改变转向齿条导块与弹簧座之间的间隙值，保证咬合深度，即预紧力的调整。

（4）转向器的检修　转向器的检修步骤如下。

1）分解清洗后，检查转向齿轮与齿条有无磨损与损坏，转向器壳体上是否有裂纹。**注意转向器上的零件不允许焊接或矫正，损坏后只能更换。**

2）检查转向齿条是否挠曲，齿面是否磨损或损坏，齿条背面是否磨损或损坏。齿条的挠曲可按图 4-41 所示进行检查，齿条挠度极限值为 0.15mm。如挠度超过规定值，则应更换齿条。**要注意，清洁齿条时不可用钢丝刷。**

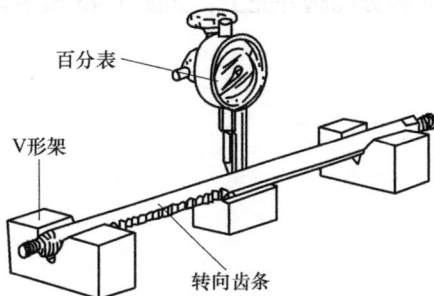

图 4-41　齿条的挠度检查

3）检查转向齿条衬套是否磨损或损坏。如有不良情形，则应更换转向器壳体。

4）检查转向齿条导向座或压缩衬套是否有磨损或损坏，检查齿条导向座弹簧是否弹性减弱。如有不良情形，则应予以更换。

5）更换转向齿轮轴密封圈，其步骤如下。

拆卸转向器。

把转向器固定在台虎钳上，并拆下转向齿轮轴的锁销，如图4-42所示。

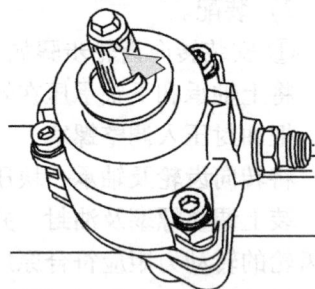

图4-42　转向齿轮轴的锁销

拆下转向器分配阀总成，如图4-43所示。

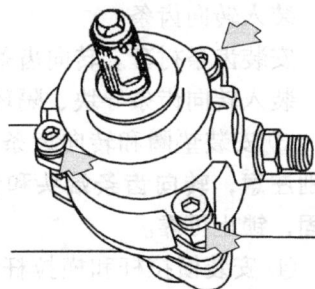

图4-43　转向器分配阀总成

拆卸转向器分配阀外壳的密封圈，如图4-44所示。

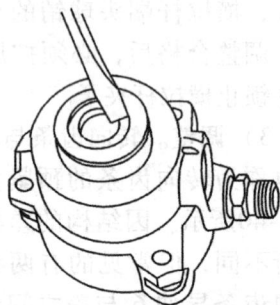

图4-44　转向齿轮轴密封圈

使用专用工具VW065和塑料铆头，把新的密封圈安装在转向器分配阀外壳上，如图4-45所示。

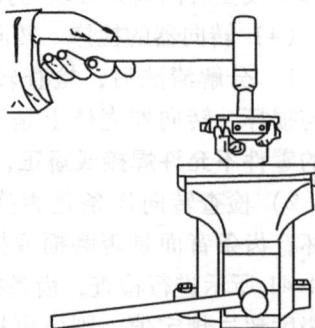

图4-45　安装转向齿轮轴密封圈

6）更换液压泵。液压泵（叶片泵）及其附件如图4-46所示。

① 拆卸步骤如下。

支撑起车辆。

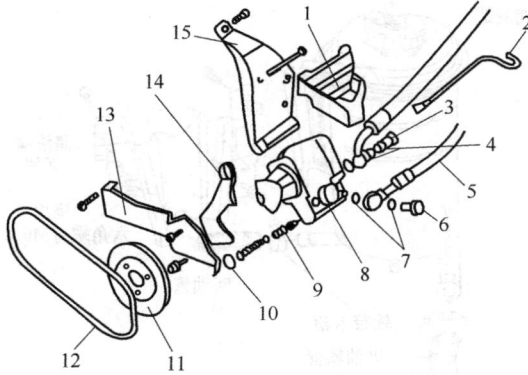

图4-46 叶片泵及其附件
1—后摆动夹板 2—支架 3、6—管接头螺栓 4、7、10—密封环 5—进油管 8—叶片泵
9—压力和流量限制阀 11—带轮 12—传动带 13—夹紧夹板 14—前摆动夹板 15—支架

拆下液压泵上回油管和进油管的放油螺塞，如图4-47所示，排放液压油。

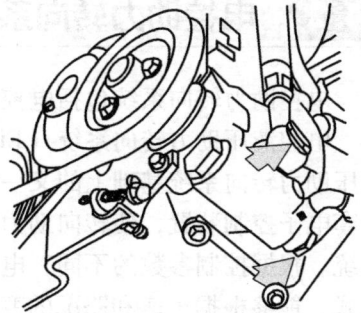

图4-47 拆下放油螺塞

拆下液压泵前支架上的张紧螺栓，如图4-26所示。

拆下液压泵后支架上的固定螺栓，如图4-48所示。

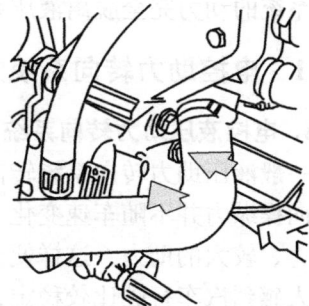

图4-48 后支架上的固定螺栓

松开液压泵中心支架上的固定螺母和螺栓，如图4-25所示。

把液压泵固定在台虎钳上，拆卸带轮和中间支架。

② 安装。液压泵的安装步骤按照与拆卸相反的顺序进行。安装完毕后，应调整液压泵

传动带的张紧度，并加注液压油。

7）更换转向储液罐。松开转向储液罐安装支架螺栓和储液罐进油、回油软管的卡箍，从汽车上拆下储液罐，如图4-49所示。

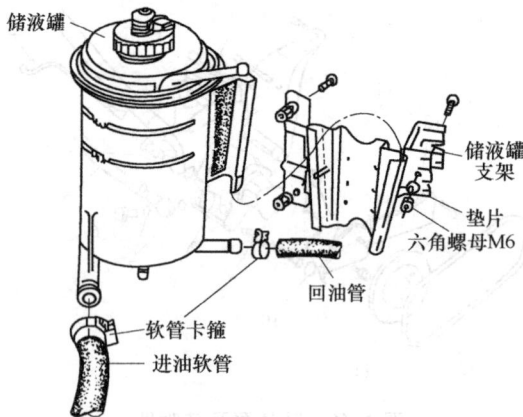

图 4-49 拆卸储液罐

4.2 电控助力转向系统

电控助力转向系统包括电控液压助力转向系统和电动助力转向系统两种。

电控液压助力转向系统（Electronically Controlled Hydraulic Power Steering，EHPS）是在液压助力转向系统基础上的又一大进步和发展，它是在普通液压助力转向系统的基础上增设一套电子控制装置，使转向助力不再是固定值，而是能随车速和路况变化而变化的助力转向系统。根据控制参数的不同，电控液压助力转向系统可分为流量控制式、反力控制式等多种形式，能够根据车速和路况的变化对转向助力大小进行控制。

电动助力转向系统（Electric Power Steering，EPS）是在机械式转向系统的基础上，加装了电动机及减速机构、转矩转角传感器、车速传感器和电控单元（ECU）而成。电动助力转向系统的动力完全脱离液压系统，用电动机取而代之，节能环保，结构紧凑。

4.2.1 电控助力转向系统的结构与工作原理

1. 电控液压助力转向系统

一般液压助力转向系统转向操纵力的大小只随转向阻力变化而变化，而与车速无关，因此转向操纵力并不随车速变化。实际上，驾驶人希望汽车在原地或低速行驶转向时有较小的操纵力、较大的助力，这样便会感到转向轻便；随着车速的增加，操纵力矩要适当增大，使驾驶人感到汽车行驶比较稳定，有一种安全感。普通液压助力转向系统不能兼顾汽车低速行驶或原地转向时的轻便和高速行驶转向时车辆稳定的感觉，只能在两者之间进行折中；而电控液压助力转向系统在普通液压助力转向系统的基础上增加了一套电子控制装置，使转向操纵力也能随车速而变化，以满足上述使用要求。图4-50所示是一种常见的电控液压助力转向系统，由转向传动装置、转向控制阀及助力转向传感器、齿轮泵、助力转向控制单元和储液罐等组成。

（1）主要执行元件

1）转向控制阀。如图4-51所示，其基本结构是在传统的整体式动力转向控制阀的基础上，在内部增加了一个油压反作用力室4和四个小柱塞1，四个小柱塞位于控制阀阀体下端的油压反作用力室内。输入轴部分有两个小凸起顶在柱塞上。在油压反作用力室受到高压作用时，柱塞将推动控制阀阀杆。此时，扭杆即使受到转矩作用，由于柱塞推力的影响，也会抑制控制阀阀杆与阀体的相对回转。

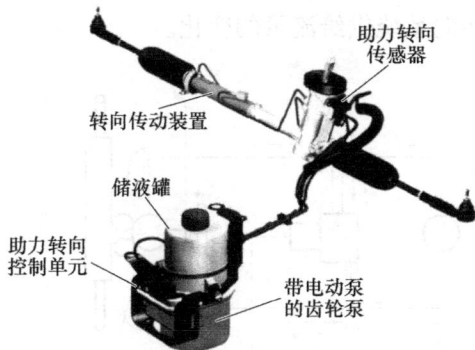

图4-50　电控液压助力转向系统

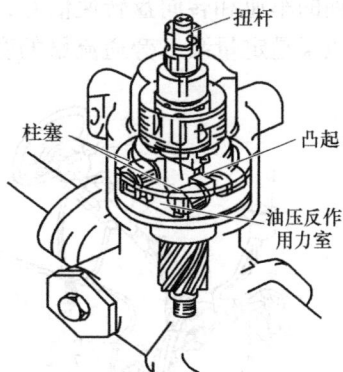

图4-51　转向控制阀

2）分流阀。分流阀的作用是将来自转向泵输出的液压油向控制阀一侧和电磁阀一侧分流，按照车速和转向要求，改变控制阀一侧与电磁阀一侧的油压，确保电磁阀一侧具有稳定的油液流量。阻尼孔的作用是把供给转向控制阀的一部分流量分配到油压反作用力室一侧。

3）电磁阀。电磁阀由滑阀、电磁线圈和油路通道等构成。电磁阀油路的阻尼面积可随电磁线圈通电电流占空比（通断比）变化。车速低时，通电电流大，滑阀被吸引，油路的阻尼增大，流向储液罐的回流量增加；随着车速的升高，电流减小，油液回流量也减少。

4）电动机。通常采用免维护无刷式电动机。这种电动机利用电子方式实现整流，而且没有电刷的磨损，因此具有很好的可靠性和较长的使用寿命。当不需要提供转向助力时，电动机在很小的电流驱动下转动，这样当需要较大的转向助力时，电动机就可以立即提高转速以提供所需要的助力。

5）液压泵。采用齿轮式液压泵或叶片式液压泵。液压泵内布置有共鸣室和限压阀，共鸣室的作用是减少液压泵的工作噪声，限压阀可以将液压控制在规定的范围内。当电动机转动时，带动机械液压泵驱动液压油流动。在更换液压油或更换助力转向系统部件导致空气进入液压管路时，电控液压助力转向系统需要执行排气程序，否则会导致转向时产生噪声或振动。

（2）工作原理　根据控制参数的不同，电控液压助力转向系统可分为流量控制式、反力控制式等多种形式。以下仅对流量控制式和反力控制式电控液压助力转向系统加以介绍。

1）流量控制式。流量控制式液压助力转向系统改变转向操纵力的原理如下。当进入助力缸的液压油流量减少时，助力缸中活塞移动的速度变慢。如果由转动转向盘的操纵力来推动活塞的速度大于液压油推动活塞移动的速度，则操纵力要协助油压推动活塞移动，从而增加了操纵力。根据上述原理，若改变液压助力转向系统的供给流量，就可控制操纵力的大小。控制流量的方法有两种：一是加旁通流量阀，即对液压泵输出流量进行分流，控制流入转向助力系统的流量；二是直接改变液压泵的输出流量。下面对这两种流量控制式液压助力转向系统加以介绍。

① 旁通流量式。图4-52所示为一种旁通流量控制式液压助力转向系统的结构和原理示意图，与普通液压助力系统相比该系统中增加了转向盘转速传感器3、车速传感器、旁通流量控制阀6、电磁阀及电控单元等。受电磁阀控制的流量控制阀与转向液压泵并联，转向液压泵输出的油液，一部分进入转向器，一部分经流量控制阀直接回到储液罐。电控单元根据采集到的车速和转向盘转速信号，对流量阀的开度进行控制，从而改变了旁通流量。由于转向液压泵是定量泵，旁通流量的变化会引起助力转向系统供给流量的变化。

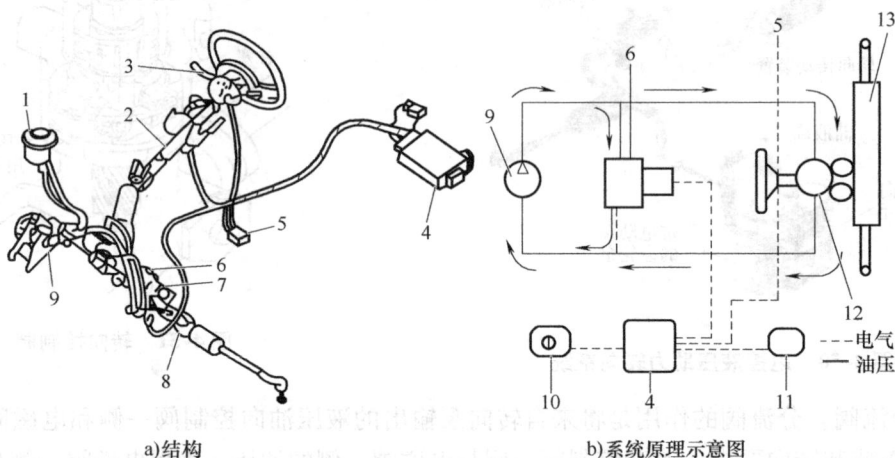

a)结构　　　　　　　　　　　b)系统原理示意图

图4-52　日产轿车电控液压助力转向系统的结构和原理
1—储液罐　2—转向柱　3—转向盘转速传感器　4—EHPS控制器　5—转向角速度传感器
6—旁通流量控制阀　7—EHPS控制线圈　8—转向传动机构　9—转向液压泵　10—EHPS开关
11—车速传感器　12—控制阀　13—助力转向器

旁通流量式液压助力转向系统的流量控制阀结构如图4-53所示，主要由主滑阀、稳压阀及阀体等组成。主滑阀与电磁阀的柱塞相连，当流过电磁线圈的电流变化时，在磁力作用下，主滑阀会产生轴向移动。主滑阀位置的变化会引起量孔节流面积的改变，从而改变旁通

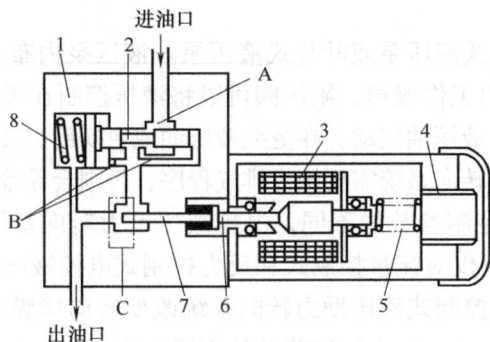

图4-53　旁通流量控制阀的结构
1—阀体　2—稳压阀　3—电磁线圈　4—调节螺钉　5、8—弹簧　6—柱塞　7—主滑阀
A—节流孔　B—内部油道　C—量孔

流量。例如，根据对路感的要求，随着车速的提高，驾驶人希望增大操纵力。此时，依据车速及转向盘转动的速度，使流经电磁线圈的电流适当增大，助力转向系统的供给流量相应地适当减小。

旁通流量式控制阀的放油量不仅与量孔的节流面积有关，而且与量孔两侧的压差有关。而流量控制阀进油口的压力与转向助力缸高压腔的压力相等，在转向过程中是变化的。为减小系统压力变化对旁通流量的影响，需保持进入量孔 C 的油压稳定，为此在流量控制阀中设有稳压阀。稳压阀的两端通过阀体的内部通道与稳压阀的出油口相通。当流量控制阀的进油口压力升高时，稳压阀出油口的压力也升高，于是稳压阀克服弹簧的张力而左移，使节流孔的开口面积减小，油液流经节流阀的压力损失增加；当流量控制阀的进油口压力降低时，在弹簧的作用下，稳压阀右移，节流孔开口面积增大，油液流经节流孔的压力损失减小。这样，可保证量孔的进油口压力基本稳定。

② 电动泵式。上述旁通流量控制式液压助力转向系统的转向液压泵由发动机驱动，只要发动机运转，即使汽车不转向，液压泵也在工作，这无疑会增加发动机的附加燃油消耗。如果液压泵的转速能随车速和转向盘转速的变化而变化，并且汽车不转向时液压泵不工作或以较低转速运转，这样不仅能获得随车速而变化的路感，而且能减少由助力转向系统造成的附加燃油消耗。要做到这一点，只有采用电动机来驱动液压泵。此时，由控制器根据车速和转向盘转速对电动机转速进行控制，从而改变流入液压助力转向系统的油液流量，达到改变操纵力大小的目的。由于这种液压助力转向系统中，电动机和液压泵制成一体称为电动泵，该系统又称为电动泵式液压助力转向系统。

图 4-54 所示为一种电动泵式液压助力转向系统的示意图。转向盘转速传感器安装在转向齿轮上。电动机、转向液压泵、储液罐及电控单元（ECU）制成一体，构成电动泵总成。系统通过 CAN 总线从电子车速表获得车速信号，从发动机管理单元获得发动机转速信号，通过安装在转向齿轮上的转向盘转速传感器获得转向盘转速信号。安装在电动泵中的转向电控单元，根据上述信号对汽车的行驶状态进行判断，对电动机转速进行控制，使液压泵输出

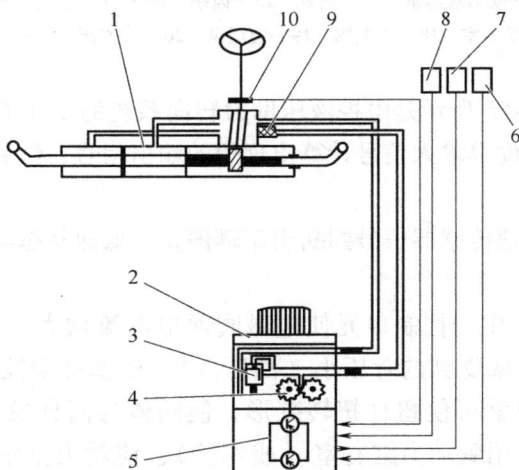

图 4-54　电动泵式液压助力转向系统
1—助力转向器　2—储液罐　3—限压阀　4—电动液压泵　5—助力转向 ECU
6—发动机转速传感器　7—转向控制灯　8—车速传感器　9—单向阀　10—转向助力传感器

与当前汽车行驶状态相适应的工作流量。

2）反力控制式。图4-55所示为一种反力控制式液压助力转向系统的结构及原理。阀芯的下部装有弹簧、柱塞16和钢球组成的反力机构。柱塞相对阀芯轴向移动，但两者不可相对移动。柱塞的下端及阀套的上端有V形槽，钢球置于V形槽中。这样，柱塞上的轴向力对阀芯和阀套的相对转动起阻碍作用。反力机构位于反力腔中，而在进油环槽和反力腔的通道上安装有电磁阀。该系统的工作过程如下：转向电控单元根据采集到的车速信号，对电磁阀线圈电流进行控制，以改变反作用腔中的油压，从而使阀芯附加的转动阻力产生变化，获得所需要的路感。汽车行驶速度低时，流经电磁阀线圈的电流大，反力腔与进油腔间的通道被堵塞，反力腔中无法建立油压，这与普通液压助力转向系统相同，转向操纵力较小。随着车速的加快，通过电磁阀线圈的电流减小，反作用腔与进油腔之间的节流面积增大，油液的压力损失减小，反作用腔中压力升高，从而使转动阀芯的阻力增大，转向操纵力增大。

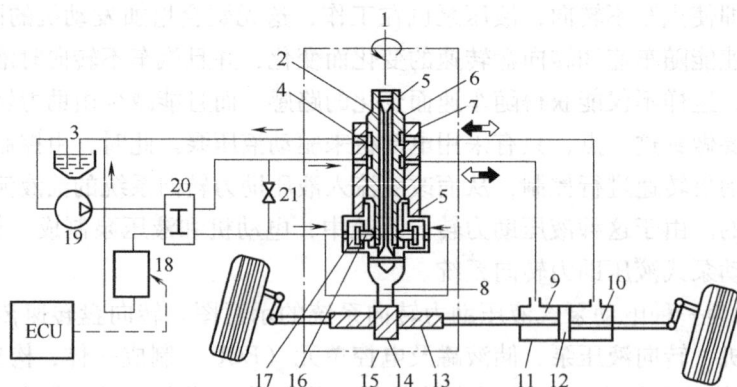

图 4-55 反力控制式液压助力转向系统的结构及工作原理
1—转向盘 2—扭杆 3—储液罐 4—接口 5—销钉 6—控制阀轴 7—回转阀 8—小齿轮轴
9—左室 10—右室 11—助力液压缸 12—活塞 13—齿条 14—小齿轮 15—转向齿轮箱 16—柱塞
17—液压反力室 18—电磁阀 19—液压泵 20—分流阀 21—小节流孔

（3）工作流程 图4-56所示是电控液压助力转向系统的工作流程，转向控制单元根据车辆的行驶速度和转向角度等输入信号计算出理想的输出信号，然后通过电磁阀控制液压油为转向器提供适当的助力。

电子控制单元根据车速传感器信号判断出车辆停止、低速状态与中高速状态，从而控制电磁阀通电电流。

1）停车与低速状态。电子控制单元使电磁阀通电电流增大，经分流阀分流的油液通过电磁阀流回储液罐，柱塞受到的背压小（油压低），柱塞推动控制阀阀杆的力矩小，因此，只需要较小的转向力就可使扭杆扭转变形，使阀体与阀杆发生相对转动而使控制阀打开，液压泵输出油压作用到动力缸右室（或左腔），使动力缸活塞左移（或右移），产生转向助力。

2）中高速直行状态。车辆直行时，转向偏摆角小，扭杆相对转矩小，控制阀油孔开度减小，控制阀侧油压升高。由于分流阀的作用，电磁阀侧油量增加。同时，随着车速的升

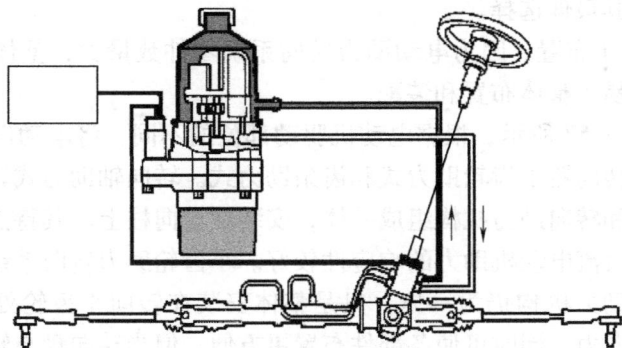

图 4-56　电子控制液压助力转向系统的工作流程

高，通电电流减小，通过电磁阀流回储液罐的阻尼增大，油压反作用力室的反力增大，使柱塞推动控制阀阀杆的力矩增大，转向盘手感增强。

3）中高速转向状态。在存在油压反作用力的中高速直行状态转向时，扭杆的扭转角减小更多，控制阀开度减小更多，控制阀侧油压进一步升高。随着油压升高，将从固定阻尼孔向油压反作用力室供给油液。这样，除从分流阀向油压反作用力室供给的一定流量油液外，又增加了从固定阻尼孔侧供给的油液，导致柱塞推力进一步增大。此时需要较大的转向力才能使阀体与阀杆之间做相对转动而实现转向助力，因此在中高速时驾驶人可获得良好的转向手感和转向特性。

2. 电动助力转向系统

（1）基本功能和优点　EPS 系统省去了复杂的液压管路和储液罐等液压部件，不采用发动机的动力作为动力源，而是依靠蓄电池驱动的电动机作为动力源帮助驾驶人进行转向。该系统采用了最新的电力电子技术和高性能的电动机控制技术，能显著改善汽车动态性能和静态性能，提高行驶中驾驶人的舒适性和安全性，减少环境污染。

电动助力转向系统有如下优点。

① 效率高。液压助力转向系统为机械和液压连接，效率低，一般为 60%～70%；而电动助力转向系统为机械与电动机连接，效率较高，可达 90% 以上。

② 能量消耗少。汽车在实际行驶过程中，处于转向状态的时间约占总行驶时间的 5%。对于液压助力转向系统而言，发动机运转时，液压泵始终处于工作状态，使汽车燃油消耗增加 4%～6%；而电动助力转向系统仅在需要转向时才起动电动机，产生助力，不增加汽车燃油消耗。

③"路感"好。由于电动助力转向系统内部采用刚性连接，系统的滞后特性可以通过软件加以控制，使汽车在各种速度下都能得到满意的转向助力。

④ 对环境污染少。液压助力转向系统的液压回路中有液压软管和接头，存在油液泄漏问题，并且液压软管是不可回收的，对环境有一定污染；而电动助力转向系统不存在上述问题，对环境几乎没有污染。

⑤ 可以独立于发动机工作。电动助力转向系统以蓄电池电源为能源，只要蓄电池电力充足，即可产生助力作用。

⑥ 应用范围广。电动助力转向系统适用于各种汽车，尤其对于环保型的纯电动汽车，

电动助力转向系统为其最佳选择。

⑦ 装配性好、易于布置。因为电动助力转向系统零件数量少，整体外形尺寸比电控液压助力转向小，因此易于整体布置和装配。

（2）分类　如图4-57所示，根据电动机驱动部位的不同，将电动助力转向系统分为三类：转向轴助力式、转向器小齿轮助力式和齿条助力式。转向轴助力式转向系统的转矩传感器、电动机、离合器和转向助力机构组成一体，安装在转向柱上。其特点是结构紧凑，所测取的转矩信号与控制直流电动机助力的响应性较好。小齿轮助力转向系统的转矩传感器、电动机、离合器和转向助力机构仍为一体，只是整体安装在转向小齿轮处，直接给小齿轮助力，可获得较大的转向力，同时可使各部件布置更方便。但当转向盘与转向器之间装有万向传动装置时，转矩信号的取得与助力车轮部分不在同一直线上，其助力控制特性难以保证准确。齿条助力式转向系统的转矩传感器单独地安装在小齿轮处，电动机与转向助力机构一起安装在小齿轮另一端的齿条处，用以给齿条助力。

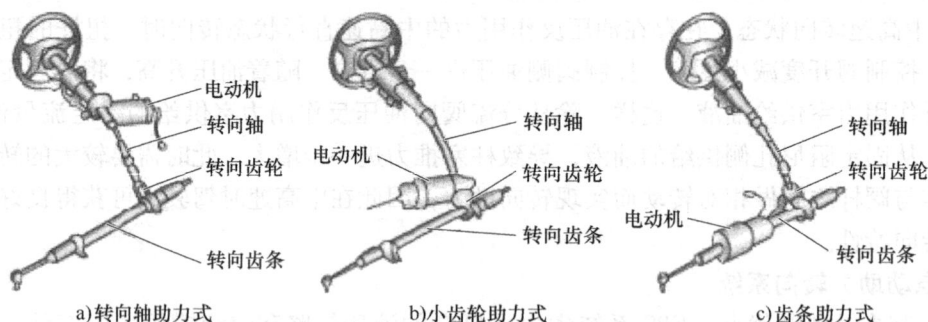

a)转向轴助力式　　b)小齿轮助力式　　c)齿条助力式

图4-57　电动助力转向系统的类型

（3）基本组成　电动助力转向系统是在传统机械转向机构的基础上发展起来的，系统各部件在汽车上的布置如图4-58所示。通常由车速传感器1、转矩传感器2、减速机构3、电子控制器9、电动机与电磁离合器4等组成。

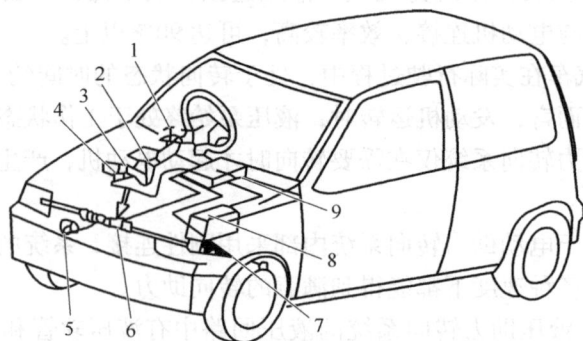

图4-58　电动助力转向系统各部件在汽车上的布置

1—车速传感器　2—转矩传感器　3—减速机构　4—电动机与电磁离合器　5—发电机
6—转向机构　7—发电机转速传感器　8—蓄电池　9—电子控制器

大众速腾双齿轮电动助力转向系统的主要组成部件如图4-59所示，它有两个能够向转向拉杆提供足够转向力的齿轮，即转向小齿轮8和驱动小齿轮4，转向小齿轮接受来自转向盘的力，驱动小齿轮由电动机3驱动。该系统能根据驾驶人转向意愿要求，调节电动机的工作，帮助转向；"主动回正"功能帮助转向轮回到中心位置，使在各种驾驶情况下都能获得良好的平衡感觉及精确的直线行驶稳定性；另外该系统还有直线行驶稳定功能，当车辆受到侧向风的作用和行驶在上下颠簸的路面时，驾驶人更容易控制车辆在直线上行驶。

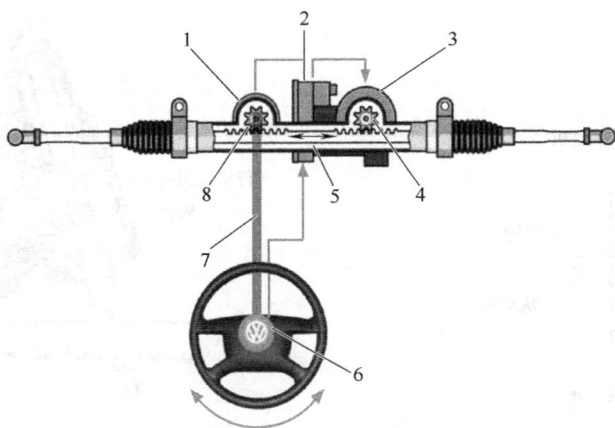

图4-59 大众速腾双齿轮电动助力转向系统的组成
1—转向力矩传感器 2—控制单元 3—电动机 4—驱动小齿轮 5—转向齿条
6—转向盘转角传感器 7—转向柱 8—转向小齿轮

（4）主要元件的结构及工作原理

1）电动机。转向助力电动机就是一般的永磁电动机，电动机的输出转矩控制是通过控制其输入电流来实现的，而电动机的正转和反转则由电子控制单元（ECM）输出的正反转触发脉冲电流控制。图4-60所示是一种比较简单实用的正反转控制电路，a_1、a_2为触发信号端，从电子控制器得到的直流信号输入到a_1、a_2端，用以触发电动机产生正反转。当a_1端得到输入信号时，晶体管T_3导通，T_2管得到基极电流而导通，电流经T_2管的发射极和集电极、电动机M、T_3管的集电极和发射极搭铁，电动机有电流通过而正转。当a_2端得到输入信号时，晶体管T_4导通，T_1管得到基极电流而导通，电流经过T_1管的发射极和集电极、电动机M、T_4管的集电极和发射极搭铁，电动机有反向电流通过而反转。控制触发信号端的电流大小，就可以控制电动机通过电流的大小。

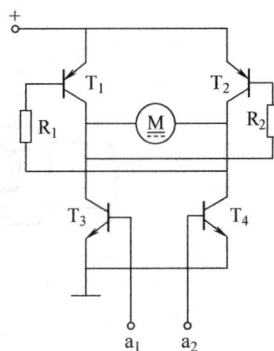

图4-60 电动机正反转控制电路

2）离合器。一般使用干式单片电磁离合器，如图4-61所示。其工作原理是：当电流通过集电环进入离合器线圈时，主动轮产生电磁吸力，带花键的压板被吸引与主动轮压紧，电动机的动力经过轴、主动轮、压板、花键、从动轴传给执行机构。

3）减速机构。目前使用的减速机构有多种组合方式，一般采用蜗轮蜗杆与转向轴驱动组合式，也有的采用两级行星轮与传动齿轮组合式。图 4-62 所示是某轿车电动助力转向系统减速机构，从图中可以看出转向柱从中间断开，连接转向盘的转向柱一端称为输入轴，直接连接转向齿轮的一端称为输出轴，二者间通过行星轮连接。行星轮组的壳体是一个可旋转的蜗轮 5，能够由电动机 3 驱动旋转。为了抑制噪声和提高耐久性，减速机构中的齿轮有的采用特殊齿形，有的采用树脂材料制成。

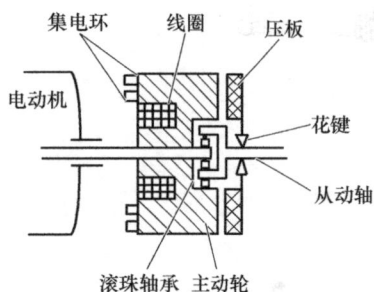

图 4-61   电磁离合器工作原理

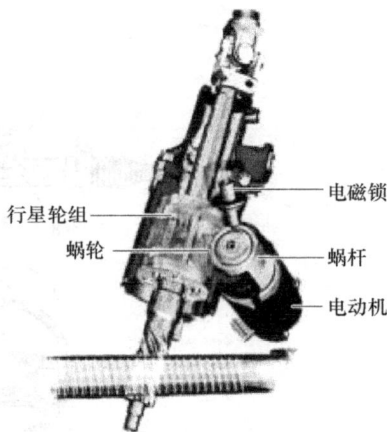

图 4-62   某轿车电动助力转向系统减速机构

4）转矩传感器。转矩传感器也称转向传感器，其作用是测定转向盘与转向器之间的相对转矩，并将之作为电动助力的依据之一。转矩传感器的基本工作原理是：用磁性材料制成的定子和转子可以形成闭合的磁路，线圈 A、B、C、D 分别绕在极靴上，形成一个桥式回路。转向杆扭转变形的扭转角与转矩成正比，所以，只要测定转向杆的扭转角，就可知道转向力的大小，如图 4-63 所示。

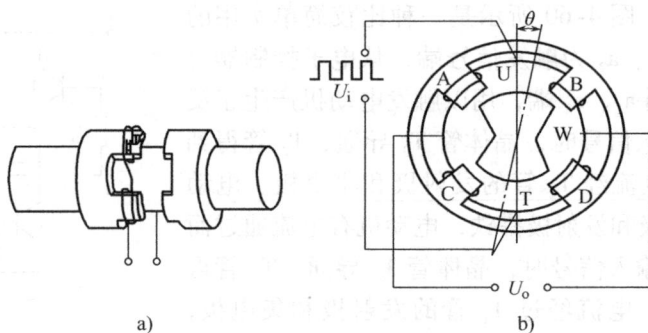

图 4-63   转矩传感器

在线圈的 U、T 两端施加连续的脉冲电压信号 U，当转向杆上的转矩为零时，定子与转子的相对转角也为零。这时转子的纵向对称面处于定子 AC、BD 的对称平面上，每个极靴上的磁通量是相同的。电桥平衡时，V、W 两端的电位差为 0。如果转向杆上存在转矩，定子与转子的相对转角不为零，此时转子与定子间产生角位移。极靴 AD 间的磁阻增加，BC 间的磁阻减小，各个极靴的磁阻产生差别，电桥失去平衡，在 V、W 两端产生电位差。这个电位差与转向杆的扭转角度成比例，从而可以知道转向杆的转矩。

5）车速传感器。车速传感器与变速器共用。

6）发动机转速传感器。发动机转速传感器与发动机共用，提供发动机转速信号。

大众速腾双齿轮电动助力转向系统的主要部件如图4-64所示。当驾驶人用力转动转向盘时，助力转向系统开始工作，作用在转向盘上的力矩引起了转向小齿轮的旋转，转向力矩传感器感知旋转并将计算出的转向力矩传给控制单元，转向盘转角传感器将正确的转向盘转动角度传给控制单元，同时转子传感器将正确的转动速度传给控制单元。根据转向力矩、发动机转速、车速、转向盘转角、转向盘转速以及储存在控制单元中的特性曲线图，控制单元计算出必要的助力力矩并控制电动机开始工作。由电动机驱动的第二个小齿轮（驱动小齿轮）提供能量产生转向助力，电动机是通过一个蠕动泵4驱动小齿轮3，从而驱动转向齿条产生助力。

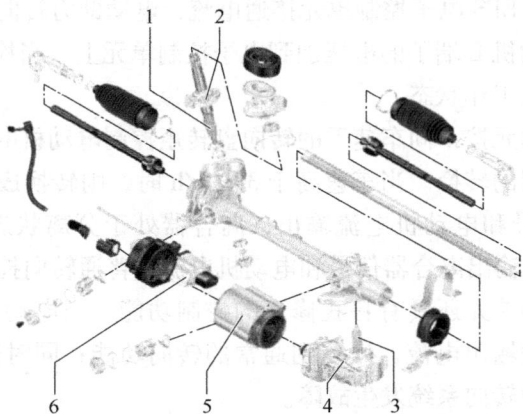

图4-64 双齿轮电动助力转向系统主要部件
1—转向小齿轮 2—转向力矩传感器 3—驱动小齿轮 4—蠕动泵
5—电动助力转向电动机 6—助力转向ECU

（5）工作原理及工作流程 电动助力转向系统的工作流程如图4-65所示。

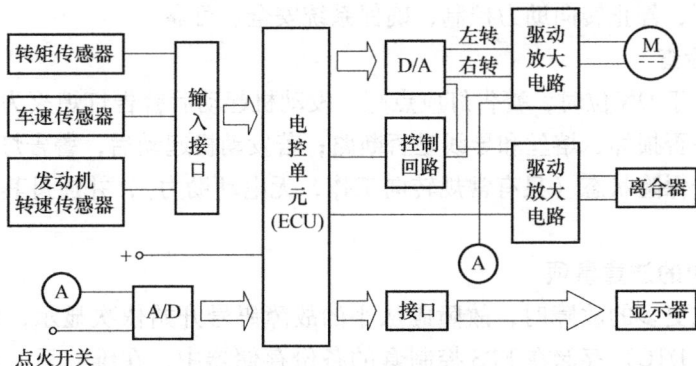

图4-65 电动助力转向系统的工作流程

如图4-65所示，转向盘转矩信号和车速信号经过输入接口送入电控单元（ECU），随着车速的升高，ECU相应地降低助力电动机电流，以减小助力转矩。发动机转速信号也被送入ECU，当发动机处于怠速时，由于供电不足，助力电动机和离合器不工作。因此，EPS工作时，EPS ECU必须控制发动机处于高怠速工作状态。点火开关的通断（ON/OFF）信号经A/D转换接口送入ECU。当点火开关断开时，电动机和离合器不能工作。ECU输出控制指令经D/A转换接口送入电动机和离合器的驱动放大电路中，控制电动机的旋转转向和离合器的离合。电动机的电流经驱动放大回路、电流表（A）、A/D转换接口反馈给ECU，将电动机的实际电流与按ECU指令应给的电流相比较，调节电动机的实际电流，使两者接近一致。

电动机和离合器接受电子控制单元输出的控制电流，产生助力转矩，经传动齿轮减速后，再经过小齿轮实现动力转向，电动机的动力是通过行星齿轮机构传递的。离合器是由电磁铁和弹簧等组成的电磁离合器。

当点火开关打开时，EPS电子控制单元接通电流，电动助力转向系统才能开始工作。在发动机起动时，交流电动机L端子的电压加到电子控制单元上。当检测到发动机处于起动状态时，助力转向系统转为工作状态。

行车时，电子控制单元按不同车速下的转向盘转矩控制电动机的电流，并完成电子控制转向和普通转向控制之间的转换。当车速高于30km/h时，则转换成普通的转向控制，电子控制单元没有离合器信号和电动机电流输出，离合器处于分离状态。当车速低于27km/h时，EPS电子控制单元又输出离合器信号和电动机电流，普通转向控制又转换为动力转向的工作模式。EPS电子控制单元还具有自我修正的控制功能。当电动助力转向系统出现故障时，可自动断开电动机的输出电流，恢复到通常的转向功能；同时速度表内的EPS警告灯点亮，以通知驾驶人助力转向系统发生故障。

4.2.2 电控助力转向系统的检修

电控助力转向系统的电子控制单元具有故障自诊断功能，当电子控制单元检测到系统存在故障时，即会显示出相应的故障码，以便采取相应的措施。当检测出系统的基本部件，如转矩传感器、电动机、车速传感器等出现故障而导致系统处于严重故障的情况时，系统就会使电磁离合器断开，停止转向助力控制，确保系统安全、可靠。

1. 警告灯的检查

当点火开关处于ON位时，警告灯应点亮，发动机起动后警告灯熄灭为正常；警告灯不亮时，检查灯泡是否损坏，熔丝和导线是否断路；若发动机起动后，警告灯仍亮，首先应考虑该系统是否处于保险状态（只有常规转向工作，无电动助力），并通过其自诊断系统进行必要的检查。

2. 故障诊断中的注意事项

当产生两个或更多的故障时，故障码从小的故障码号开始依次显示，记下显示的故障码。由于故障码（DTC）存储在EPS控制盒的备份存储器中，在维修后，一定要断开蓄电池负极电缆至少30s，以清除存储器中的故障码。转向柱总成不能分解，如果发现其中任何部件有缺陷，应整体更换；当更换转向柱总成时，必须小心不要引起撞击。一旦完成检查和维修，就应按表4-1所示步骤再次检查系统。

表 4-1　诊断流程

步　骤	操　作	是	否
1	① 确定蓄电池电压大约 11V 或更高 ② 在点火开关打开时，注意 EPS 灯 ③ 在点火开关打开时，EPS 灯是否点亮大约 2s	进入步骤 2	进行 EPS 灯线路检查
2	① 用连接线连接诊断端子两端 ② 用木楔楔住车轮，M/T 置于空档（A/T 置于 P 位）并拉起驻车制动器手柄 ③ 起动发动机 ④ EPS 灯是否闪亮	进入步骤 3	进行 EPS 灯线路检查
3	EPS 灯是否显示	进行故障诊断	按照流程图及对应代码检查和修理

清除存储在存储器里的故障码，然后进行规定试验。起动发动机观察 EPS 灯。检查是否显示故障码，确信故障排除。

3. ECU 控制盒的拆卸和安装

1）断开蓄电池负极电缆。

2）拆卸防尘罩。

3）拆卸所有连接端子插头。

4）拆卸 ECU 控制盒。

按与拆卸过程相反的步骤进行安装。

4. 转矩传感器的检修

1）拆卸转向柱防尘罩。从转向机总成上拆下转矩传感器及其插接器。

2）在点火开关置于 OFF 位时，断开转矩传感器耦合器。

3）检查转矩传感器各端子之间的电阻。如果检查结果不符合要求，应更换转向机总成。

4）连接转矩传感器耦合器。安装转向柱防尘罩。

5. 电动机和离合器的检修

以三菱某微型轿车检查为例进行介绍。

1）拆卸转向柱防尘罩。

2）在点火开关置于 OFF 位时，断开电动机和离合器插头。

3）检查电动机插头端子（图 4-66a）和离合器插头端子（图 4-66b）之间是否连通。

4）在每一个状态，检查电动机和离合器插头与终端之间的电阻。

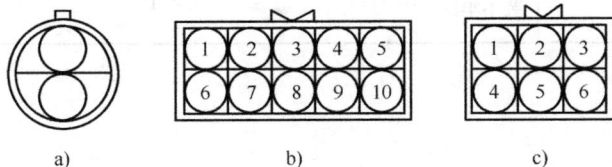

图 4-66　三菱某微型轿车端子

5）在每一个状态，检查电动机和离合器插头与搭铁之间的电阻。如果检查结果不符合要求，更换转向柱。

6）连接电动机和离合器插头。

7）安装转向柱防尘罩。

6. 车速传感器的检查

首先，从变速器上拆下车速传感器，用手转动车速传感器的转子检查其能否顺利运转，若有卡滞，则应更换。然后，测定车速传感器导线插接器 1 号与 2 号端子之间、4 号与 5 号端子之间的电阻值，如图 4-66c 所示，其值等于（165±20）Ω 为良好。如果检查结果不符合要求，则必须更换车速传感器。

有些故障是不在车载诊断系统（自我诊断功能）上显示的。当通过车载诊断系统显示转向基本部件都处于完好状态时，可按表 4-2 检查电动助力转向系统各部件。

表 4-2　电动助力转向系统的常见故障及维修方法

序　号	故障现象	原　因	维修方法
1	转向无助力	① 控制系统线束插接器接触不良 ② 系统熔丝烧断 ③ 继电器损坏 ④ 控制器、电动机或传感器损坏	① 检查系统各插接器是否完全接插好 ② 更换熔丝（10A、25A） ③ 更换继电器 ④ 更换
2	左右助力轻重不同	① 传感器中位输出电压调整有偏差 ② 控制器或传感器损坏	① 断开电动机插接器，松开传感器调整螺钉，调整传感器位置，使其中位电压为（2.5±0.05）V ② 更换
3	系统刚开始工作	① 电动机助力反方向 ② 控制器或传感器损坏	① 把电动机端（粗线）红色线与黑色线位置调换 ② 更换
4	转向变沉重	① 蓄电池亏电 ② 电动机损坏（功率降低） ③ 前轮轮胎气压不足	① 充电 ② 更换 ③ 充气
5	系统工作有噪声	① 电动机损坏 ② 下转向轴总成或机械转向器总成间隙太大 ③ 下转向轴总成或电动管柱总成安装不牢固	① 更换 ② 调整或更换 ③ 检查各安装螺钉是否锁紧，加固

【小　结】

1. 汽车转向系统的作用是用来控制汽车行驶方向,使其能够按照驾驶人的意愿改变车辆行驶方向及保持直线行驶。

2. 汽车转向系统按照其转向能源及控制方式的不同分为机械转向系统、液压助力转向系统、电控液压助力转向系统和电动助力转向系统四种。

3. 液压助力转向系统主要由转向操纵机构、转向器及转向传动机构组成的机械装置部分和液压泵、转向控制阀、储液罐、液压管路等液压助力控制两大部分组成。

4. 电控助力转向系统包括电控液压助力转向系统和电动助力转向系统两种。

5. 电控液压助力转向系统是在普通液压助力转向系统的基础上增设一套电子控制装置,使转向助力不再是固定值,而是能随车速和路况变化而变化的助力转向系统。

6. 电动助力转向系统依靠蓄电池驱动的电动机作为动力源帮助驾驶人进行转向。它采用了最新的电力电子技术和高性能的电动机控制技术,能显著改善汽车动态性能和静态性能,提高行驶中驾驶人的舒适性和安全性,减少环境的污染等。

【课后练习题】

1. 汽车转向系统由哪些部件组成?各起到什么作用?
2. 说明液压助力齿轮齿条式转向器的结构及工作原理。
3. 说明液压助力循环球式转向器的结构与工作原理。
4. 说明电动助力转向系统的结构与工作原理。
5. 说明液压助力齿轮齿条式转向器的拆装与检修方法。

CHAPTER 5　**汽车制动系统的结构、原理与维修**

【知识目标】

1. 掌握汽车制动系统的功用和组成。
2. 掌握汽车制动系统的结构及工作原理。
3. 掌握汽车制动系统主要零部件的检修方法。

【技能目标】

1. 掌握汽车制动系统的基本检查和维护方法。
2. 能够具备汽车制动系统部件及总成的拆解和检修技能。

【案例导入】

2014年9月18日河北省张家口市发生一起货车撞向公交车站事故，该事故导致8人死亡6人受伤。警方通报，经勘查认定事故系肇事车制动失灵所致。

"制动失灵"就是本章要讲述的汽车制动系统出现了问题。大家都知道，汽车的制动系统对我们的行车安全非常重要，行车中如出现制动失灵、制动甩尾等故障，后果都将不堪设想。那么汽车的制动系统是如何制动的？该如何检修制动系统的各零部件？ABS、ESP等系统又是什么呢？

5.1　常规制动系统

5.1.1　制动系统概述

1. 制动系统的功用

制动系统的功用是根据需要使行驶中的汽车减速甚至停车，使下坡行驶的汽车保持车速稳定，以及使已停驶的汽车保持不动。

2. 制动系统的分类

按照制动系统的功用不同，汽车制动系统可分为行车制动系统和驻车制动系统。行车制动系统的功用是使正在行驶中的汽车减速或在最短的距离内停车。它是由驾驶人用脚来操纵的，故俗称脚制动系统。驻车制动系统的功用是使已经停在各种路面上的汽车驻留原地不动。它通常是由驾驶人用手来操纵的（目前部分汽车驻车制动系统用脚操纵），故俗称手制动系统。但是，在紧急情况下，两套制动系统可同时使用，以增加汽车的制动效果。

按照制动能源不同，汽车制动系统又可分为人力制动系统、动力制动系统和伺服制动系统。人力制动系统是以驾驶人的肌体作为唯一制动能源的制动系统；动力制动系统是完全由发动机的动力转化而成的气压或液压形式的势能进行制动的制动系统；伺服制动系统是兼用人力和发动机动力进行制动的制动系统。现代轿车主要以伺服制动系统为主。

按照制动能量的传递方式不同，制动系统又可分为机械式、液压式、气压式和电磁式。同时采用两种或两种以上传能方式的制动系统统称为组合式制动系统。现代轿车主要以液压式为主。

所有汽车均使用双回路制动系统或多回路制动系统，即所有行车制动系统的气压或液压管路分属于两个或多个彼此独立的回路。这样，即使其中一个回路失效，还能利用其他回路获得部分制动力。

3. 制动系统的基本组成与工作原理

汽车制动系统主要由供能装置、控制装置、传动装置和制动器等部分组成。

1）供能装置：包括供给、调节制动所需能量以及改善传能介质状态的各种部件，如气压制动系统中的空气压缩机、液压制动系统中人的肌体。

2）控制装置：包括产生制动动作和控制制动效果的各种部件，如制动踏板等。

3）传动装置：将制动能量传递到制动器的各个部件，如制动主缸、制动轮缸等。

4）制动器：产生阻碍车辆运动或运动趋势的力的部件。

较为完善的制动系统还具有制动力调节装置以及报警装置、压力保护装置等。图5-1所示为普通汽车制动系统的组成示意图。

汽车制动系统的工作原理就是将汽车的动能通过摩擦转换成热能达到制动效果。图5-2所示是一种简单的液压制动系统的工作原理示意图，它由制动器、操纵机构和液压传动机构组成。

车轮制动器主要由旋转部分、固定部分和张开机构组成。旋转部分是制动鼓12，它固定在车轮轮毂上，随车轮一起旋转，它的工作面是内圆柱面。固定部分包括制

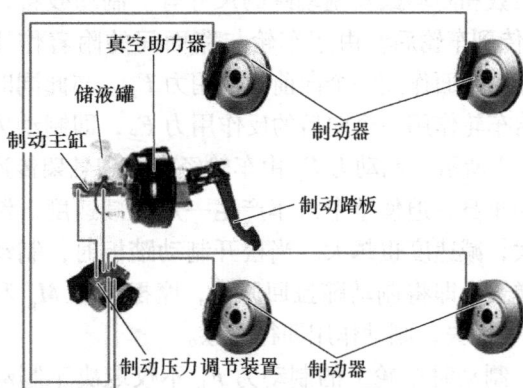

图5-1　普通汽车制动系统组成示意图

动蹄13和制动底板10等。制动底板通过螺栓与转向节凸缘（前轮）或桥壳凸缘（后轮）固定在一起。在固定不动的制动底板上，有两个支承销11支撑着两个弧形制动蹄13的下端。制动蹄的外圆面上装有摩擦片8，上端用制动蹄回位弹簧9拉紧压靠在轮缸活塞7上。制动蹄可用液压轮缸（或凸轮）等张开机构使其张开。液压轮缸也安装在制动底板上。

操纵机构主要是制动踏板1，传动机构主要由推杆2、制动主缸4、制动轮缸6和油管5等组成。装在车架上的制动主缸通过油管5与制动轮缸相连通。主缸活塞3可由驾驶人通过制动踏板1来操纵。

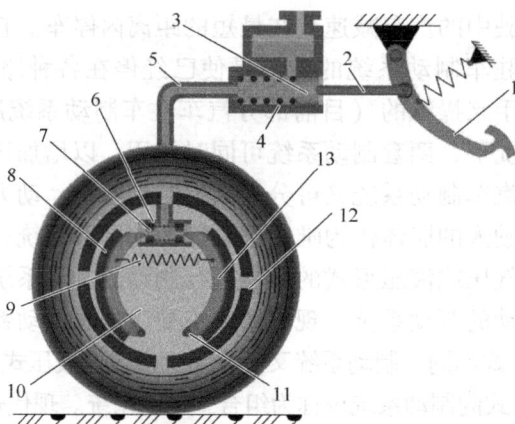

图5-2 制动系统工作原理示意图（不工作时）

1—制动踏板 2—推杆 3—主缸活塞 4—制动主缸 5—油管 6—制动轮缸 7—轮缸活塞
8—摩擦片 9—制动蹄回位弹簧 10—制动底板 11—支承销 12—制动鼓 13—制动蹄

制动系统不工作时，制动鼓的内圆面与制动蹄摩擦片的外圆面之间保留有一定的间隙，使制动鼓可以随车轮自由旋转。

制动时，踩下制动踏板1，推杆2便推动主缸活塞3，使主缸中的油液以一定压力流入制动轮缸6，通过轮缸活塞7使两制动蹄13的上端向外张开，从而使摩擦片压紧在制动鼓的内圆面上。这样，不旋转的制动蹄就对旋转着的制动鼓产生一个摩擦力矩 M_μ，其作用方向与车轮旋转方向相反，摩擦力矩大小取决于轮缸的张力、摩擦系数和制动鼓及制动蹄的尺寸等。制动鼓将该力矩 M_μ 传到车轮后，由于车轮与路面间的附着作用，车轮即对路面作用一个向前的作用力 F_A，与此同时，路面给车轮作用一个向后的反作用力 F_B，即制动力，如图5-3所示。制动力 F_B 由车轮经车桥和悬架传递给车架和车身，迫使整个汽车产生一定的减速度。制动力越大，减速度也越大。当松开制动踏板时，制动蹄回位弹簧9即将制动蹄拉回原位，摩擦力矩 M_μ 和制动力 F_B 消失，制动作用即行解除。

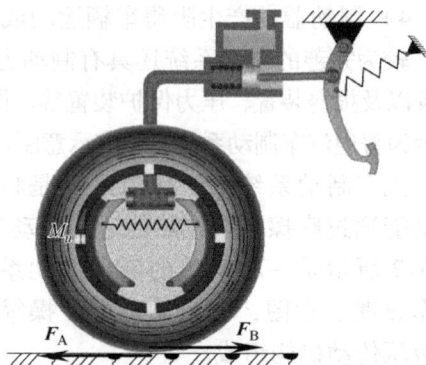

图5-3 制动系统工作原理（制动时）

制动时车轮上的制动力 F_B 不仅取决于制动力矩 M_μ，还取决于轮胎与路面间的附着条件。如果完全丧失附着，就不会产生制动效果，即车轮停止转动而被抱死，汽车仍然向前滑移。不过，在讨论制动系统的结构问题时，一般都假设具备良好的附着条件。

近年来，国内外不少汽车在制动系统中增设了前后桥车轮制动力分配调节装置，以减少车轮的抱死现象。但最理想的还是电子控制的自动防抱死制动系统。

4. 对制动系统的要求

为保证汽车能在安全的条件下发挥出高速行驶的能力，制动系统必须满足下列要求。

1）具有良好的制动效能：具备迅速减速直至停车的能力，其评价指标有制动距离、制动减速度、制动力和制动时间。制动效能可以用制动试验台来检验，常用制动力来衡量制动效能。而在实际使用过程中，通常用制动距离来衡量汽车的制动效能。

2）操纵轻便：操纵制动系统所需的力不应过大。

3）制动稳定性好：制动时，前后车轮制动力分配合理，左右车轮上的制动力矩基本相等，使汽车制动过程中不跑偏、不甩尾。

4）制动平顺性好：制动力矩能迅速而平稳地增加，也能迅速而彻底地解除。

5）散热性好：连续制动时，制动鼓和制动蹄上的摩擦片因高温引起的摩擦系数下降要小（抗热衰退性好）；水湿后恢复要快（抗水衰退性好）。

对挂车的制动系统，还要求挂车的制动作用略早于主车；挂车自行脱挂时能自动进行应急制动。

5.1.2　制动系统的组成及其工作原理

1. 制动器

制动器是制动系统中用以产生阻碍车辆运动或运动趋势的力的部件。制动器主要是通过其中的固定元件对旋转元件施加制动力矩，使后者的旋转角速度降低，同时依靠车轮与路面的附着作用，产生路面对车轮的制动力，以使汽车减速的。目前，一般汽车所使用的制动器的制动力矩都来源于固定元件和旋转元件工作表面之间的摩擦，即摩擦式制动器。按照摩擦工作表面的不同，制动器分为鼓式制动器和盘式制动器。鼓式制动器旋转元件为制动鼓，工作表面为制动鼓的内圆柱面，如图 5-4a 所示；盘式制动器的旋转元件为制动盘，工作表面为制动盘的端面，如图 5-4b 所示。

（1）鼓式制动器　鼓式制动器利用制动传动机构使制动蹄将制动摩擦片压紧在制动鼓内侧，从而产生制动力，根据需要使车轮减速或在最短的距离内停车，以确保行车安全，并保

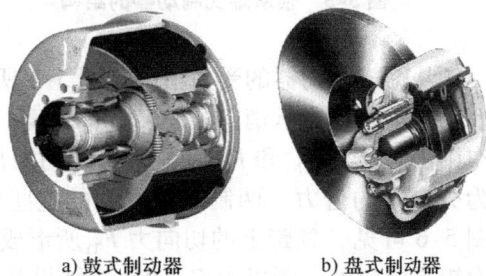

a) 鼓式制动器　　　　b) 盘式制动器

图 5-4　制动器的类型

障汽车停放可靠，不能自动滑移。鼓式制动器按照其结构与工作特点不同，又分为领从蹄式制动器、双领蹄式制动器、双向双领蹄式制动器和自增力式制动器。领从蹄式制动器的效能及稳定性均处于中等水平，但由于其在汽车前进与倒车时的制动性能不变，且结构简单，造价较低，也便于附装驻车制动机构，故这种结构仍广泛用于中、重型载货汽车的前、后轮制动器及轿车的后轮制动器。在此只介绍领从蹄式制动器的结构及工作原理。

领从蹄式制动器的结构如图 5-5 所示，制动底板固装在车桥壳的凸缘盘上，在制动底板的下部装有两个偏心的支承销，两个制动蹄的下端有孔，套装在偏心的支承销上，并用锁止螺母锁止。限位杆借螺纹旋装在制动底板上，使制动蹄腹板紧靠着限位杆中部的台肩，以防止制动蹄轴向窜动。制动蹄的外圆面上，用埋头铆钉铆接着用石棉和铜丝压制成的摩擦片。作为制动蹄促动装置的制动轮缸也用螺钉固装在制动底板上。制动鼓固装在车轮轮毂的凸缘上，随车轮一起转动。轮毂内装有油封，防止润滑油漏入制动鼓内。

制动时，两制动蹄在相同的轮缸液压作用下，绕各自的偏心支承销的轴线向外旋转张开，压靠到旋转的制动鼓上，制动蹄与制动鼓之间产生摩擦力矩（即制动力矩），其方向与车轮的旋转方向相反，对车轮产生制动作用。解除制动时，油压撤除，两制动蹄在回位弹簧

的作用下回位。

当汽车前进行驶时，制动鼓的旋转方向和车轮的旋转方向相同。制动时，两制动蹄绕各自的支承点向外旋转张开。制动蹄 1 的旋转方向与制动鼓的旋转方向相同（图 5-6），称为领蹄；制动蹄 2 的旋转方向与制动鼓的旋转方向相反，称为从蹄。当汽车倒驶制动时，制动蹄 1 变成从蹄，而制动蹄 2 变成领蹄。这种在汽车前进制动和倒向行使制动时，都有一个领蹄和一个从蹄的制动器即称为领从蹄式制动器。

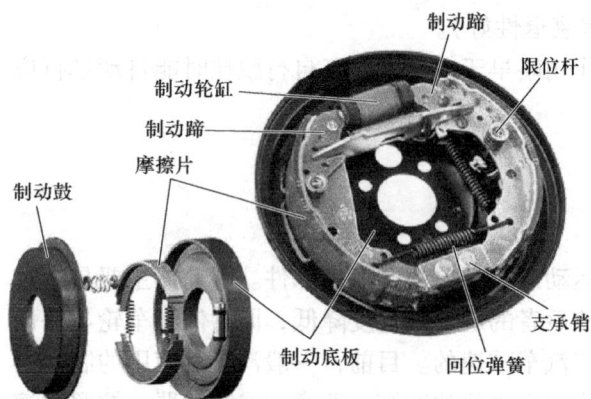

图 5-5 领从蹄式制动器的结构

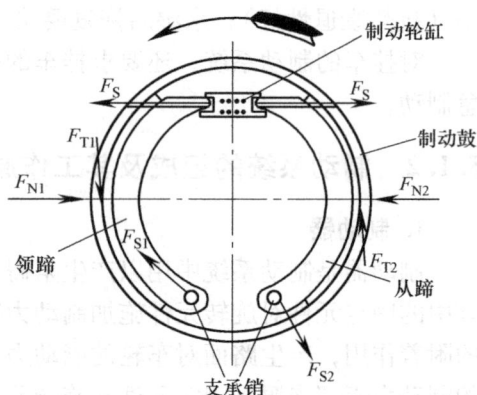

图 5-6 领从蹄式制动器工作原理示意图

领从蹄式制动器的受力情况如图 5-6 所示。制动时，两制动蹄在相等的促动力 F_S 的作用下，绕各自的支承销向外偏转一个角度，紧压在制动鼓上，旋转的制动鼓即对两制动蹄分别作用法向反力 F_{N1} 和 F_{N2} 以及相应的切向反力 F_{T1} 和 F_{T2}，这里法向反力 F_N 和切向反力 F_T 均为分布力的合力。两制动蹄受到的这些力分别被各自的支点支承反力 F_{S1} 和 F_{S2} 所平衡。由图 5-6 可见，领蹄上的切向力 F_{T1} 所形成的绕支点的力矩与促动力 F_S 所形成的绕同一支点的力矩是同向的。所以力 F_{T1} 的作用结果是使领蹄 1 在制动鼓上压得更紧，即力 F_{N1} 变得更大，从而力 F_{T1} 也更大。这表明领蹄具有"增势"作用。与此相反，切向力 F_{T2} 则使从蹄 2 有放松制动鼓的趋势，即有使 F_{N2} 和 F_{T2} 本身减小的趋势，故从蹄具有"减势"作用。

由上述可见，虽然领蹄和从蹄所受促动力相等，但所受制动鼓法向反力 F_{N1} 和 F_{N2} 却不相等，且 $F_{N1} > F_{N2}$，相应的 $F_{T1} > F_{T2}$。故两制动鼓所施加的制动力矩不相等。一般说来，领蹄产生的制动力矩为从蹄制动力矩的 2~3 倍。显然，由于领蹄与从蹄所受法向反力不等，在两蹄摩擦片工作面积相等的情况下，领蹄摩擦片上的单位压力较大，因而磨损较严重。为了使领蹄和从蹄的摩擦片寿命相近，有些领从蹄式制动器的领蹄摩擦片的周向尺寸设计得较大。但这样将使两蹄的摩擦片不能互换，从而增加了零件的品种数和制造成本。

此外，领从蹄式制动器的制动鼓所受到的来自两蹄的法向力 F_{N1} 和 F_{N2} 不相平衡，则两蹄法向力之和只能由车轮轮毂轴承的反力来平衡，这就对轮毂轴承造成了附加径向载荷，使其寿命缩短。这种制动器称为非平衡式制动器。

一汽-大众全新捷达 2015 款 1.6L 手动时尚版轿车的后轮制动器就采用了这种领从蹄式制动器，制动器的固定部分结构如图 5-7 所示。两个制动蹄 1 和 6 下端插在制动底板 12 相应的槽内，由上、下两个回位弹簧 9 和 3 将其拉拢，使其上端紧靠在制动轮缸 11 的活塞上。制动蹄外圆弧面上铆有制动摩擦片，其特点是制动蹄采用了浮式支承，整个制动蹄可沿支承平面有一定的浮动量，使制动蹄自动定心，保证尽可能与制动鼓全面接触。

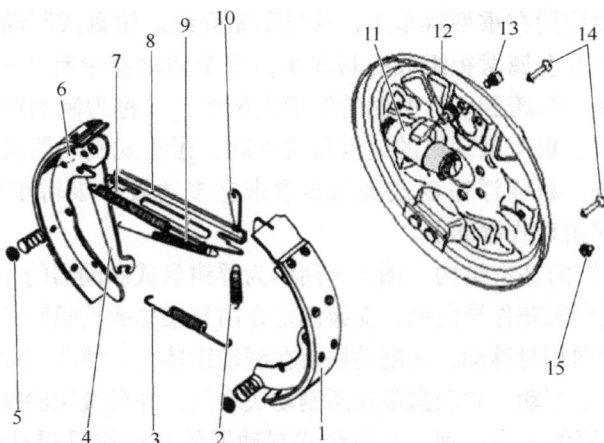

图 5-7　一汽-大众新捷达 1.6L 轿车后轮制动器固定元件

1—制动蹄　2—自调弹簧　3—下回位弹簧　4—驻车制动拉杆　5—弹簧座
6—带驻车制动拉杆的制动蹄　7—定位弹簧　8—推杆　9—上回位弹簧　10—调整楔
11—制动轮缸　12—制动底板　13—螺栓　14—压紧销　15—盖罩

该行车制动器兼作驻车制动器，因此，在制动器中还加装了驻车制动机械传动机构。驻车制动拉杆 4 铆装在制动蹄 6 上，并能自由摆动。驻车制动推杆 8 左端的槽插在驻车制动拉杆上，右端槽孔插装在制动蹄 1 的凸棱上。定位弹簧 7 左端钩挂在驻车制动推杆左侧的孔内，右端钩挂在制动蹄 1 的腹板上，上回位弹簧 9 右端钩挂在驻车制动推杆右侧的孔内，左端钩挂在制动蹄 6 的腹板上。由于弹簧的作用，驻车制动推杆拉靠在驻车制动拉杆 4 上，驻车制动拉杆的下端与驻车制动软轴相连。

制动时，驾驶人拉动驻车制动操纵手柄，带动驻车制动软轴，进而带动驻车制动拉杆 4 绕上端支点向右转动，推动推杆 8 向右移动，向外推开制动蹄 1。当这个制动蹄压紧在制动鼓上后，驻车制动拉杆又绕和推杆接触处转动，推动制动蹄 6 也压靠在制动鼓上。这样，两个制动蹄都将制动鼓胀住，而对车轮进行制动。解除制动时，驾驶人松开驻车制动操纵杆，两个制动蹄在上、下回位弹簧及定位弹簧的作用下回位，使制动蹄和制动鼓间保持适当的间隙，车轮便可以自由转动，制动作用解除。

扫一扫

鼓式制动器的
工作原理

扫一扫

领从蹄制动器的
工作原理

（2）盘式制动器　盘式制动器摩擦副中的旋转元件是以端面工作的金属圆盘，称为制动盘，其固定元件有多种结构形式。根据固定元件的结构形式不同，盘式制动器大体上可以分为两类，即全盘式制动器和钳盘式制动器。全盘式制动器的固定元件的金属背板和摩擦片都做成圆盘形，因而其制动盘的全部工作面可同时与摩擦片接触。全盘式制动器由于制动钳的横向尺寸较大，主要应用在重型汽车上，这里不做介绍。钳盘式制动器中的固定元件是工作面积不大的摩擦块与其金属背板组成的制动块，每个制动器中有 2~4 块制动块。这些制动块及其促动装置都装在横跨制动盘两侧的钳形支架中，总称为制动钳。制动盘和制动钳共同构成了钳盘式制动器。根据制动钳的结构形式不同，钳盘式制动器又分为定钳盘式制动器和浮钳盘式制动器两种。目前浮钳盘式制动器愈来愈多地被各级轿车和货车用作车轮制动器，所以这里只介绍浮钳盘式制动器。

1）浮钳盘式制动器的基本结构。图 5-8 所示为浮钳盘式制动器的结构简图。制动钳体用螺栓与支架相连，螺栓同时兼作导向销，支架固定在前悬架总成轮毂轴承座凸缘上。制动钳体可沿导向销与支架做轴向相对移动，两制动块装在制动钳体上，使两制动块可以在制动钳体上做轴向移动，但不会上下窜动。制动盘装在两制动块之间，并通过轮胎螺栓固定在轮毂上。

2）浮钳盘式制动器的工作原理。浮钳盘式制动器的制动钳是浮动的，可以相对于制动盘做轴向移动。其中只在制动盘的内侧设置液压缸，用以驱动内侧制动块，而外侧的制动块则附着在钳体上，制动时随制动钳做轴向移动。图 5-9 所示为浮钳盘式制动器结构示意图。制动时，内侧活塞及摩擦片在液压作用力 F_1 作用下，向左移动压向制动盘。同时，液压的反作用力 F_2 推动制动钳体向右移动，使外侧摩擦片也压靠到制动盘上。导向销上的橡胶衬套不仅能够稍微变形以消除制动器间隙，而且可使导向销免受泥污。解除制动时，橡胶衬套所释放出来的弹性能有助于外侧制动块离开制动盘，活塞密封圈使活塞回位。

扫一扫

浮钳盘式制动器的工作原理

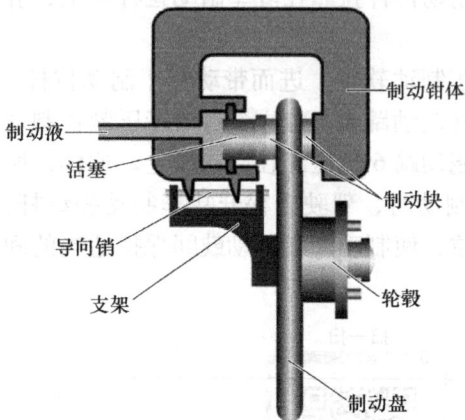

图 5-8　浮钳盘式制动器的结构简图

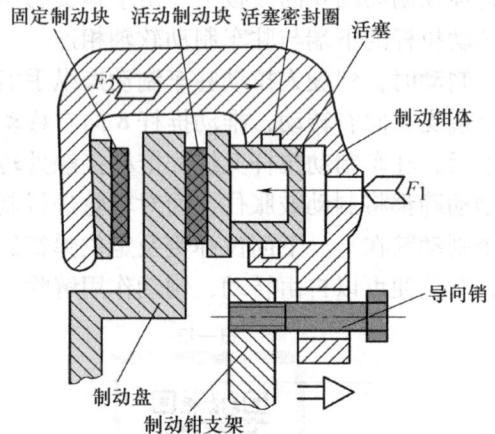

图 5-9　浮钳盘式制动器结构示意图

浮钳盘式制动器在兼作行车和驻车制动器时，不用加设驻车制动钳，只需在行车制动钳液压缸附近加装一些驻车制动机械传动零件，用以推动液压缸活塞。

3）制动钳磨损报警装置。许多盘式制动器上装有制动块摩擦片磨损报警装置，用来提醒驾驶人制动块上的摩擦片需要更换。常见的磨损报警装置有声音和电子的两种。

① 声音报警装置如图 5-10 所示，这种系统在制动摩擦块的背板上装有一个小弹簧片，其端部到制动盘的距离刚好为摩擦片的磨损极限，当摩擦片磨损到需要更换时，弹簧片与制动盘接触发出刺耳的尖叫声，警告驾驶人需要维修制动系统。

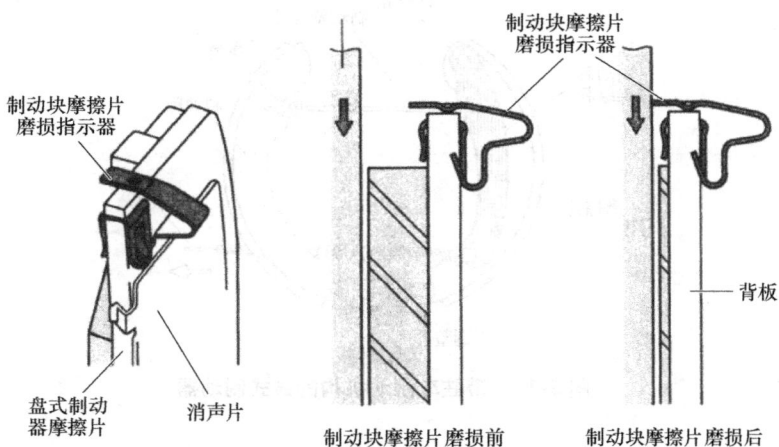

图 5-10　声音报警装置

② 电子报警装置是在摩擦片内预埋了电路触点，当衬片磨损到触点外露接触制动盘时，形成电流回路接通仪表板上的警告灯，告知驾驶人摩擦片需要更换。

4）浮钳盘式制动器的特点。

优点：①摩擦表面为平面，不易发生较大变形，制动力矩较稳定；②热稳定性好，受热后制动盘只在径向膨胀，不影响制动间隙；③受水浸渍后，在离心力的作用下水分很快被甩干，摩擦片上剩余的水分也由于压力高而较容易被挤出；④制动力矩与汽车行驶方向无关；⑤制动间隙小，便于自动调节间隙；⑥摩擦片容易检查、维护和更换。

不足之处：①盘式制动器摩擦片直接压在制动盘上，无自动摩擦增力作用；②兼用驻车制动时，加装的驻车制动传动装置较鼓式制动器复杂，因而使用在后轮上时受到限制。

（3）驻车制动装置　驻车制动装置的作用是使停驶后的汽车能够驻留原地不动，使汽车在坡道上能顺利起步，当行车制动效能失效后临时使用或配合行车制动器进行紧急制动。

驻车制动装置按其安装位置可分为中央制动式和车轮制动式两种。前者的制动器安装在变速器的后面，制动力作用在传动轴上；后者与车轮制动器共用一个制动器总成，只是传动机构是相互独立的。现代轿车驻车制动器按其结构形式主要分为鼓式和盘式两种。

1）带驻车制动机构的车轮鼓式制动器。图 5-11 所示为带驻车制动机构的鼓式制动器，这种驻车制动机构通常设置在后轮鼓式制动器中，与行车制动系统共用一套制动器。操纵机构通过驻车制动拉索，拉动制动蹄操纵杆绕支点转动，并通过驻车制动蹄支柱推动两制动摩擦片外张，压住后制动鼓，起到驻车制动的作用。

2）带驻车制动机构的车轮盘式制动器。图 5-12 所示为一种带凸轮促动机构的浮钳盘式制动器。自调螺杆 9 穿过制动钳体 1 的孔旋装在有粗牙螺纹的自调螺母 12 中，螺母凸缘的左边部分被扭簧 13 紧箍着。扭簧的一端固定在活塞上，而另一端则自由地抵靠在螺母凸缘上。推力球轴承 11 固定在螺母凸缘的右侧，并被固定在活塞 14 上的挡片 10 封闭。膜片弹簧 8 使螺杆右边斜面与驻车制动杠杆 7 的凸缘斜面始终贴合。

施加驻车制动时，在驻车制动杠杆 7 的凸轮推动下，自调螺杆 9 连同自调螺母 12 一直

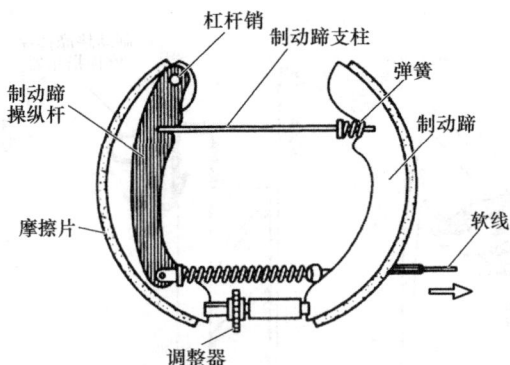

图 5-11 带驻车制动机构的鼓式制动器

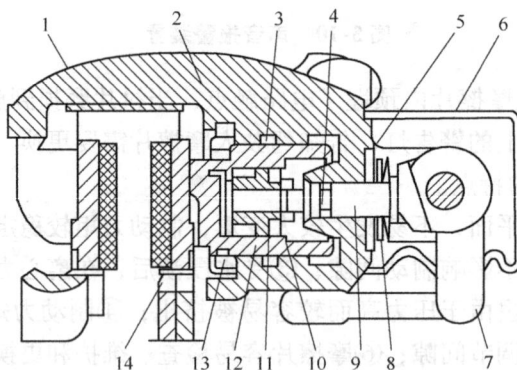

图 5-12 带凸轮促动机构的浮式制动钳

1—制动钳体 2—活塞护罩 3—活塞密封圈 4—自调螺杆密封圈 5—膜片弹簧支承垫圈
6—驻车制动杠杆护罩 7—驻车制动杠杆 8—膜片弹簧 9—自调螺杆 10—挡片
11—推力球轴承 12—自调螺母 13—扭簧 14—活塞

左移到螺母接触活塞 14 的底部。此时，由于扭簧的障碍，自调螺母不可能倒转着相对于螺杆向右移动，于是轴向推力便通过活塞传动到制动块上而实现制动。解除制动时，自调螺杆 9 在膜片弹簧 8 的作用下，随着驻车制动杠杆 7 复位。

图 5-13 所示是雷克萨斯 LS400 轿车盘鼓式驻车制动器。这种制动器将一个用作行车制动器的盘式制动器和一个用作驻车制动器的鼓式制动器组合在一起。双作用制动盘的外缘盘作为盘式制动器的制动盘，中间的鼓部作为鼓式制动器的驻车制动鼓。

进行驻车制动时，将驾驶室中的手动驻车制动操纵杆拉到制动位置，经一系列杠杆和拉索传动，将驻车制动杠杆的下端向前拉，使之绕平头销转动，其中间支点推动制动推杆左移，将前制动蹄推向制动鼓。待前制动蹄压靠到制动鼓上之后，推杆停止移动，此时制动杆绕中间支点继续转动，于是制动杠杆的上端向右移动，使后制动蹄压靠到制动鼓上，施以驻车制动。

扫一扫

凸轮式车轮制动器的工作原理

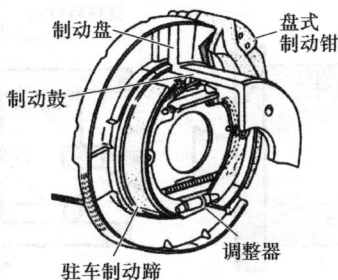

图 5-13   盘鼓式驻车制动器

解除制动时，将驻车制动操纵杆推回到不制动的位置，制动杠杆在卷绕于拉索上的复位弹簧作用下复位，同时制动蹄复位弹簧将两制动蹄拉拢。

（4）制动间隙自动调整装置   制动蹄或制动钳在不工作的原始位置时，其摩擦片与制动鼓或制动盘之间应有合适的间隙，这一间隙（以下简称制动间隙）如果过小，就不易保证彻底解除制动，造成摩擦副拖磨；过大又将使制动踏板行程太长，以致驾驶人操作不便，也会推迟制动器开始起作用的时刻。但在制动器工作过程中，摩擦片的不断磨损将导致制动间隙逐渐增大。情况严重时，即使将制动踏板踩到极限位置，也产生不了足够的制动力矩。目前，大多数轿车都装有制动间隙自调装置，它可以保证制动间隙始终处于最佳的状态，不必经常检查和调整。轿车制动间隙自动调整装置主要有摩擦限位式间隙自动调整装置、阶跃式间隙自动调整装置和楔块式间隙自动调整装置。

1）摩擦限位式间隙自动调整装置。用于限定不制动时制动蹄内极限位置的限位摩擦环装在轮缸活塞内，限位摩擦环是一个有切口的弹性金属环，压入轮缸后与缸壁之间的摩擦力可达 400~500N。如果制动间隙过大，活塞向外移动靠在限位环上仍不能正常制动。活塞在油压作用下克服摩擦环与缸壁间的摩擦力继续向外移动，摩擦环也被带动外移，如图 5-14c 所示。解除制动时，制动器回位弹簧不可能带动摩擦环回位，制动蹄只能回复到活塞与处于新位置的限位摩擦环接触为止，也即活塞的回位受到限制，制动器间隙减少，如图 5-14d 所示。但这种间隙自动调整装置只能将间隙调小而不能调大，容易造成间隙调整过头现象。

2）阶跃式间隙自动调整装置。装有这种自动调整装置的制动器装配后需预先初步调校制动间隙，再通过若干次制动，才能消除过量的制动间隙，使间隙减小到设定值。这种类型的自动调整装置结构较复杂，但可以克服摩擦限位式自动调整装置可能产生因调整过度而形成制动器冷态下的制动拖滞现象，因此被愈来愈多的车辆采用。

它的作用原理是：当制动间隙过大不进行驻车制动时，拨板与调整螺杆的棘轮齿完全脱开；当进行驻车制动时，拉索拉动拨板上端上移，上移量取决于当时制动间隙的大小；而当驻车制动解除时拨板在回位弹簧的作用下逆时针摆动，便拨动调整螺杆转过一个棘轮齿距，使顶杆总长度增加，如图 5-15 所示。

3）楔块式间隙自动调整装置。一汽-大众新捷达就采用这种制动间隙自动调整装置，主要依靠楔形调整块调整，如图 5-16 所示。

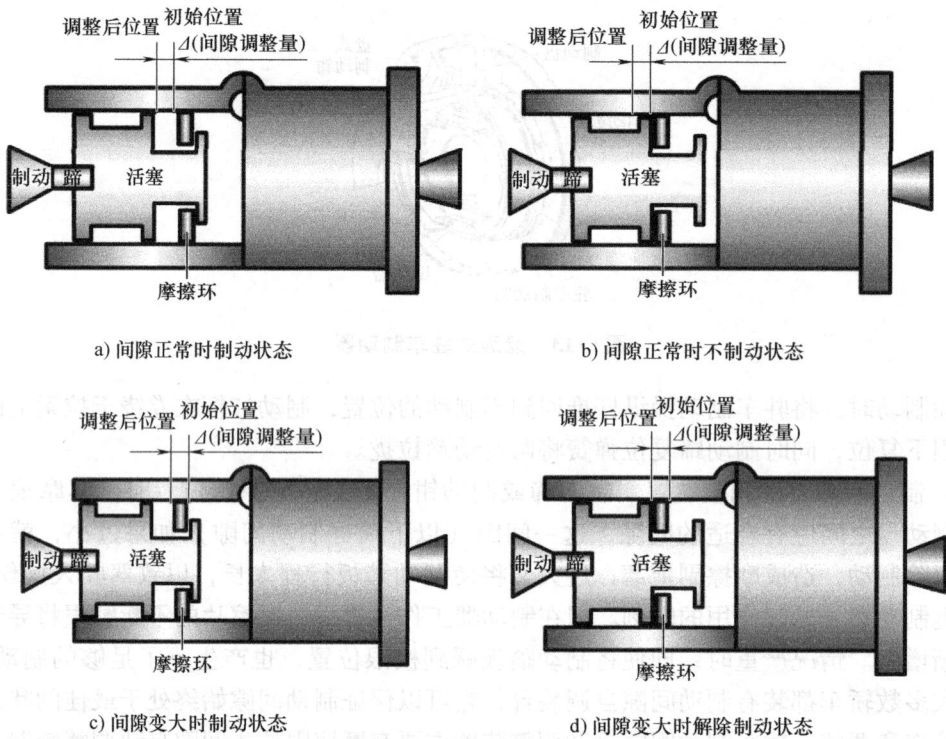

a) 间隙正常时制动状态   b) 间隙正常时不制动状态

c) 间隙变大时制动状态   d) 间隙变大时解除制动状态

图 5-14   摩擦限位式间隙自动调整装置

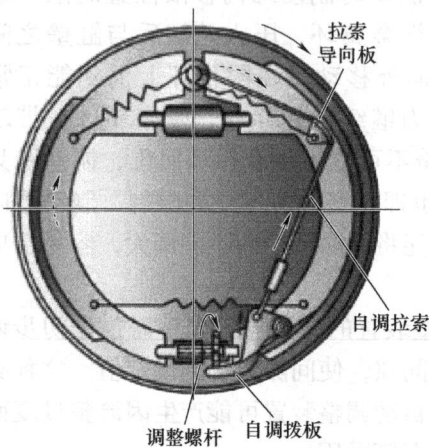

图 5-15   阶跃式间隙自动调整装置

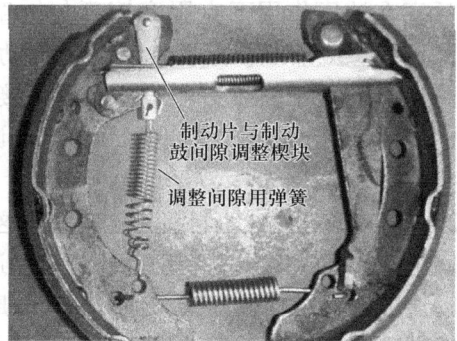

图 5-16   楔块式间隙自动调整装置

2. 制动传动装置

汽车制动传动装置的功用是将驾驶人施加于踏板上的力放大后传到制动器，并控制制动器工作，以获得所需要的制动效果。

制动传动装置按传力介质不同可分为机械式、液压式和气压式。目前轿车广泛采用液压式制动传动装置。在液压式制动传动装置中，传力介质是制动油液，利用制动油液将驾驶人作用于制动踏板上的力转换为油液压力，通过管路传至车轮制动器，再将油液压力转换为使制动蹄张开的机械推力或使制动块朝向制动盘的压力。按制动能源不同，液压式制动系统又分为人力液压制动系统和伺服液压制动系统。伺服液压制动系统又有真空助力式和真空增压式两种。轿车广泛使用真空助力式伺服液压制动系统，所以下面只介绍真空助力式伺服液压制动传动装置。

（1）制动传动装置的组成　如图 5-17 所示，真空助力式伺服液压制动系统的传动装置由制动踏板、真空助力器、推杆、制动主缸、储液罐、制动轮缸、油管、比例阀等组成。

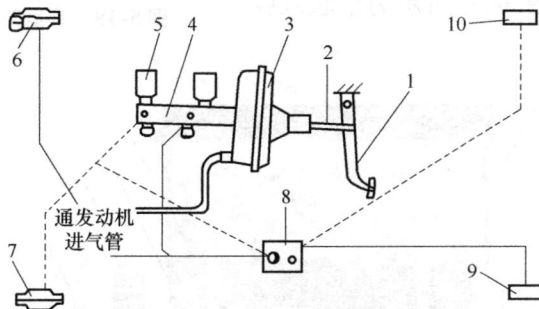

图 5-17　液压式制动传动装置的组成
1—制动踏板　2—推杆　3—真空助力器　4—制动主缸　5—储液罐　6—右前制动轮缸
7—左前制动轮缸　8—感载比例阀　9—左后制动轮缸　10—右后制动轮缸

（2）制动传动装置的类型与工作原理　为了提高汽车制动的可靠性和行车的安全性，目前轿车都采用双回路液压制动传动装置。双回路是指利用彼此独立的双腔制动主缸，通过两套独立管路，分别控制两桥或三桥的车轮制动器。

双回路的布置方案在各类汽车上各有不同，常见的有前后分开式和交叉式（对角线分开式）两种形式，如图 5-18 所示。前后分开式双回路液压制动传动装置（图 5-18a）由双腔制动主缸通过两套独立的管路分别控制前桥和后桥的车轮制动器。这种布置方式结构简单，如果其中一套管路损坏漏油，另一套仍能起作用，但会破坏前后桥制动力分配的比例，主要用于对后轮制动依赖较大的发动机前置后轮驱动的汽车。交叉式双回路液压制动传动装置由双腔制动主缸通过两套独立的管路分别控制前后桥对角线方向的两个车轮制动器。这种布置方式在任一管路失效时，仍能保持一半的制动力，且前后桥制动力分配比例保持不变，有利于提高制动方向稳定性，主要用于对前轮制动依赖较大的发

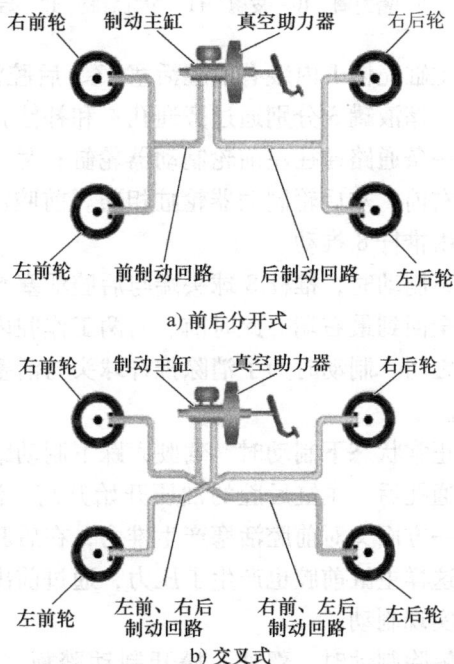

图 5-18　双回路液压制动传动装置布置示意图

动机前置前轮驱动的轿车。

（3）制动传动装置的主要部件

1）制动主缸。制动主缸又叫制动总泵，它处于真空助力器与管路之间，其作用是将踏板力转变成液压力。串联双腔式制动主缸主要由储油罐、制动主缸壳体、前活塞、后活塞及前后活塞弹簧、推杆、皮碗等组成。图5-19所示为串联双腔式制动主缸实物。图5-20所示为串联双腔式制动主缸结构。

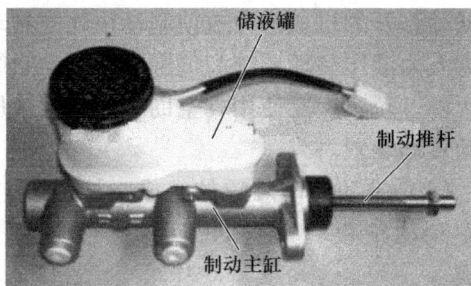

图5-19　串联双腔式制动主缸实物

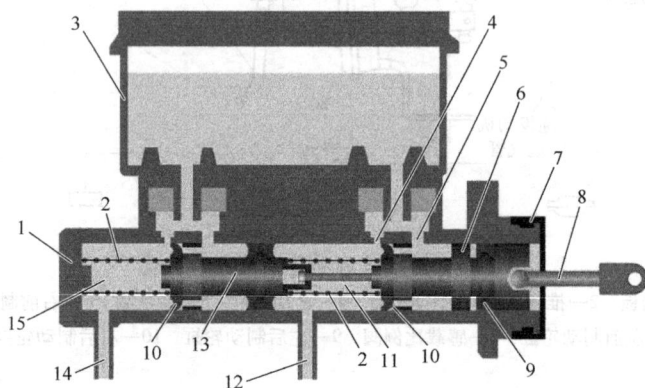

图5-20　串联双腔式制动主缸结构

1—主缸壳体　2—回位弹簧　3—储液罐　4—旁通孔　5—补偿孔　6—后腔活塞　7—防尘罩　8—推杆
9—密封圈　10—皮碗　11—主缸后腔　12—后出油口　13—前腔活塞　14—前出油口　15—主缸前腔

主缸壳体1内装有前腔活塞13、后腔活塞6及回位弹簧2，前后腔活塞分别用皮碗10密封。储液罐3分别通过旁通孔4和补偿孔5与主缸前、后腔相通，主缸前腔15有两条通路，一条通路通往左前轮制动器轮缸；另一条通路通往右后轮制动器轮缸。而主缸后腔11则与右前、左后轮制动器轮缸相通。前腔活塞13靠后腔活塞6的液压推动，而后腔活塞6直接由推杆8推动。

不制动时，推杆8球头端与后腔活塞6之间保留一定的间隙，以保证活塞在弹簧的作用下完全回到最右端。此时前、后两工作腔内的活塞头部与皮碗10正好位于旁通孔4与补偿孔5之间。制动时为了消除推杆球头与活塞之间的间隙所需的踏板行程叫作制动踏板的自由行程。

正常状态下制动时，驾驶人踩下制动踏板，经推杆推动后腔活塞向左移动，在皮碗遮盖住旁通孔后，主缸后腔的油压开始升高。油液一方面通过后腔出油孔进入右前左后制动管路，一方面又对前腔活塞产生推力，在后腔液压和弹簧力的共同作用下，前腔活塞也向左移动，这样主缸前腔也产生了压力，通过前出油口进入左前右后制动管路，于是两制动管路对汽车实现制动。

解除制动时，驾驶人松开制动踏板，活塞在回位弹簧的作用下回位，液压油自轮缸（或液压缸）和管路中流回制动主缸。如活塞回位迅速，则工作腔内容积也迅速扩大，使油压迅速降低。由于管路阻力的影响，管路中的油液不能及时流回工作腔以充满活塞移动让出的空间，使工作腔形成一定的真空度。此时，储液罐里的油压高于工作腔的油压，储液罐里的油液便经补偿孔和皮碗的边缘流入工作腔。当活塞完全回位时，旁通孔打开，工作腔内多余的油液由旁通孔流回储液罐。若液压系统由于漏油，以及温度变化引起主缸工作腔、管路、轮缸中油液膨胀或收缩，都可以通过旁通孔和补偿孔进行调节。

若左前右后轮制动管路损坏漏油，则踩下制动踏板时，只有主缸后腔中能建立一定的压力，而主缸前腔中无压力。此时在两腔压力差的作用下，前腔活塞被迅速推到底。之后，主缸后腔中的油压才迅速升高，使右前左后车轮产生制动作用。

若右前左后轮制动管路损坏漏油，则在踩下制动踏板时，开始只是后腔活塞前移，因主缸后腔不能建立油压，因而此时不能推动前腔活塞向左移动。继续踩下制动踏板，在后腔活塞前端杆部直接顶到前腔活塞时，便能推动前腔活塞，使主缸前腔建立油压而使左前右后车轮产生制动作用。由此可见，双回路液压制动系统中，一套管路损坏漏油时，另一套管路仍能工作，只是所需的踏板行程加大而已。

扫一扫

扫一扫

双腔串联式制动主缸工作原理（漏油）   双腔串联式制动主缸工作原理

2）制动轮缸。制动轮缸又称制动分泵，它的功用是将液体压力转变为制动蹄张开的机械推力。制动轮缸有单活塞式和双活塞式两种。双活塞式制动轮缸应用较广，既可用于领从蹄式制动器，又可用于双向双领蹄式制动器及自增力式制动器。下面只介绍双活塞式制动轮缸的结构及工作原理。

图 5-21 所示为双活塞式制动轮缸示意图。在缸体内装有两个活塞，两个皮碗装在两个活塞的端面以实现油腔的密封，弹簧保持皮碗、活塞、制动蹄的紧密接触，并保持两活塞之

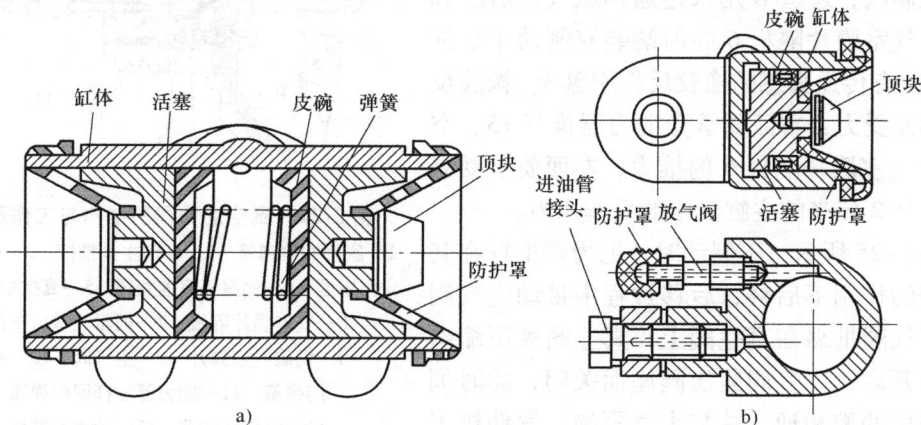

图 5-21 制动轮缸

间的进油间隙。防护罩除防尘外，还可以防止水分进入，以免活塞和缸体生锈而卡死。制动时，来自制动主缸的制动液经进油管接头和进油孔进入两活塞之间的油腔，将活塞向外推开，通过顶块推动制动蹄。

3）真空助力器。真空助力器是利用发动机进气歧管的真空度对制动踏板进行助力的装置，对其控制是利用踏板机构直接操纵的。真空助力器实物如图 5-22 所示。图 5-23 所示为新捷达真空助力式液压制动传动装置管路布置图。真空助力器安装在制动主缸之前，利用发动机进气管产生的真空对踏板助力。

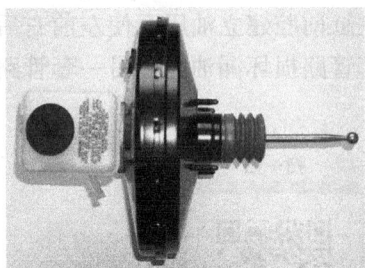

图 5-22　带制动主缸的真空助力器实物

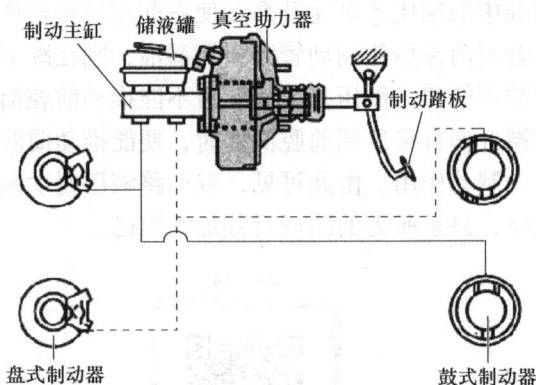

图 5-23　新捷达真空助力式液压制动传动装置管路布置图

真空助力器的结构与工作原理如图 5-24 所示。真空助力器主要由真空伺服气室和控制阀两部分组成。真空伺服气室由前、后壳体 4 和 7 组成，其间夹装有伺服气室膜片 8，将伺服气室分成前腔和后腔。前腔经真空单向阀通向发动机进气歧管（即真空源），控制阀由空气阀 9 和真空阀 14 组成，空气阀 9 控制后腔与大气的通断，真空阀 14 控制前、后腔的通断。空气阀与助力器推杆 13 固装在一起，助力器推杆又与制动踏板机构连接。外界空气经过空气滤清器 12 过滤后进入伺服气室后腔。气室膜片隔板 6 上有通道 A 和 B，通道 A 用于连通伺服气室前腔和控制阀，通道 B 用来连通伺服气室后腔和控制阀。气室膜片隔板 6 的前端装有制动主缸推杆 2，其间有传递脚感的橡胶反作用盘 3，橡胶反作用盘两面受力：右面要承受助力器推杆 13、空气阀 9 及气室膜片隔板 6 的推力；左面要承受制动主缸推杆 2 传来的主缸液压的反作用力。

如图 5-25 所示，不制动时，助力器推杆在其回位弹簧的作用下后移，后移过程中带动空气阀后移，空气阀抵靠在真空阀上，真空阀被压缩离开阀座而开启，空气阀紧压阀座而关闭，此时伺服气室前后两腔相通，并与大气隔绝。发动机工作时两腔处于真空状态。

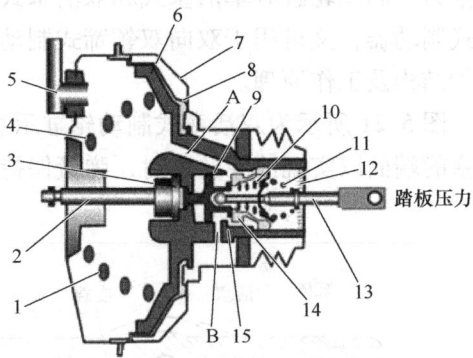

图 5-24　真空助力器的结构与工作原理

1—膜片回位弹簧　2—制动主缸推杆　3—橡胶反作用盘　4—伺服气室前壳体　5—真空单向阀　6—气室膜片隔板　7—伺服气室后壳体　8—伺服气室膜片　9—空气阀　10—阀门弹簧　11—助力器推杆回位弹簧　12—空气滤清器　13—助力器推杆　14—真空阀　15—真空阀座

如图 5-26 所示，制动时，踩下制动踏板，来自踏板机构的控制力推动助力器推杆 13 和空气阀 9 向前移动，首先消除与橡胶反作用盘 3 之间的间隙并使其产生凹变形，再继续推动制动主缸推杆 2，真空助力器此时还没起到助力的作用。与此同时，在阀门弹簧 10 的作用下，真空阀 14 抵靠在空气阀 9 上一起前移，直到压靠在真空阀座 15 上，从而使通道 A 与通道 B 隔绝，即伺服气室的前腔同后腔隔绝。空气阀 9 继续前移离开真空阀 14 而开启。空气经过空气阀的开口和通道 B 充入伺服气室后腔。随着空气进入空气滤清器 12，在伺服气室膜片的两侧出现压力差而产生推力，此推力通过气室膜片隔板 6、橡胶反作用盘 3 推动制动主缸推杆 2 向前移动。此时，制动主缸推杆 2 上的作用力应为踏板力和伺服气室反作用盘 3 推力的总和，但后者较前者大很多，使制动主缸输出的压力成倍增高。

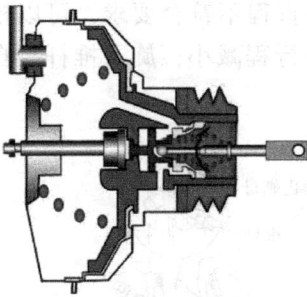

图 5-25　不制动时真空助力器的工作情况
注：图注参见图 5-24。

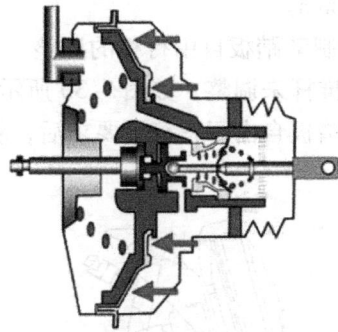

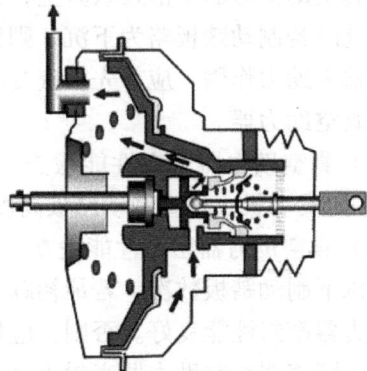

图 5-26　制动时真空助力器的工作情况
注：图注参见图 5-24。

维持制动时，制动主缸推杆 2 和空气阀 9 不再前移，压力差作用在橡胶反作用盘的四周，使其凹下去的部分重新凸起来，空气阀与真空阀之间的通道逐渐减小，直至关闭空气通道，出现空气阀和真空阀都关闭的情况，即"双阀关闭"现象，如图 5-27 所示。

如图 5-28 所示，解除制动时，助力器推杆 13 在助力器推杆回位弹簧 11 的作用下带动空气阀 9 后移，从而带动真空阀 14 后移，使其离开真空阀座 15 而开启。此时伺服气室前、后两腔相通，均为真空状态。膜片 8 在膜片回位弹簧 1 的作用下回位，助力器推杆 13 在助力器推杆回位弹簧 11 的作用下回位，制动主缸即解除制动作用。

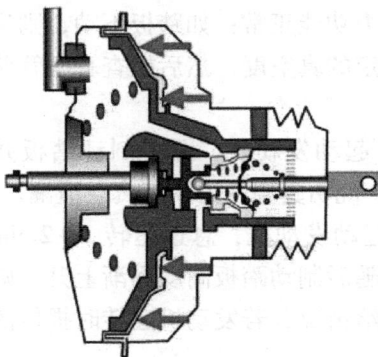

图 5-27　维持制动时真空助力器的工作情况
注：图注参见图 5-24。

图 5-28　解除制动时真空助力器的工作情况
注：图注参见图 5-24。

注意：发动机熄火时，由于没有进气真空度，也就没有了助力，制动所需要的人工力量将会很大。

5.1.3 制动系统的检修

1. 制动踏板自由行程的检查及调整

（1）制动踏板自由行程的检查　在自由状态下，用直尺测量从驾驶室地板到制动踏板上表面的距离，然后在发动机熄火状态下，踩下制动踏板数次，以消除真空助力器中的真空，用手指轻轻按压制动踏板，感觉有阻力时测量制动踏板此时位置到驾驶室地板的距离，两次所测量值之差即为制动踏板的自由行程，如图 5-29 所示。轿车制动踏板的自由行程一般为 3 ~ 6mm。

（2）制动踏板自由行程的调整　如果制动踏板自由行程不符合要求，可以松开锁止螺母，转动推杆来调整，如图 5-30 所示。旋出推杆，自由行程减小；旋入推杆，自由行程增大，直至踏板自由行程符合要求后，将锁止螺母旋紧。

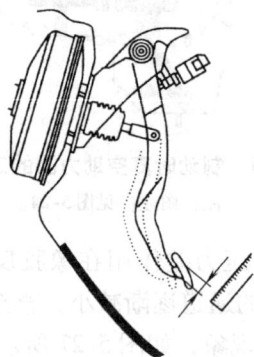

图 5-29　制动踏板自由行程的测量　　　　图 5-30　制动踏板自由行程的调整

2. 真空助力器的检查

（1）真空助力器助力功能检查　在发动机熄火时，以相同的踏板力踩制动踏板若干次，以消除真空助力器的全部残余真空，并确认踏板高度无变化后，踩住踏板不动，然后起动发动机。此时若制动踏板略为下沉，则说明真空助力器助力功能正常；如踏板不动，则说明真空助力器无助力作用。应首先检查真空源是否提供了一定的真空度，然后检查真空管路、单向阀及真空助力器。

（2）真空助力器真空性能检查　如图 5-31 所示，起动发动机，踩下制动踏板并保持30s 后关闭发动机，检查制动踏板高度，应不变；否则，说明真空助力器有真空泄漏。

（3）真空助力器密封性能检查　如图 5-32 所示，起动发动机，怠速运转 1 ~ 2min 后停机；若踩下制动踏板数次，若最初踩下时能完全踩下，随后制动踏板高度逐渐上升，则说明真空助力器密封性能良好。否则，应检查发动机真空供给情况，若发动机运转时提供的真空度正常，则表明真空助力器密封不良，应检修。

3. 制动液液面高度检查

车辆在使用过程中，制动系统会正常磨损，故制动液液面高度（也叫液位）也会相应

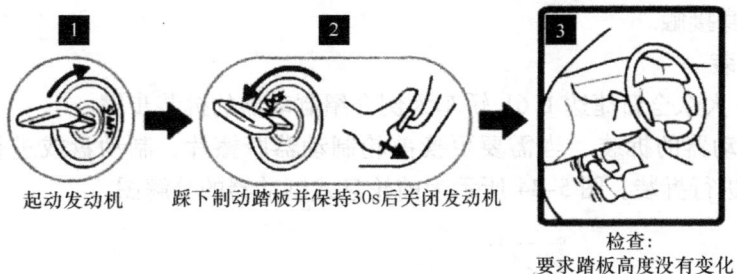

起动发动机　　　踩下制动踏板并保持30s后关闭发动机　　　检查：
要求踏板高度没有变化

图 5-31   真空助力器真空性能检查

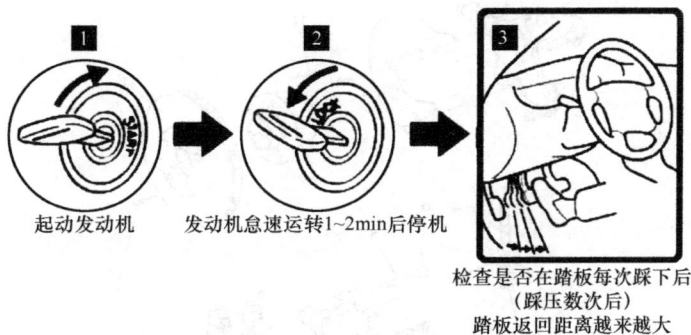

起动发动机　　　发动机怠速运转1~2min后停机　　　检查是否在踏板每次踩下后
（踩压数次后）
踏板返回距离越来越大

图 5-32   真空助力器密封性能检查

降低。制动液储液罐侧壁有明显的 MAX（最高）和 MIN（最低）标记线，液位位于两条上下限刻度线之间即为合格，如图 5-33 所示。制动液不足时要添加，添加时要使用同种型号的制动液。制动液本身具有一定的吸湿性，因此加入的新的制动液一定是封闭瓶装的。加注完成后一定要把制动液储液罐盖拧紧，防止日后吸入空气中的水分，造成气阻和制动失灵。

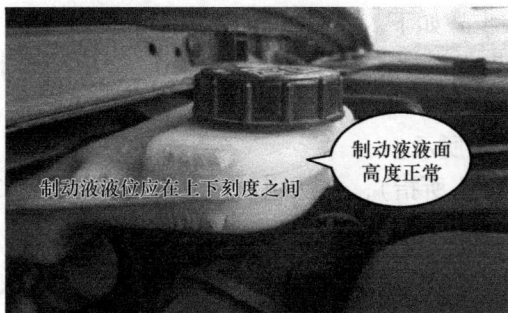

制动液液面
高度正常
制动液液位应在上下刻度之间

图 5-33   制动液液面高度检查

4. 制动管路检查

1）制动液泄漏检查。升起车辆，检查制动管路是否有制动液泄漏的部位，应重点检查管接头部位。

2）制动管路损坏检查。升起车辆，检查制动管路是否有凹痕或其他损坏；检查制动软管是否扭曲、磨损、开裂、隆起等损坏。

3）制动管路安装位置的检查。将转向盘左右转到极限位置，检查制动管路和制动软管是否与车轮或车身接触。

5. 制动器拆装

下面以一汽-大众全新捷达 1.6L 轿车为例介绍制动器的拆装步骤。

（1）盘式制动器的拆装　当需要更换前轮制动器摩擦片、制动盘或进行二级维护时，应按照下列步骤进行拆装。图 5-34 所示为前轮盘式制动器的分解图。

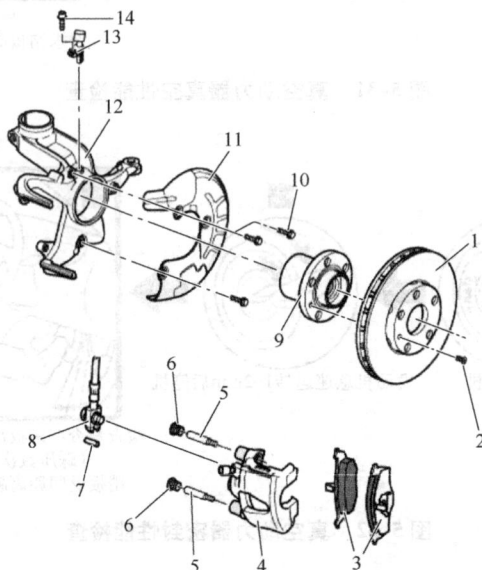

图 5-34　盘式制动器的分解图

1—制动盘　2、10—Torx 螺栓　3—制动摩擦片　4—制动钳　5—导向销　6—盖罩　7—开口销
8—带空心接头和空心螺栓的制动软管　9—带车轮轴承的轮毂　11—盖板　12—车轮轴承壳体
13—ABS 转速传感器　14—内六角螺栓

1）盘式制动器的拆卸步骤如下。

① 用千斤顶或举升机支起汽车前轮，用扭力扳手 V.A.G 1331 松开前轮螺栓螺母，拆下前轮。

② 拆下盖罩，如图 5-35 所示。

③ 松开两个导向销（箭头所指），并从制动钳上取出，如图 5-36 所示。

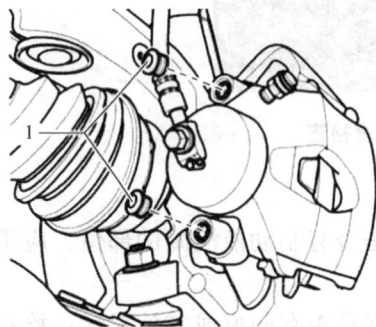

图 5-35　拆下盖罩
1—盖罩

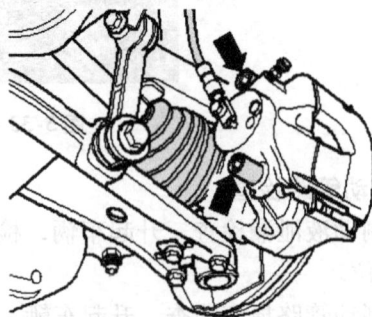

图 5-36　拆下导向销

④ 取下制动钳并用钢丝固定，以免因制动钳的重量使制动软管受到损坏。

⑤ 从制动钳上取出制动摩擦片。

⑥ 当需要检修活塞时，继续按下列步骤分解。

a. 拆卸制动器活塞，将活塞尽量多地从制动钳中旋出（在制动钳与活塞之间放入木板，以免活塞损坏），用压缩空气将活塞从制动钳体中压出。

b. 用拆卸楔 3409 将密封圈从制动钳中拆下，如图 5-37 所示。

2）盘式制动器的安装步骤如下。

① 将新的密封圈装入制动钳。

② 将新的护罩（图 5-38）套到制动器活塞上。

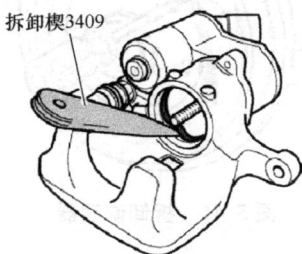

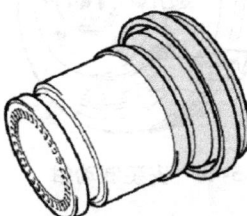

图 5-37　拆卸密封圈　　　　图 5-38　安装制动器活塞护罩

③ 使用活塞复位工具 T10145 安装制动器活塞，如图 5-39 所示。**注意：在用活塞复位工具将活塞压入制动钳前，必须从制动液储液罐内抽出制动液，否则，如果因制动摩擦片磨损而添加了制动液，则制动液会溢出并造成损坏。**

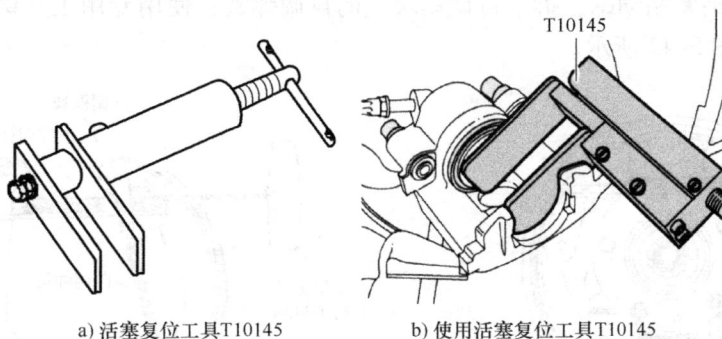

a）活塞复位工具 T10145　　　　b）使用活塞复位工具 T10145

图 5-39　安装制动器活塞

④ 将制动摩擦片装入制动钳和活塞。**注意：将背面带有"活塞侧"文字的制动摩擦片一侧装入制动器活塞。**

⑤ 先将制动钳装入制动器支架下方（箭头所指方向，如图 5-40 所示），使制动钳处于制动器支架导向件之后，用导向销将制动钳拧紧（拧紧力矩 30N·m）在制动器支架上。

⑥ 装上两个盖罩。

⑦ 安装车轮（拧紧力矩为 120N·m）。

（2）鼓式制动器的拆装　当需要更换后轮制动蹄、制动鼓或进行二级维护时，应按照下列步骤进行拆装，鼓式制动器结构如图 5-7 所示。

1）鼓式制动器拆卸步骤如下。

① 用千斤顶或举升机升起汽车后轮，松开后轮螺栓螺母（拧紧力矩为 120N·m），并拆下后轮。

② 将螺钉旋具插入制动鼓上的一个车轮螺栓孔并向上把自调楔块压到限位，如图 5-41 所示。

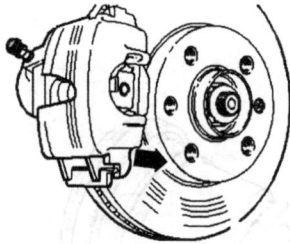

图 5-40　安装制动钳　　　　　　　图 5-41　拆卸制动器

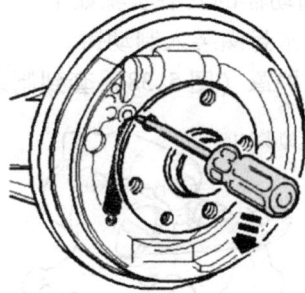

③ 拆下制动鼓上的螺栓，取下制动鼓。

④ 拆下带弹簧的弹簧座。

⑤ 将螺钉旋具放在支承杆后沿箭头方向撬出制动蹄，如图 5-42 所示。

⑥ 将制动蹄置于支承杆下部，拆下下部回位弹簧，拆下驻车制动拉索，将制动蹄从轮毂和制动底板之间拉出。

⑦ 用台虎钳夹紧制动蹄，拆下自调楔块上的自调弹簧；使用专用工具钩子 3438 拆下上部回位弹簧，如图 5-43 所示。

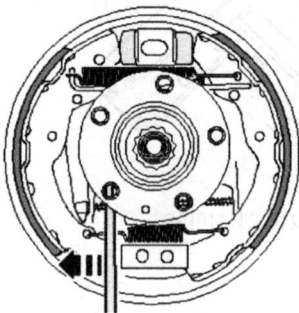

图 5-42　撬出制动蹄　　　　　　　图 5-43　拆卸弹簧

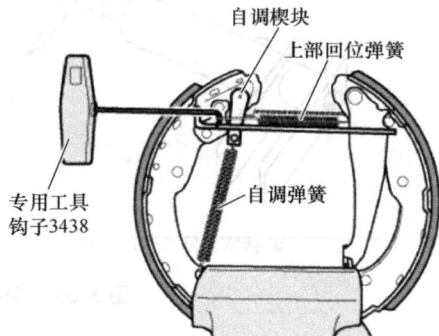

⑧ 使用专用工具钩子 3438 拆下定位弹簧，将推杆和自调楔块从制动蹄上拆下，如图 5-44 所示。

⑨ 将制动轮缸管从制动轮缸上旋出，并旋出制动轮缸的螺栓，取下制动轮缸，如图 5-45 所示。

2）鼓式制动器的安装步骤如下。

① 安装制动轮缸，注意制动轮缸螺栓拧紧力矩为 8N·m。

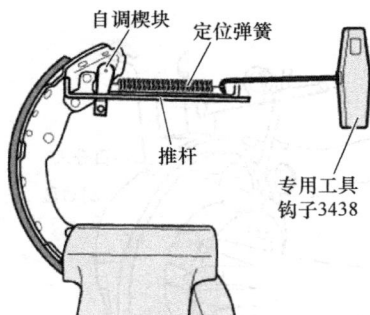

图 5-44　拆卸自调楔块

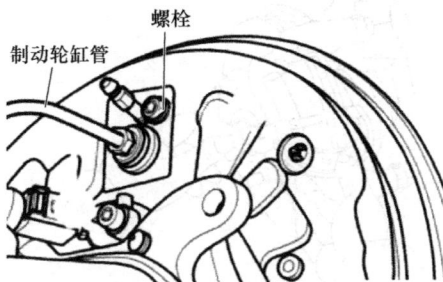

图 5-45　拆卸制动轮缸

② 用专用工具钩子 3438 将定位弹簧装入推杆，同时插入自调楔块。

③ 将带驻车制动器拉杆的制动蹄插入推杆中。

④ 使用专用工具钩子 3438 安装回位弹簧，连接自调弹簧和自调楔块。

⑤ 将制动蹄插入轮毂和制动底板之间，安装到制动轮缸活塞。

⑥ 连接驻车制动拉索和制动杆。

⑦ 安装下部回位弹簧并将制动蹄安装到下部支承杆后方。

⑧ 安装制动管路。

⑨ 安装制动鼓。

⑩ 安装车轮。

6. 制动鼓和制动盘检查

（1）鼓式制动器的检查　制动鼓的常见损伤主要有工作表面的磨损、变形和裂纹。

1）制动鼓不得有任何性质的裂纹，否则更换新件。

2）制动鼓内圆柱面的圆度误差不得大于 0.15mm，圆柱度误差不得大于 0.05mm。制动鼓内圆柱面一般都标有允许最大直径，超过规定应更换。

3）制动鼓内圆工作表面对旋转轴线的径向全跳动误差不得大于 0.10mm。制动鼓圆度、圆柱度、径向全跳动误差超过规定时，应对制动鼓进行镗削。镗削后的制动鼓内径不得超过极限值，同轴两侧制动鼓的直径差应小于 1mm。

（2）盘式制动器的检查

1）制动盘厚度的检查。目视检查制动盘是否有裂纹、翘曲、沟痕等，如有则更换。制动盘使用磨损会使其厚度减小，厚度过小会引起制动踏板振动、制动噪声及颤动。检查制动盘厚度时，可用游标卡尺或千分尺直接测量，测量位置应在制动衬片与制动盘接触面的中心部位，如图 5-46 所示。一汽-大众新捷达轿车前制动盘标准厚度为 22mm，使用极限为 19mm，超过极限尺寸时应予更换。

2）制动盘轴向圆跳动的检查。制动盘轴向圆跳动过大会使制动踏板抖动或使制动衬片磨损不均匀。可用百分表检查制动盘的轴向圆跳动量，如图 5-47 所示。轴向圆跳动量应不大于 0.06mm。如不符合要求，可进行机加工修复或更换。

7. 制动蹄和制动块检查

（1）制动蹄检查　制动蹄的常见损伤有摩擦片磨损、龟裂，制动蹄支承孔的磨损等。

1）制动蹄不得有裂纹和变形，支承孔与支承销的配合应符合原设计规定。

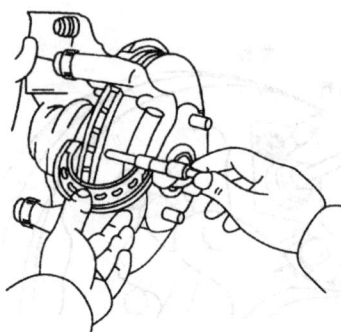

图 5-46 制动盘厚度的检查

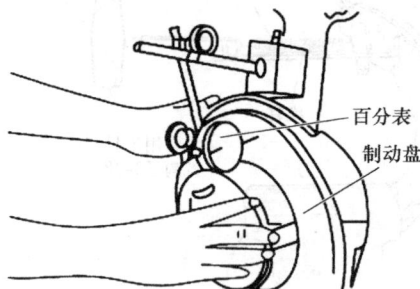

图 5-47 制动盘轴向圆跳动的检查

2）制动蹄衬片的磨损不得超过规定值。当铆钉头的沉入量小于 0.5mm，衬片龟裂和严重油污时，应更换衬片。衬片与制动蹄应严密贴合。不得垫入石棉垫以免影响摩擦热的散失，其局部最大的缝隙不得超过 0.10mm。制动蹄衬片采用粘接式衬片，当衬片的磨损量超过规定值时，应更换新制动蹄组件，或在原蹄上用树脂粘接新摩擦衬片修复使用。

3）制动蹄衬片修复后，应修整制动蹄衬片与制动鼓的初始贴合面积。对于领从蹄式制动蹄，初始贴合面积不小于 60%；对于双领蹄式制动蹄，初始贴合面积不小于 75%。且制动蹄与制动鼓的接触印迹应两端重、中间轻，即通常所说的"吃两头，靠中间"，如不符合要求，应进行修整。最后，在制动蹄衬片的两端加工出较大的倒角，以免蹄片卡滞，影响制动蹄的贴合。

4）如制动蹄回位弹簧相邻两圈的间隙大于 0.10mm，则说明该回位弹簧的弹力衰退，应更换新件。两端拉钩断裂后，不得重新弯钩继续使用，否则，将会引起两侧车轮制动器拖滞，特别是微型汽车对回位弹簧的弹力差异过大所引起的制动跑偏和制动甩尾尤为敏感。因此，制动蹄回位弹簧的弹力衰退或断裂时，必须更换。

（2）制动块厚度的检查 如图 5-48 所示，若制动块已拆下，可直接用游标卡尺测量。以一汽-大众新捷达 1.6L 轿车为例，制动块摩擦片的厚度为 14mm（不包括底板），磨损极限为 2mm（不包括底板）。若车轮未拆下，对外侧摩擦片，可通过轮辐上的检视孔用手电筒

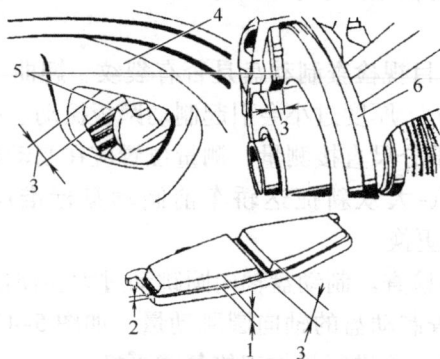

图 5-48 制动块厚度的检查

1—制动块摩擦片厚度 2—制动块摩擦片磨损极限厚度 3—制动块的总厚度
4—轮辐 5—外侧摩擦片 6—制动盘

进行目测检查；对内侧摩擦片，可利用反光镜进行目测检查。

8. 制动系统排气

液压制动系统中如渗入空气，则制动时系统中的空气被压缩，会造成踏板行程增加、踏板发软，影响制动效果。在汽车使用和维修过程中，由于拆检液压制动系统、接头松动或制动液不足等原因，造成空气进入管路时，应及时将系统中的空气排出。排放制动系统空气可以采用人工的方式，也可以利用制动液更换器来进行。

（1）人工排气　人工排气必须由两人配合，一人在驾驶室内负责踩制动踏板，另一人在车下负责排气。当驾驶室内的工作人员踩下制动踏板使制动系统中产生液压后，车下的工作人员依次松开制动轮缸上的排气螺塞，将混有空气的制动液排出，如图 5-49 所示，具体步骤如下。

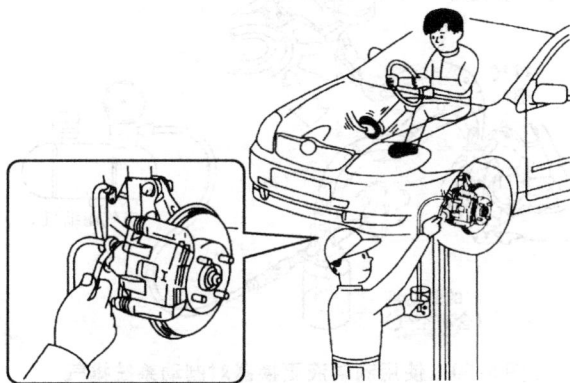

图 5-49　液压制动系统人工排气

1）一人坐在驾驶室驾驶人座椅上，举升汽车至适宜高度。

2）另一人在车下部用一根软管将制动轮缸的排气螺塞连接到储液瓶中，并给车内工作人员发出指令，告知准备工作已完成。

3）坐于驾驶室内的工作人员连续快速踩下制动踏板数次，直到踏板高度上升后，踩住制动踏板保持不动。

4）另一人将排气螺塞拧松大约 1/4 圈，进行排气。此时，制动液连同空气一起从软管喷入瓶中，然后，快速将排气螺塞拧紧，通知车内的工作人员松开制动踏板并再次踩下制动踏板。

5）在排出制动液的同时，踏板高度会逐渐降低，在未拧紧排气螺塞之前，切不可将踏板抬起，以免空气再次侵入。

6）每个轮缸应反复排气数次，直至将空气完全排出（制动液中无气泡）为止，并按照由远到近的顺序（或遵照维修手册的规定），逐个将各车轮制动器管路中的空气排放完毕。

7）在排放空气的过程中，应及时向储液罐内添加制动液，以保持液面的规定高度。

（2）使用制动液更换器排气（图 5-50）

1）将制动液更换器和空气压缩机连接起来。

2）取下排气螺塞防尘帽。

3）将制动液更换器软管插进排气螺塞。

4）将排气螺塞拧松大约1/4圈，进行排气。

5）当制动液中的气泡消失后，重新拧紧排气螺塞。

6）检查排气螺塞是否拧紧，并重新安装排气螺塞防尘帽。

7）清除排气螺塞周围漏出的制动液。

各个轮缸排放空气的顺序和人工排气相同。

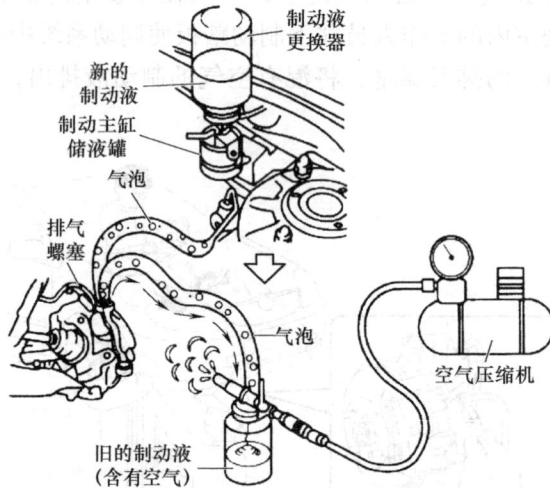

图 5-50　使用制动液更换器对制动系统排气

5.2　防抱死制动系统

5.2.1　防抱死制动系统概述

1. ABS 基础知识

汽车电子控制防抱死制动系统（Anti-Lock Brake System，ABS）是汽车上的一种主动安全装置，目前已成为乘用车及客车的标准配置。其作用是在汽车制动时，防止车轮抱死拖滑，以提高汽车制动过程中的方向稳定性、转向控制能力和缩短制动距离，使汽车制动更为安全有效。

（1）车轮抱死后车辆的运动情况　汽车在行驶中进行制动时，如果左右轮制动力相等，则汽车能够在行驶方向上停驶下来。但当左右轮制动力不相等时，就会产生车辆绕重心旋转的力矩。此时，如果轮胎与地面的侧向反力能够阻止旋转力矩的作用，则车辆仍能保持行驶方向，但如果轮胎与地面的侧向反力很小，则车辆就会出现图 5-51 所示的不规则运动。

如图 5-51a 所示，当车辆直线行驶车轮抱死时，车辆出现了制动跑偏或甩尾侧滑的现象。如图 5-51b 所示，当车辆弯道行驶仅前轮抱死时，车辆出现了失去转向能力的现象。如图 5-51c 所示，当车辆弯道行驶仅后轮抱死时，车辆出现了甩尾侧滑的现象。

a) 车辆直线行驶车轮抱死时　　　b) 车辆弯道行驶仅前轮抱死时　　　c) 车辆弯道行驶仅后轮抱死时

图5-51　车轮抱死后车辆的运动情况

（2）附着系数与车轮滑移率的关系

1）车轮滑移率。当汽车正常行驶时，车速 v（即车轮中心的纵向速度）与车轮速度 v_w（即车轮圆周速度）相同，一般认为此时车轮在路面上做纯滚动。而当驾驶人踏下制动踏板时，由于地面制动力的作用，车轮速度减小，车轮处于边滚动边滑动的状态，实际车速与车轮速度不再相等，人们将车速和车轮速度之间出现的差异称为滑移。随着制动力的增大，车轮滚动成分越来越小，滑移成分越来越大。当车轮制动抱死时，车轮已不再转动，而是在地面上完全滑动。

为了表征滑移成分所占比例的多少，常用车轮滑移率 S 表示。

$$S = \frac{v - v_w}{v} \times 100\% = \frac{v - r\omega}{v} \times 100\%$$

式中　S——车轮滑移率；

v——车速（车轮中心纵向速度，m/s）；

v_w——车轮速度（车轮瞬时圆周速度，$v_w = r\omega$，m/s）；

r——车轮半径（m）；

ω——车轮转动角速度（rad/s）。

车轮在路面上纯滚动时，$v = v_w$，车轮滑移率 $S = 0$；车轮抱死在地面上纯滑动时，$\omega = 0$，车轮滑移率 $S = 100\%$；车轮在路面上边滚动边滑动时，$v > v_w$，车轮滑移率 $0 < S < 100\%$。车轮滑移率越大，说明车轮在运动中滑动的成分所占的比例越大。

2）车轮滑移率对附着系数的影响。为了说明附着系数与车轮滑移率的关系，以典型的干燥硬实路面上附着系数与车轮滑移率的关系进行介绍。图5-52所示实线为制动时纵向附着系数和车轮滑移率的一般关系，虚线为横向附着系数和车轮滑移率的一般关系。

通常，当车轮滑移率 S 由 $0\% \sim 10\%$ 增大时，纵向附着系数 φ_x 迅速增大。当车轮滑移率处于 $10\% \sim 30\%$ 的范围时，纵向附着系数有最大值（图5-52中显示车轮滑移率在 20% 时，纵向附着系数最大）。该最大值称为峰值附着系数，用 φ_P 表示，此时与其相对应的车轮滑移率称为峰值附着系数滑移率，用 S_P 表示。由图中可知，当车轮滑移率继续增大时，

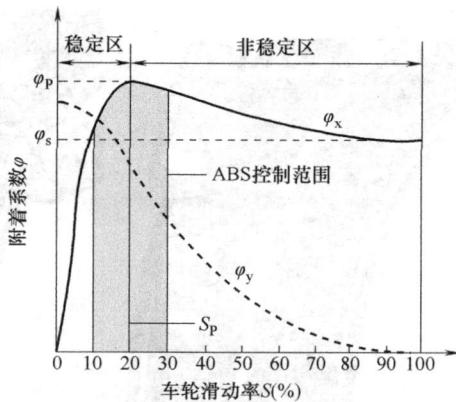

图 5-52　干燥硬实路面上附着系数与滑移率的一般关系

φ—附着系数　φ$_x$—纵向附着数　φ$_y$—横向附着数　S—车轮滑移率　φ$_P$—峰值
附着系数　S$_P$—峰值附着系数时的车轮滑移率　φ$_s$—车轮抱死时纵向滑动附着系数

附着系数逐渐减小。当车轮抱死时，即完全滑动时的纵向附着系数，一般称为滑动附着系数，用 φ$_s$ 表示。车轮抱死时的滑动附着系数 φ$_s$ 一般总是小于峰值附着系数 φ$_P$，通常在干燥硬实路面上，φ$_s$ 比 φ$_P$ 要小 10%～20%；在潮湿的硬实路面上，φ$_s$ 比 φ$_P$ 要小 20%～30%。

由附着力 $F_φ$ 与附着系数 φ 的关系（$F_φ = F_z φ$）可知，当地面对车轮法向反作用力 F_z 一定时，滑移率 S 大约在 20% 时具有最大附着力，而地面制动力小于等于附着力，因而只有在此时车轮与路面之间才能获得最大地面制动力，具有最佳制动效果。通常，称纵向附着系数最大时的滑移率 S_P 为理想滑移率，也叫最优滑移率（峰值滑移率）。如果滑移率超过理想滑移率（即 $S > S_P$），则附着力和地面制动力反而逐渐减小，使制动效能变差、制动距离增长，因此一般称从理想滑移率到车轮抱死完全滑动阶段为非稳定区。

横向（侧向）附着系数也是影响汽车行驶稳定性的重要参数之一。从图 5-52 中可以看出，当滑移率为零时，横向附着系数 φ$_y$ 最大。横向附着系数越大，汽车制动时方向稳定性和保持转向控制能力越强。但随着滑移率的增加，横向附着系数越来越小。当车轮抱死时，横向附着系数几乎为零，车轮与路面间的侧向附着力几乎消失，这种情况的危害是较大的，主要体现在以下两个方面。

① 方向稳定性差。由于横向附着力很小，汽车失去抵抗横向外力的能力，如果只是后轮抱死滑移而前轮还在滚动，即使受到不大的侧向干扰力，汽车也将产生侧滑（甩尾）现象。这些都极易造成严重的交通事故。

② 失去转向控制能力。在汽车转向行驶时，如果只是前轮（转向轮）抱死滑移而后轮还在滚动，尽管驾驶人此时操纵转向盘转向，但由于前轮维持汽车转弯运动能力的横向附着力丧失，汽车仍将按原来惯性行驶方向滑动，汽车就可能冲入其他车道或冲出路面，不能按驾驶人的意愿行驶，使汽车失去转向控制能力。

因此，在汽车制动时不希望车轮抱死滑移，而是希望车轮处于边滚动边滑移的状态。

2. ABS 的基本组成与工作原理

（1）ABS 的基本组成　无论是液压制动系统还是气压制动系统，电子控制制动防抱死系统（ABS）均由传感器、执行器和电子控制单元（ECU）三部分组成，各组成部分的功用如表 5-1 所示。

表 5-1　ABS 各组成部分的功用

组 成 元 件		功 用
传感器	车速传感器	检测车速，给 ECU 提供车速信号，用于滑移率控制方式
	车轮转速传感器	检测车轮转速，给 ECU 提供轮速信号，各种控制方式均采用
	汽车减速度传感器（G 传感器）	检测制动时汽车的减速度，识别是否是冰雪路等易滑路面，只用于四轮驱动控制系统
执行器	制动压力调节器（电磁阀）	接受 ECU 的指令，通过电磁阀的动作控制制动系统压力的增加、保持或降低
	ABS 警告灯	ABS 出现故障时，由 ECU 控制将其点亮，向驾驶人发出报警，并可由其闪烁读取故障码
电子控制单元（ECU）		接受车速、轮速、减速度等传感器的信号，计算出车速、轮速、滑移率和车轮减速度、加速度，并将这些信号加以分析、判断、放大，由输出级输出控制指令，控制各种执行器工作

（2）ABS 的工作原理　ABS 的工作过程可分为常规制动、制动压力保持、制动压力减小和制动压力增大阶段。制动时，ABS 电控单元（ECU）从轮速传感器上获取车轮的转速信息，经分析处理后判断是否有车轮处于即将抱死拖滑状态。如果车轮未处上述状态，制动压力调节器不工作，制动系统按照普通制动过程工作。制动轮缸的压力继续增大，此即 ABS 的增压过程。如果电控单元判断出某一车轮即将抱死拖滑，则即刻向制动压力调节器发出命令关闭制动主缸及相关轮缸的通道，使该轮缸的压力不再增加，此即 ABS 的保压过程。若电控单元判断出该车轮仍处于抱死拖滑状态，则向制动压力调节器发出命令，打开该轮缸与储液罐或蓄能器的通道，使该轮缸的油压降低，此即 ABS 的减压过程。ABS 控制系统高频地进行增压、保压和减压的往复过程，从而将趋于抱死车轮的滑移率控制在最大附着系数的范围内，直至汽车速度减小到很低或者制动主缸的压力不再使车轮趋于抱死时为止。

扫一扫

ABS 工作原理

3. ABS 的优缺点

（1）ABS 的优点

1）增加了汽车的行驶稳定性。由于制动时车轮未被抱死，车轮与地面之间具有较大的附着系数，因此车轮有较强的抵抗横向干扰力的能力，很大程度上减小了汽车紧急制动时侧滑现象的发生。据资料统计，装备 ABS 的车辆能使因制动侧滑引起的事故下降 8% 左右。

2）增强了制动效能，缩短了制动距离。因为装备 ABS 的车辆在紧急制动时，由于对车轮的滑移率进行即时调节，使车轮与地面之间的纵向附着系数达到最大，因此车轮制动力最大。

3）延长了轮胎的使用寿命。汽车制动时，若车轮被抱死，则其磨损加剧，而且轮胎胎面的磨耗也不均匀，增加了汽车的使用成本。所以，装备 ABS 具有一定的经济效益。

4）使用方便，工作可靠。装备 ABS 的车辆在制动操作上与普通的制动系统几乎没有什么区别，ABS能够自动确定是否进入工作状态以及进行何种工作状态。特别是在冰雪路面情况下，没有ABS的车辆必须采用一连串的点制动方式来进行制动，而装备ABS的车辆能够自动将制动效果保持最佳。

（2）ABS的缺点

1）ABS性能的好坏受整车制动系统状况的影响。

2）在松散的沙土和积雪较深的路面制动时，车轮抱死制动要比ABS工作时的制动距离短。因为在这些路面上车轮制动抱死时，其表面物质如积雪会被铲起并堆在车轮前面，形成一种阻力，使制动距离变短。而在装有ABS的汽车上，由于车轮不会抱死，反而没有这种效果。

4. ABS的主要部件

（1）传感器 ABS的轮速传感器主要有电磁感应式和霍尔式两种类型，其主要功用是检测车轮运动状态，向电子控制单元（ECU）提供车轮的转速信号。

1）电磁感应式轮速传感器。电磁感应式轮速传感器由传感头和齿圈（转子）两部分组成，如图5-53所示。传感头是一个静止的部件，一般安装在车轮附近不随车轮转动的部件上，如转向节、悬架构件等。传感头由永磁体、感应线圈、极轴等组成，封装在一个抗腐蚀的外壳内。齿圈（转子）一般安装在随车轮一同转动的部件上，如轮毂、制动盘、半轴等。极轴端部与齿圈之间的间隙很小，通常只有0.5~2mm。为了避免灰尘与飞溅的水、泥等对传感器工作的影响，在安装前可在传感器上涂覆防锈油。

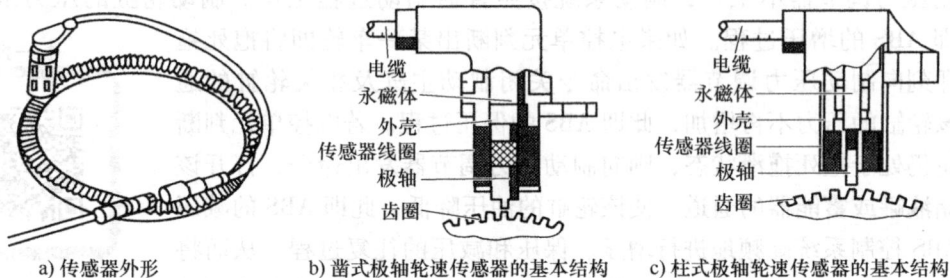

a) 传感器外形　　b) 凿式极轴轮速传感器的基本结构　　c) 柱式极轴轮速传感器的基本结构

图5-53　电磁感应式轮速传感器的外形与基本结构

当齿圈随车轮一同旋转时，齿顶与齿槽交替对向极轴，从而使磁路磁阻发生变化。当齿顶对极轴时，磁隙最小，磁路磁阻最小，磁通最大；当齿槽对极轴时，磁隙最大，磁路磁阻最大，磁通最小。磁通的周期性变化使感应线圈的两端产生交变电压信号，此信号的频率与齿圈的齿数和转速成正比，如图5-54所示。因齿圈的齿数一定，所以轮速传感器输出的交变电压信号的频率只与相应的车轮转速成正比。当传感头与齿圈的间隙一定时，交变电压的幅值也决定于磁通变化率，在一定范围内，交变电压的幅值也与车轮转速成正比。当车速低于15km/h时，交变电压的幅值较小，信号较弱。

电磁感应式轮速传感器存在如下缺点：其输出信号的幅值随车速而变化，若车速过低，其输出信号低于1V，ECU就无法检测到；频率响应不高，当转速过高时，容易产生错误信号；抗电磁波干扰能力差，尤其是在其输出信号幅值较小时。

由于电磁感应式轮速传感器具有结构简单、坚固耐用的优点，特别适用于汽车行驶中的

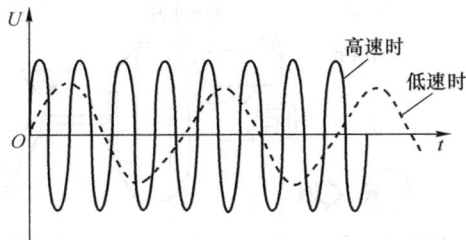

图 5-54　轮速传感器产生的电压信号

恶劣环境，至今仍被广泛应用。

2）霍尔式轮速传感器。霍尔式轮速传感器由齿圈和传感头组成，如图 5-55 所示。传感头由霍尔元件、永磁体和电子线路等组成。磁体的磁力线穿过霍尔元件通向齿轮，这里齿轮相当于集磁器。当齿轮位于图 5-55a 所示位置时，穿过霍尔元件的磁力线分散，磁场相对较弱。而当齿轮位于图 5-55b 所示位置时，穿过霍尔元件的磁力线集中，磁场相对较强。齿轮转动使得穿过霍尔元件的磁力线的密度发生变化，因而引起霍尔元件电压的变化，霍尔元件将输出一个毫伏（mV）级的准正弦波电压。此信号还需电子电路转换成标准的脉冲电压波形输入 ECU。

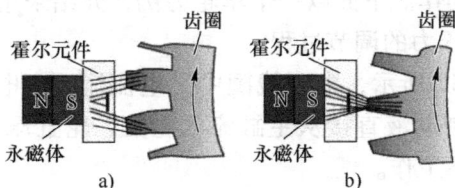

图 5-55　霍尔式轮速传感器示意图

霍尔式轮速传感器输出信号电压幅值不受转速的影响，频率响应高，抗电磁波干扰能力强，因此，不仅广泛用于 ABS 轮速传感器，也广泛应用于其他控制系统的转速检测。

（2）执行器　ABS 中最主要的执行器是制动压力调节器，一般都设在制动主缸与车轮制动轮缸之间，其主要任务是根据 ECU 的控制指令，自动调节制动轮缸的制动压力。

循环式制动压力调节器如图 5-56 所示，它主要由回油泵、储液罐、电磁阀等组成，在制动主缸与制动轮缸之间串联电磁阀，直接控制轮缸的制动压力。

电磁阀的作用是根据需要控制轮缸与主缸相通（增压），或与储液罐相通（减压），或都不通（保持）。电磁阀不通电时，轮缸始终与主缸相通，确保 ABS 失效后制动系统仍按常规制动系统工作。

回油泵的作用一是当电磁阀在减压过程中，将从制动轮缸流出的制动液经储液罐及时泵回主缸；二是在 ABS 工作后的增压过程中将低压储液罐中的制动液泵到轮缸。储液罐的作用是暂时储存由轮缸中流出的制动液，减小压力调整过程中的脉动现象。

此种压力调节方式在博世（BOSCH）ABS、戴维斯（TEVES）ABS 上广泛运用。其中博世 ABS 主要应用于奔驰、宝马、沃尔沃、奥迪、雪佛兰、雷克萨斯等车型，属于典型的分离式装置，采用流通调压方式和两前轮独立控制、两后轮按低选原则一同控制的三通道四

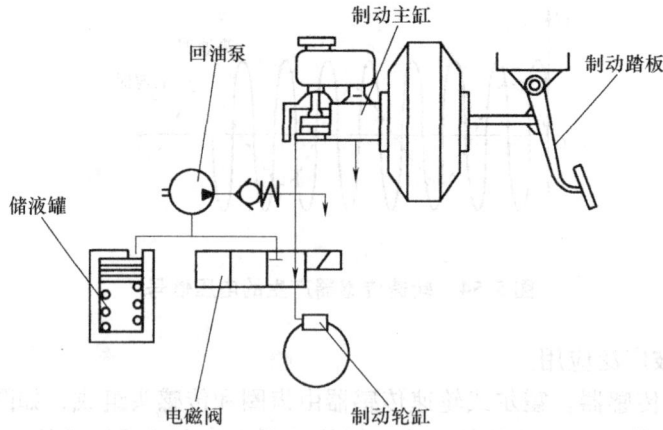

图 5-56　循环式制动压力调节器的组成

轮控制 ABS，一般用三个 3 位 3 通电磁阀。戴维斯 ABS 主要应用于通用、福特、大众等车型，有整体式和分离式两种，采用流通调压方式，一般用八个 2 位 2 通电磁阀。

① 3 位 3 通电磁阀式制动压力调节器的工作原理。制动时，车轮转速传感器不断检测车轮转速信号，并把信号传给电控单元。当电控单元发现某一车轮有抱死趋势时，即发出指令，控制相应回路的电磁阀动作。下面以一个车轮为例，介绍采用 3 位 3 通电磁阀式制动压力调节器的 ABS 工作时制动压力的调节过程。

常规制动过程：如图 5-57 所示，电磁线圈中无电流流过，电磁阀处于"升压"位置，此时制动主缸与轮缸相通，制动液直接从主缸流入轮缸，轮缸压力随主缸压力变化，此时 ABS 不工作，电动回油泵也不工作。

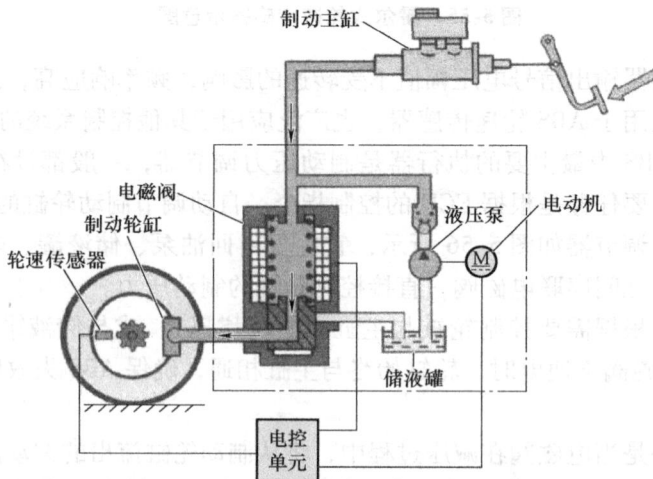

图 5-57　常规制动过程

保压制动过程：当 ECU 向电磁线圈通入较小的保持电流（约为最大电流的1/2）时，电磁阀处于"保压"位置，如图 5-58 所示。此时制动主缸、制动轮缸和回油孔互不相通，轮缸中压力保持不变。

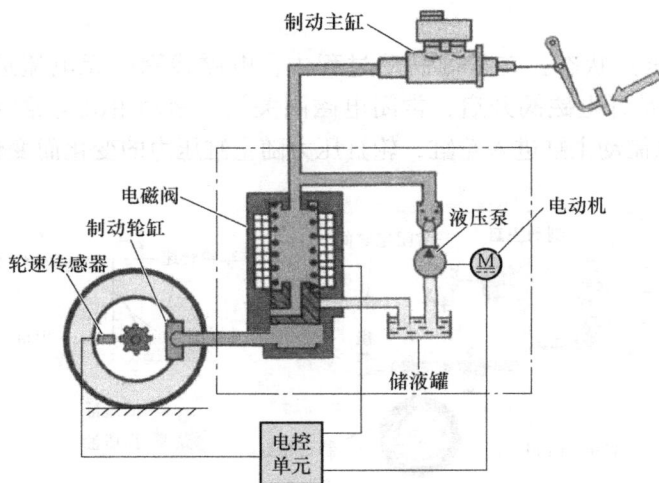

图 5-58　保压制动过程

减压制动过程：当 ECU 根据轮速等信号，判断滑移率等参数超出最佳范围，需要减小轮缸的制动压力时，ECU 向电磁线圈输入一个较大的电流（5A），使电磁阀处于"减压"位置，如图 5-59 所示。此时电磁阀将制动轮缸与回油通道或储液罐接通，轮缸中制动液经电磁阀流入储液罐，制动轮缸压力下降。与此同时，电动机起动，带动液压泵工作，将流回储液罐的制动液输送回制动主缸，为下一个制动周期做好准备。

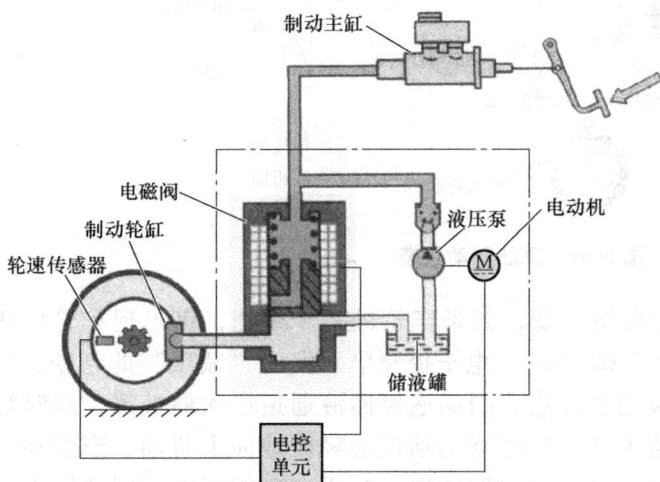

图 5-59　减压制动过程

扫一扫

图 5-57 ~ 图 5-59 彩图

增压制动过程：当制动压力下降后，车轮的转速增加，当电子控制单元检测到车轮转速增加太快时，便切断通往电磁阀的电流，制动主缸的高压制动液再次进入制动轮缸，制动力增加。

②2 位 2 通电磁阀式制动压力调节器的工作原理。很多国产轿车采用的都是戴维斯 ABS，该系统采用 2 位 2 通电磁阀调节制动压力。下面以一个车轮为例介绍其工作原理。

常规制动（升压）状态：在常规制动过程中，电磁线圈中无电流通过，电磁阀处于"升压"位置。此时常开电磁阀开启，常闭电磁阀关闭，制动主缸与轮缸相通，如图 5-60 所示。制动液直接从制动主缸进入轮缸，轮缸压力随主缸压力的变化而变化。

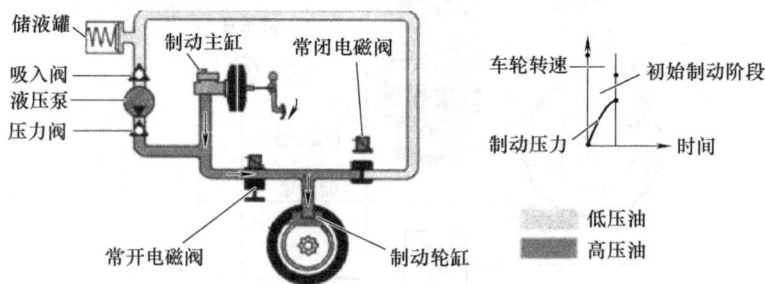

图 5-60　常规制动状态

保压制动状态：随着制动压力的增加，车轮制动并减速，当车轮的滑移率等参数达到最佳范围时，电子控制单元向液压控制单元发出"保压"的指令，使常开电磁阀通电关闭，常闭电磁阀不通电，制动液通往轮缸的通道被切断，在常开阀和常闭阀之间，制动压力保持不变，如图 5-61 所示。

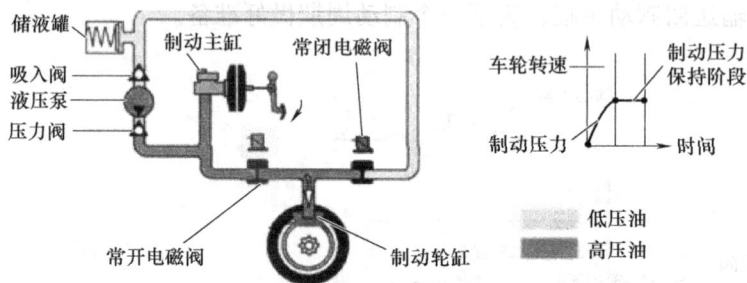

图 5-61　保压制动状态

减压制动状态：即使制动压力保持不变，如果车轮进一步减速，仍出现车轮抱死趋势，此时必须降低制动压力，如图 5-62 所示。电子控制单元发出"减压"的指令，此时常开电磁阀通电关闭，常闭电磁阀通电开启。制动液经回液通道进入储液罐，同时液压泵工作，将多余的制动液送回制动主缸，这时制动踏板会轻微地向上抖动，当制动压力减小到车轮的滑移率在设定范围时，常开电磁阀通电，常闭电磁阀断电，制动压力保持不变。

增压制动状态：轮缸制动压力下降后，如果车轮转速再次升高，电子控制单元会发出"增压"的指令，如图 5-63 所示，使常开电磁阀断电开启，常闭电磁阀断电关闭，制动液在制动踏板力的作用下又进入轮缸，轮缸制动压力上升，车轮转速下降，进入下一个工作循环。

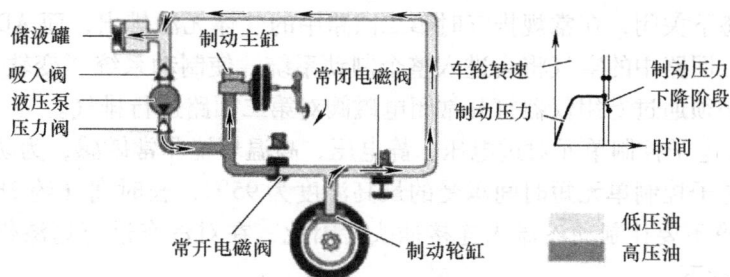

图 5-62　减压制动状态

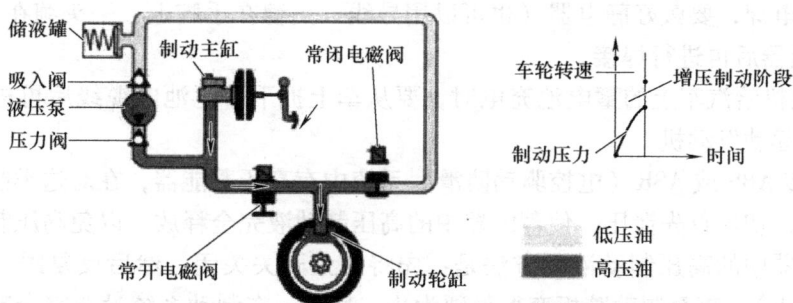

图 5-63　增压制动状态

制动时，上述过程即"压力升高→压力保持→压力减小→压力保持→压力升高"反复进行，直到解除制动为止。

（3）电子控制单元（ECU）　ECU 的主要功用是接收轮速传感器及其他传感器输入的信号，然后放大、计算、比较，按照特定的控制逻辑，分析判断后输出控制指令，控制制动压力调节器进行压力调节；持续监控 ABS 的电子元件；还可外接诊断仪器进行维修作业。

5.2.2　防抱死制动系统的检修

1. ABS 检修注意事项

1）在制动过程中，ABS 工作时，驾驶人会明显感觉到制动踏板的回弹，同时也能听到泵和电磁阀工作的声音，这都是正常的。另外，不要重复地踩放制动踏板，只要把脚持续地踩在制动踏板上，ABS 就会进入制动状态，不需人工干预。

2）对于液压泵电动机、液压控制单元与电子控制单元集成于一体的 ABS，只能在已拆卸状态下将液压控制单元与电子控制单元分开，分开液压控制单元与电子控制单元后，将运输用的保护件安装在阀顶上；不允许将液压泵从液压控制单元上脱开。

3）当车辆起动时，ABS 警告灯亮，表示 ABS 正在进行自检，约 1.7s 后警告灯自动熄灭；若警告灯不灭或在行车中突然点亮，说明 ABS 有故障，ABS 的故障不会影响常规制动装置和助力装置的正常工作；若 ABS 警告灯不亮，但制动效果仍不理想，则可能是制动系统排气不净或常规制动系统存在故障。

4）在更换液压控制单元或出现系统泄漏等情况的维修后，要进行加液排气，由于常闭电磁阀在断电状态下关闭，在常规排气时第二回路中的气体无法排出，而 ABS 一旦起作用，常闭阀打开，第二回路中的空气将会进入整个制动系统，使制动系统"变软"。因此，在进行常规排气后，必须通过专用仪器打开常闭电磁阀对第二回路进行排气。

5）由于 ABS 电子控制单元对过电压、静电压、高温环境非常敏感，为防止其损坏，应注意，喷漆时，电子控制单元短时间承受的最高温度为95℃，长时间（约2h）承受的最高温度为85℃；注意不要让制动液流入连接插头。因此，在对汽车进行烤漆作业时，应视情况将 ECU 从车上拆下。

① 如要拆装系统中的电气元件和线束插头，应将点火开关断开。

② 使用电焊机进行焊接之前，必须关闭点火开关，然后从电子控制单元上拔下插头。若在车上进行电焊，要戴好静电器（也可以用导线一头缠在手腕上，一头缠在车体上），在拔下 ECU 插接器后再进行焊接。

③ 用充电机给汽车上的蓄电池充电时，要从车上拆下蓄电池电缆线后再进行充电，切不可用充电机起动发动机。

6）在很多 ABS 或 ASR（电控驱动防滑）系统中有高压蓄能器，在对这类制动液压系统进行维修之前，切记首先泄压，使蓄能器中的高压制动液完全释放，以免高压制动液喷出伤人。释放蓄能器中的高压制动液的方法是：先将点火开关关闭，然后反复踩、放制动踏板（至少25次以上），直至制动踏板变得很硬为止。另外，在制动系统没有完全装好之前，不能打开点火开关，以免电动液压泵通电运转泵油。

7）在对 ABS 进行维修作业时对清洁度要求很高，绝对不允许使用带矿物油的辅助剂，如机油、油脂等；不能使用纤维质抹布。

8）在分解前彻底清洁连接处及周围区域，但不得使用腐蚀性清洁剂，如制动器清洗剂、汽油、稀释剂或类似物。

9）要求定期更换制动液。ABS 推荐使用 DOT 3 乙二醇型制动液（有的要求使用 DOT 4 型制动液），**注意不能选用 DOT 5 硅酮型制动液，因为它对 ABS 有严重损害**。DOT 3 或 DOT 4 型制动液吸湿性很强，使用一年后其含水量会增至3%。含水分的制动液不仅沸点降低，制动系统内部产生腐蚀，而且制动效果明显下降，影响 ABS 的正常工作，因此制动液应及时更换。另外，对制动液要做到及时检查、补充，一般制动液液面过低时 ABS 会自动关闭。**在存储和更换制动液时，要注意保持器皿清洁，不要使灰尘、污物进入制动液装置中。**

10）维修轮速传感器要十分细心。拆卸时不要将传感器齿环当作撬面，不要碰撞和敲击传感头；传感器间隙有的是可调的，有的是不可调的，调整时应使用非磁性塞尺或纸片；防止其上粘上油污或其他脏物，必要时，可涂上一薄层防锈油。

11）应尽量选用汽车生产厂商推荐的轮胎，若要换用其他型号的轮胎，应尽量选用与原车所用轮胎的外径、附着性能和转动惯量相近的轮胎。不能混用不同规格的轮胎，否则会影响 ABS 的制动效果。

12）大多数 ABS 中的轮速传感器、电子控制单元和压力调节器都是不可修复的，如发生损坏，一般应进行整体更换。由于 ABS 都是针对某种车型专门设计的，一般并不通用，要求选用本车型高质量的正品配件，以确保维修质量。

13）如果不能立刻完成修理工作，拆下的元件必须小心地遮盖或者用塞子密封；配件要在安装前才从包装内取出。

14）系统打开后不要使用压缩空气吹，也不要移动车辆。

2. ABS 故障诊断和检查的一般方法和步骤

（1）直观检查　直观检查是在 ABS 出现故障或感觉系统工作不正常时采用的初步目视检查。通常检查以下内容：驻车制动是否完全释放；制动液是否渗漏，制动液位是否在规定的范围内；蓄电池电压是否在规定范围内，正、负极柱的导线是否连接可靠；熔丝、继电器是否完好，插接是否牢固；ABS 电控单元插接器（插头和插座）连接是否良好；检查相关元器件（轮速传感器、电磁阀体、电动液压泵、压力警示开关和压力控制开关等）的插接器和导线是否连接良好；ABS 电控单元、压力调节器等的接地（搭铁）线是否接触可靠。

（2）读取故障码　ABS 一般都具有故障自诊断功能，电子控制单元（ECU）工作时能对自身和 ABS 中的有关电器元件进行测试。如果 ECU 发现系统中存在故障，一方面点亮 ABS 警告灯，使 ABS 停止工作，恢复常规制动；另一方面会将故障信息以代码的形式存入存储器中，以便检修人员了解故障情况。

在对 ABS 检修时，首先应查询故障存储器中的故障码。

借助解码器或专用故障检测诊断仪与 ABS 故障诊断通信接口相连，按照相应的操作程序，实现与 ABS 电控单元的双向通信，检测仪的显示器或指示灯可显示故障码。目前这类检测诊断仪品牌较多，多数不仅能读出和清除故障码，而且还可以向 ABS 电控单元传输控制指令，对 ABS 的工作进行模拟，对电控系统进行诊断测试，确定故障部位以及故障性质，如德国大众公司的 VAS 5051B 或 VAS 5052，不仅能读取和清除故障码，还可以进行执行元件的诊断，即检查液压泵和液压循环的工作情况。

例如，通过 VAS 5051B、VAS 5052 或 VAS 5052A 读取故障码，应先将诊断导线 VAS 5051/1 或 VAS 5051/3 连接到诊断接口上，位置在图 5-64 所示箭头所指处。打开车辆检测诊断仪，当运行模式的选择按钮显示在屏幕上时，该测试仪操作准备就绪。打开点火开关，触摸显示屏上的"车辆自诊断"，选择地址码"004 制动器电子系统"，打开后再选择功能码"004 故障代码存储器内容"，打开选择"检查故障存储器内容"读取故障码，根据故障码有针对性地检查故障。

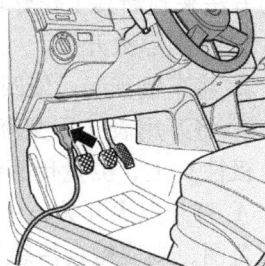

图 5-64　大众车诊断接口位置

（3）快速检查　快速检查一般是在自诊断基础上进行的，它是利用专用仪器或万用表等对系统的电路和元器件进行连续测试，以查找故障的方法。根据故障码，多数情况下只能了解故障大致范围和基本情况，为了进一步查清故障原因，经常使用一些专用仪器或万用表等对 ABS 的电路和元器件，特别是怀疑可能有故障部位的电参数（如电阻、电压、波形等）进行测试，以确定故障的部位、性质和原因，特别是借助专用的 ABS 诊断测试仪，可以得到快速满意的结果。

（4）利用指示灯诊断故障　即通过仪表板上的 ABS 警告灯和红色制动指示灯的闪烁规律进行故障诊断。通常情况下，在点火开关接通（ON）时，黄褐色 ABS 警告灯应闪亮几秒，此时如果制动液不足（液面过低），红色制动指示灯也会点亮；蓄能器压力低于规定值、驻车制动未释放时，红色制动指示灯也会点亮；在发动机起动的瞬间，ABS 警告灯和红色制动指示灯一般都应点亮（驻车制动释放）；一旦发动机运转起来，两个指示灯应先后熄灭；汽车行驶过程中，两个指示灯都不应点亮。

3. ABS 部件检查及维修

（1）轮速传感器的检查

1）外观检查。检查传感器的安装是否松动；传感头和齿圈是否吸有磁性物质和污垢；传感器导线是否破损、老化；插接器是否连接牢固和接触良好，如有锈蚀、脏污应清除，并涂少量防护剂，然后重新将导线插入插接器，再进行检测。

2）间隙检查。轴承损坏或轴承轴向间隙过大会影响轮速传感器的间隙。间隙检查步骤如下。

① 用非磁性塞尺测量传感头与齿圈之间的间隙是否符合规定值。

② 若不符合规定值，为了检查轮速传感器的工作情况，必须用举升机升起车辆，使前轮离地，用双手转动前轮感觉前轮摆动是否异常。若轴承轴向间隙过大，则要检查齿圈轴向摆差，如图 5-65 所示。

③ 若车轮轴承损坏或轴向游隙过大，则应更换轴承。

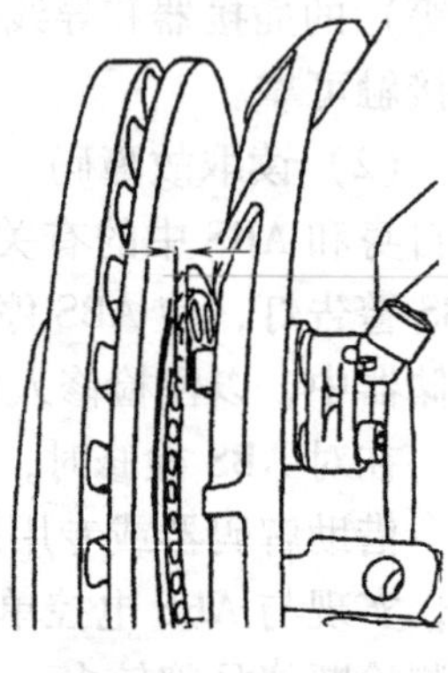

3）车轮齿圈的检查。若出现齿圈轴向摆差过大，引起传感器与齿圈摩擦，造成齿圈损坏，则应更换车轮齿圈。

图 5-65　检查前轮齿圈轴向摆差

4）轮速传感器电阻、电压的检查。对于电磁感应式轮速传感器可利用万用表的电阻档测量线圈阻值，轮速传感器电阻一般为 $1 \sim 1.3k\Omega$。而对于霍尔式传感器则不能通过测量电阻的方法来判断其好坏。霍尔式轮速传感器可用检测其输出电压信号的方法来判断其工作好坏，方法如下。

① 关闭点火开关。

② 将车辆支起，使四个轮胎离地。

③ 将万用表（用交流电压档）的两表笔分别搭接在轮速传感器的信号输出端子（注意正负极性）上，测量传感器的输出电压。

④ 打开点火开关，用手转动车轮，万用表显示交流电压应在 $7 \sim 14V$ 范围。如果电压不在此范围，则应检查传感器与齿圈之间的间隙，如不正常，则应进行调整。

（2）轮速传感器的拆装　若通过检测需要更换轮速传感器，应按如下步骤进行拆装。

1）拆卸，如图 5-66 所示。

① 举升车辆。

② 将轮速传感器的插头 1 脱开。

③ 将内六角螺栓 2 从车轮轴承壳体（轮毂轴）中旋出。

④ 从车轮轴承壳体（轮毂轴）中拉出 ABS 轮速传感器。

2）安装步骤如下。

① 在插入轮速传感器前要清洁孔的内表面，并用固体润滑脂涂抹轮速传感器的四周。

② 将轮速传感器插入车轮轴承壳体（轮毂轴）的孔中，并用 8N·m 的力矩拧紧内六角

螺栓 2。连接轮速传感器的插头。

③ 将转向盘向左和右分别转至极限，并检查轮速传感器的导线是否灵活自如。

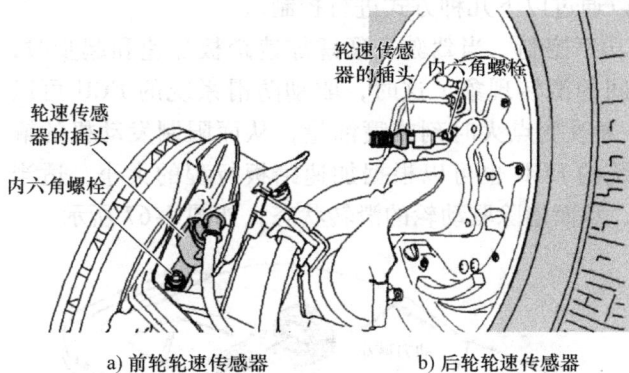

a) 前轮轮速传感器　　　　　　　b) 后轮轮速传感器

图 5-66　轮速传感器的拆装

（3）ABS 执行器检查　ABS 执行器不能分解检查，其工作状态的检测可以通过故障诊断仪利用执行元器件诊断功能操控继电器、电磁阀和回油泵等工作，通过声音来判断它们是否正常。

5.3　驱动防滑系统

5.3.1　驱动防滑系统概述

随着对汽车性能要求的提高，不仅要求在制动过程中防止车轮抱死，而且还要防止在驱动过程中（起步、加速），特别是在非对称路面或转弯时驱动轮滑转，以提高汽车在驱动过程中的方向稳定性、转向控制能力和加速性能。因此，现代汽车采用了电控驱动防滑（Acceleration Slip Regulation，ASR）系统。由于驱动防滑系统是通过调节驱动轮的驱动力实现对驱动轮滑转控制的，也称为驱动力或牵引力控制系统（Traction Control System，TCS）。

从某种意义上说，ASR 是 ABS 的完善和补充，ASR 可独立设立，但大多数与 ABS 组合在一起，常用 ABS/ASR 表示，统称为防滑控制系统。

1. ASR 的工作原理

驱动防滑系统的控制参数为滑动率，滑动率的计算公式如下：

$$S = \frac{v_w - v}{v_w} \times 100\%$$

式中　S——驱动滑动率；

　　　v_w——驱动轮线速度（m/s）；

　　　v——汽车行驶速度（m/s）。

当汽车不动，而驱动轮转动时，$v=0$，$S=100\%$，驱动轮处于原地滑转状态；当 $v_w = v$ 时，$S=0$，驱动轮处于纯滚动状态。驱动防滑系统的 ECU 根据轮速传感器反馈的电信号适时计算出各车轮的滑动率 S，当 S 值超过规定的极限值时，ECU 会向执行器发出指令，调整相应的车轮。

2. ASR 的控制方式

驱动防滑系统可以通过以下几种方式进行控制。

扫一扫

（1）发动机输出功率控制　当驾驶人猛踩加速踏板加速和起步时，汽车可能会出现短时间的滑转现象。这时，驱动防滑系统的 ECU 可以直接控制发动机 ECU 来改变点火时刻或喷油量，从而限制发动机的输出功率；驱动防滑系统的 ECU 也可以根据加速踏板行程的大小，适当地调节节气门的开度，从而消除驱动轮的滑转状态，如图 5-67 所示。

ASR 系统工作原理

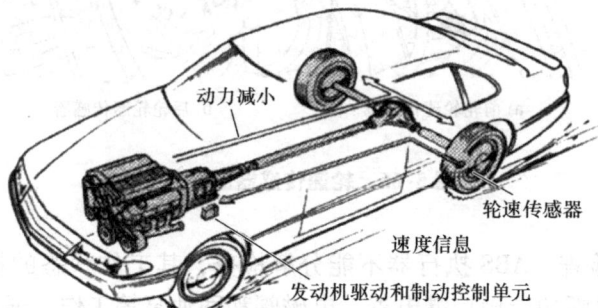

图 5-67　发动机输出功率控制

（2）驱动轮制动控制　如果某一侧驱动轮出现滑转，驱动防滑系统的 ECU 通过制动压力调节装置对产生滑转的车轮进行适当的制动，直至该车轮的 S 值回到规定范围内。此时另一侧的驱动轮正常产生驱动力，因此，汽车可以正常行驶，如图 5-68 所示。

如果两侧的驱动轮都出现滑转现象，且两侧驱动轮的滑动率不同，则 ECU 会对两侧的驱动轮施加不同的制动力，分别调整两侧车轮的滑转现象，这样可提高汽车动力性和操纵稳定性。虽然这种控制方式最迅速有效，但是调整

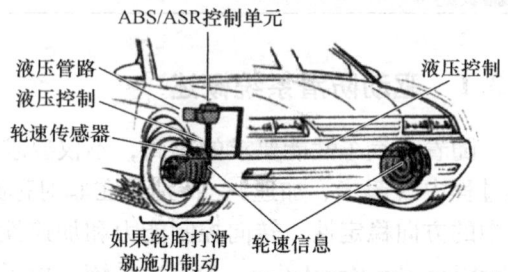

图 5-68　驱动轮制动控制

时的制动力不可太大，否则会影响舒适性。这种控制方式常作为发动机输出功率控制的补充控制。

（3）差速锁止控制　可通过在汽车上安装电子控制可变锁止差速器来控制驱动轮的滑动率。

（4）综合控制　综合控制是根据发动机工况和车轮滑转的实际情况采取不同的控制措施，这样的控制效果更好，控制速度更快。当发动机输出大转矩时，路面湿滑是造成车轮滑转的主要原因，这时采取驱动轮制动控制比较有效；当发动机输出大功率时，采取发动机输出功率控制更为有效。

5.3.2　ASR 系统的主要部件

如图 5-69 所示，ASR 系统的主控模块是 EBCM 模块，与 ABS 共用了控制模块、阀体、

轮速传感器等部件。此外，该系统新增有 TCS 开关、指示灯，还在制动压力调节阀体内增加了用于 TCS 控制的电磁阀。

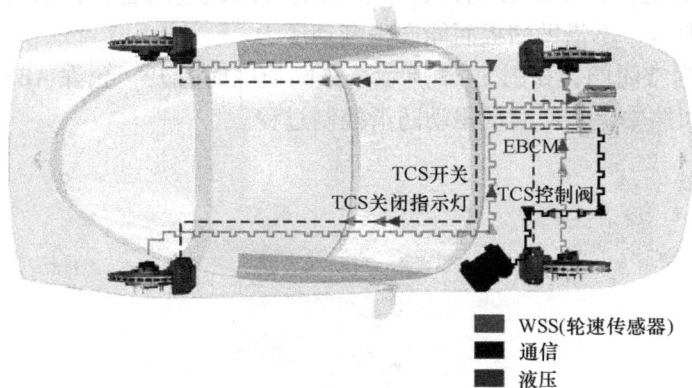

图 5-69　ASR 组成

扫一扫

图 5-69ASR 组成彩图

1. EBCM

EBCM 是 ASR（TCS）系统的主控模块。在车辆加速过程中，EBCM 参考节气门位置和轮速传感器信号，判断驱动轮和从动轮之间是否存在速度差，以启动驱动防滑控制功能。EBCM 通过发动机管理系统以及自身的 ABS 实现驱动防滑控制。

2. TCS 开关

TCS 开关是一个瞬时接触开关，用于关闭驱动防滑控制功能，如图 5-70 所示。即使驾驶人通过该开关禁用了驱动防滑控制功能，系统也会在下一个点火循环重新启用该功能。

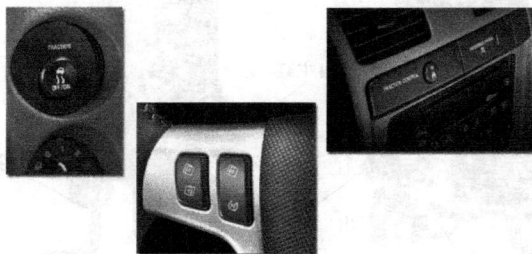

图 5-70　TCS 开关

3. TCS 关闭指示灯

棕黄色的 TCS 关闭指示灯位于仪表板上，如图 5-71 所示。当点火开关打开时，指示灯将被点亮 3 ~ 4s 以进行自检，然后熄灭。EBCM 可通过串行数据控制该指示灯点亮。如果系统发生故障或驾驶人通过 TCS 开关将其禁用，TCS 关闭指示灯将持续点亮。

4. TCS 控制电磁阀

EBCM 需要附加两类控制阀来配合 ABS 进油电磁阀和出油电磁阀工作，以实现驱动防滑控制功能。每个驱动轮都需要一

图 5-71　TCS 关闭指示灯

个主缸隔离电磁阀和一个供给电磁阀。

（1）主缸隔离电磁阀　主缸隔离电磁阀为常开阀，如图5-72所示。不通电时，主缸内的油液可以不受限制地流向系统其他部位。在TCS控制过程中，该电磁阀通电闭合，让来自液压泵的高压油液不会流回主缸而泄压，不借助踏板而能产生制动压力。

（2）供给电磁阀　供给电磁阀为常闭阀，如图5-73所示。该阀通电时打开，允许ABS液压泵从储液罐中抽取油液并泵入回路中，从而实现驱动防滑控制过程。

图5-72　主缸隔离电磁阀

图5-73　供给电磁阀

5. 预加压泵

如图5-74所示，预加压泵可以产生约2MPa的压力并抽取大量的制动液，而ABS泵可以产生大于13.8MPa的压力但无法抽取大量的制动液。当两个泵组合使用时，就可以提供足够的制动液和制动压力。

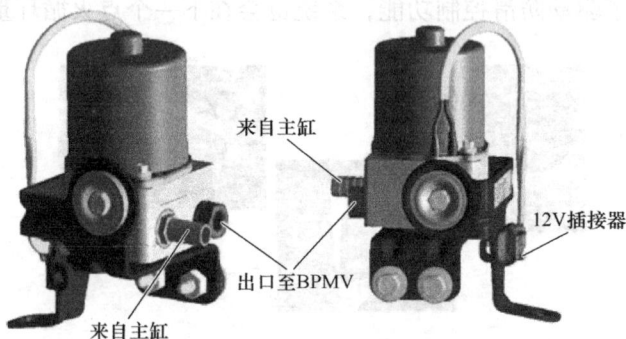

图5-74　预加压泵

5.3.3　ASR系统的工作过程

驱动防滑控制的激活条件包括：发动机转速必须大于4500r/min；制动踏板未被踩下；驱动轮正向打滑超出限值。

1）EBCM不断监测轮速传感器等输入信号。在车辆加速过程中，如果监测到驱动轮的正向打滑，EBCM就会向ECM发送转矩降低请求信号。如图5-75所示。ECM采取断缸、延迟点火、改变空燃比或升高变速器档位等措施来降低驱动转矩。如果车辆配置电子节气门，ECM还可通过减小节气门开度来降低驱动转矩。

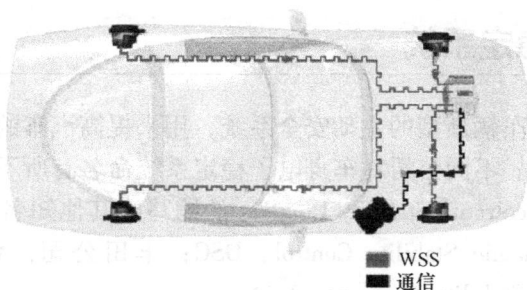

WSS
通信

图 5-75　发动机控制

2）EBCM 通过专线或通用汽车局域网（GMLAN）传递转矩降低请求，ECM 反馈降低后的转矩信息，以表明所降低的转矩值。

3）如果通过 ECM 无法完全解决车轮打滑问题，EBCM 就会主动调节驱动轮的制动压力以阻止驱动轮打滑，如图 5-76 所示。对打滑的车轮实施制动，就能将动力通过差速器传输到具有更大摩擦力的驱动轮上。

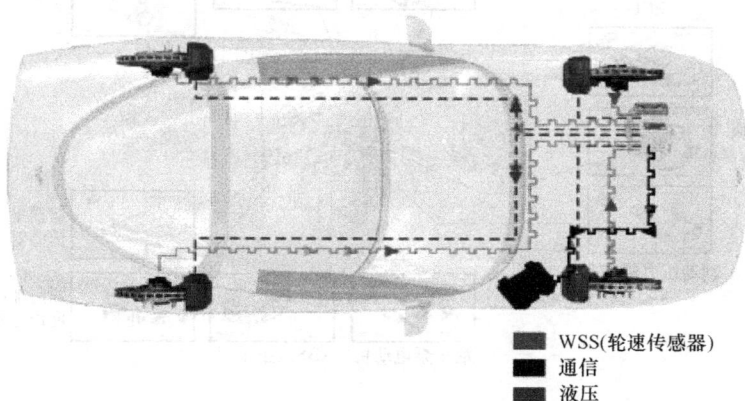

WSS(轮速传感器)
通信
液压

图 5-76　驱动轮制动控制

4）为了实现驱动轮制动，EBCM 首先控制供给电磁阀，允许 ABS 液压泵从主缸储液罐或预加压泵（如有配备）中抽取制动液。同时，主缸隔离电磁阀被关闭，从而 ABS 液压泵可以将压力油液输送到驱动轮上。

驱动防滑系统可以独立控制每个驱动轮，此时 EBCM 关闭所有非驱动轮的进油电磁阀，确保它们处于自由滚动状态。

5）当驾驶人没有实施制动时，如果需要控制一个或多个车轮制动，货车和运动型多用途车（SUV）通常需要较多制动液，这类车辆常使用预加压泵和 ABS 液压泵组合以便补充制动系统的油液。

6）EBCM 利用制动系统工作的时间、制动次数及热力学模型来计算制动盘温度。当驱动轮制动盘的温度超过 370℃时，ASR 功能将被关闭，TCS 关闭指示灯将点亮，驾驶人信息中心（DIC）将显示警示信息。当制动盘温度低于 276℃时，TCS 功能将重新被启用。

5.4 车身电子稳定系统

车身电子稳定系统是车辆新型的主动安全系统，用来提高汽车的操纵稳定性，使车辆在各种状况下保持稳定行驶。不同公司对车身电子稳定系统命名有所不同，大众、奥迪、奔驰等公司称其为 ESP，即 Electronic Stability Program 的缩写。其他知名公司对其命名如下：宝马、马自达等公司，Dynamic Stability Control，DSC；丰田公司，Vehicle Stability Control，VSC；本田公司，Vehicle Stability Assistant，VSA。

5.4.1 ESP 的基本组成

ESP 是一个电控系统，它主要由传感器、电子控制单元和执行器组成，如图 5-77 所示。

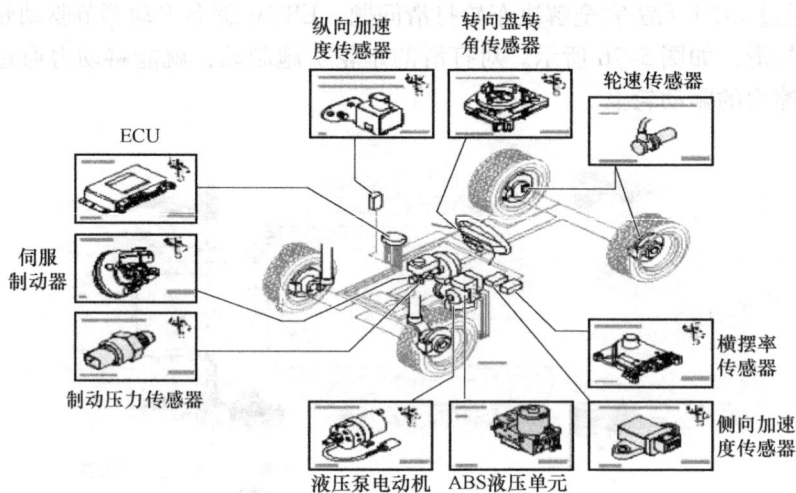

图 5-77 大众汽车 ESP 基本组成

1. 电子控制单元

ESP 的电子控制单元如图 5-78 所示，它不是单一功能的 ECU，除控制 ESP 外，还控制 ABS、电子差速器（EDL）、TCS、电子控制制动力分配（EBD）等系统，并在点火开关开启后控制单元会进行自诊断。

2. 转向盘转角传感器

转向盘转角传感器与安全气囊螺旋弹簧集成一体，安装在转向柱上，位于转向盘与转向开关之间，如图 5-79 所示。转向盘转角传感器的测量范围为 ±720°，测量速度为 1°～2000°/s，测量精度为 ±1.5°。转向盘转角传感器失效会导致无法预判汽车行驶方向，从而使 ESP 失效。在点火开关打开后，转向盘转角传感器会进行初始化，转向盘自动转动 4.5°。

转向盘转角传感器通过光栅原理测量转角，其结构如图 5-80a 所示。简化后的示意图如图 5-80b 所示，模板 1 和模板 2 上有孔，光学传感器位于两模板外侧，光源位于两模板之间。传感器接收到光源通过孔传来的光线后，会产生电信号。若光线被阻断，则电信号消失。通过移动带有规则孔的模板可以得到一个规则的电信号序列，如图 5-80c 所示。移动带有不规则孔的模板可以得到一个不规则的电信号序列，并可以确定运动的起始点，如图 5-80d 所示。

图 5-78　ESP 的电子控制单元

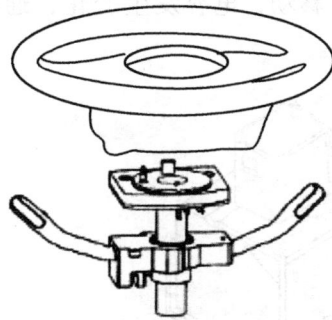

图 5-79　转向盘转角传感器安装位置示意图

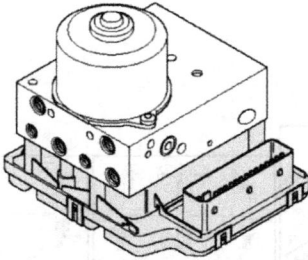

a)

b)

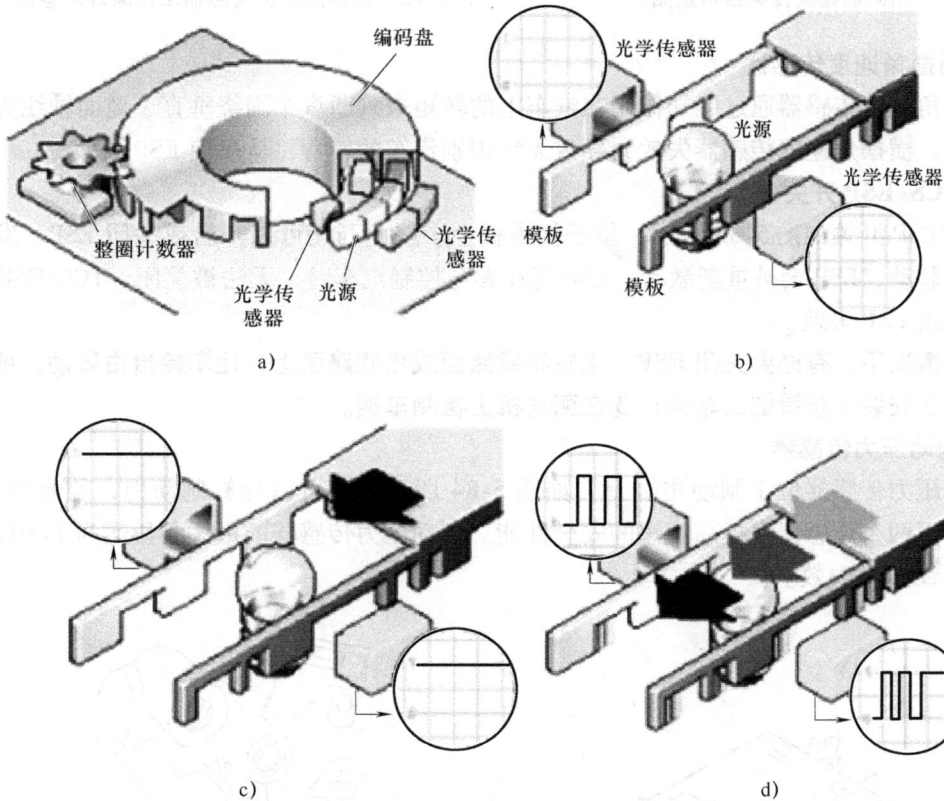

c)

d)

图 5-80　转向盘转角传感器工作原理示意图

3. 侧向加速度传感器

侧向加速度传感器与横摆角速度传感器集成一体，安装在转向柱下方偏右侧，用来确定侧向力，如图 5-81 所示。侧向加速度传感器的测量范围为 ±1.7g（g 为重力加速度），测量精度为 1.2V/g。侧向加速度传感器失效会导致无法判断汽车侧向的状态，从而导致 ESP 失效。

侧向加速度传感器的结构如图 5-82a 所示，两个可以吸收电荷的电容串联在一起，中间的极片可以运动。当没有侧向力时，极片位于中间位置，电容相等，如图 5-82b 所示。当有侧向力时，极片移动，电容发生变化，通过电荷的变化即可得出侧向力的大小和方向，如图 5-82c 所示。

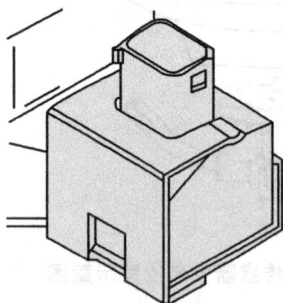

图 5-81　侧向加速度传感器示意图

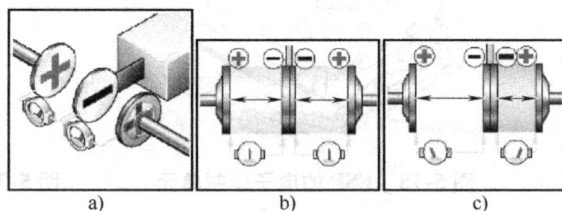

图 5-82　侧向加速度传感器工作原理示意图

4. 横摆角速度传感器

横摆角速度传感器通过感知作用在汽车上的转矩来判断汽车围绕垂直于地面轴线方向的转弯运动。横摆角速度传感器失效会导致无法识别汽车的转弯，从而使 ESP 失效。

5. TCS/ESP 开关

TCS/ESP 开关如图 5-83 所示，位于仪表板上。按此开关可以开启或关闭 ESP。发动机熄火后再起动，ESP 会被重新激活。ESP 正在参与控制汽车时，无法被关闭。TCS/ESP 开关失效会导致 ESP 失效。

下列情况下，有必要关闭 ESP：①在积雪路面或松软路面上，让车轮自由转动，前后移动车辆；②安装了防滑链的车辆；③在测功机上检测车辆。

6. 制动压力传感器

制动压力传感器位于制动主缸上，如图 5-84 所示，它可以计算制动力，控制预压力，也可以采用两个传感器来提高汽车的安全性能。制动压力传感器的最大测量值为 17MPa。它失效会导致 ESP 失效。

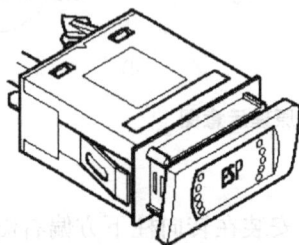

图 5-83　TCS/ESP 开关示意图

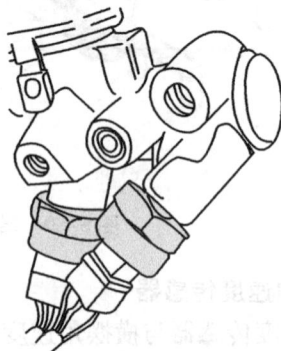

图 5-84　制动压力传感器示意图

制动压力传感器为电容传感器，其结构如图 5-85a 所示，简化后的结构如图 5-85b 所示，电容的一个电极固定，另一个电极可以移动。当有压力作用时，电容间隙变小，电容变大，如图 5-85c 所示。当压力减小时，电容间隙变大，电容变小，如图 5-85d 所示。

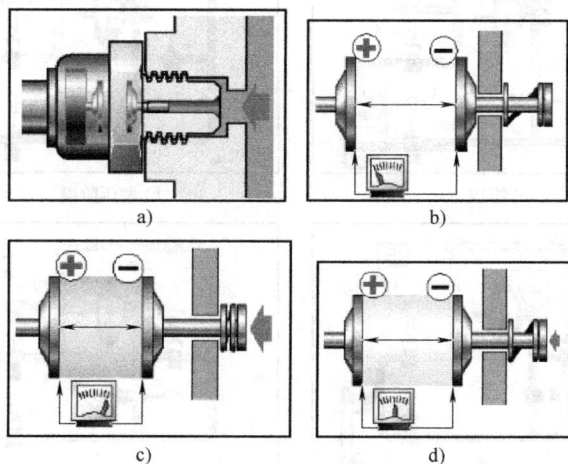

图 5-85　制动压力传感器工作原理示意图

7. 纵向加速度传感器

纵向加速度传感器如图 5-86 所示，四轮驱动的汽车上会用此传感器。

8. 伺服制动器

带有 ESP 功能的助力器和传统的真空助力器有所不同（图 5-87），在紧急制动时，可快速升压。不踩制动踏板时，助力器不产生助力，靠控制单元内的液压泵产生预压力。

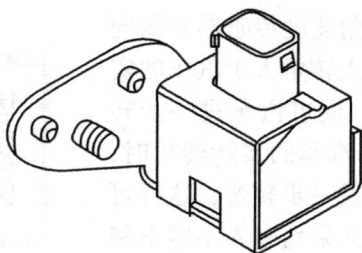

图 5-86　纵向加速度传感器

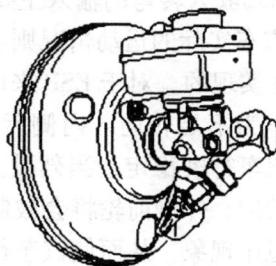

图 5-87　制动伺服器示意图

9. 液压单元

液压单元有两条制动回路，对角线布置，比 ABS 控制单元的每条制动回路上多了两个控制电磁阀，其回油泵可自排气。

10. 单轮液压回路

以一个制动回路上的制动过程为例，说明液压回路的工作原理。单轮液压回路的主要组成如图 5-88a 所示。

增压阶段：回流泵 6 吸入制动液，进油阀 3 保持开启，直到车轮被制动到所需要的制动强度，如图 5-88b 所示。

保压阶段：所有阀关闭，如图 5-88c 所示。

减压阶段：出油阀 4 打开，进油阀 3 关闭，制动液流回储液罐，如图 5-88d 所示。

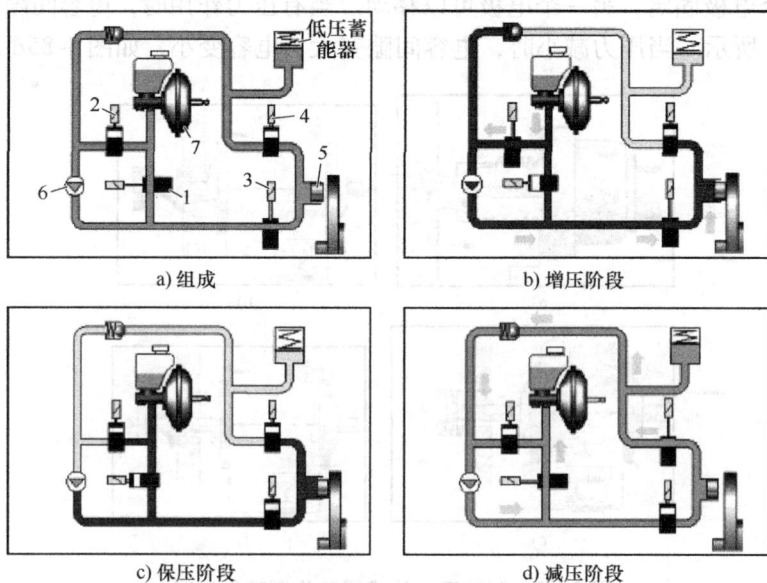

a) 组成

b) 增压阶段

c) 保压阶段

d) 减压阶段

图 5-88　单轮液压回路工作原理示意图

1—控制阀　2—动态控制高压阀　3—进油阀　4—出油阀　5—制动缸
6—回流泵　7—主动伺服制动器

5.4.2　ESP 的工作原理

　　ESP 判断驾驶人转弯的输入主要是通过转向盘转角传感器和各车轮轮速传感器实现的，而 ESP 判断汽车实际的运动情况则主要是通过横摆角速度传感器和侧向加速度传感器实现的。对于 ESP 来说，当驾驶人输入转角大于汽车的实际转角，汽车为不足转向，内侧后轮将会被制动，促进汽车进一步转弯，从而使汽车行驶稳定；当驾驶人输入转角小于汽车的实际转角时，汽车为过度转向，外侧前轮将会被制动，阻碍汽车进一步转弯，这样可以防止出现甩尾现象，从而使汽车行驶稳定。这时如果驾驶人不踩下制动踏板，那么制动压力来自 TCS。如果制动单个车轮不能使汽车达到稳定状态，那么 ESP 会制动多个车轮或者控制发动机来使汽车达到稳定状态。

扫一扫

ESP 工作原理

【小　结】

1. 制动系统的功用是根据需要使行驶中的汽车减速甚至停车，使下坡行驶的汽车保持车速稳定，以及使已停驶的汽车保持不动。

2. 汽车制动系统的工作原理就是将汽车的动能通过摩擦转换成热能达到制动效果。

3. 制动器是制动系统中用以产生阻碍车辆运动或运动趋势的力的部件。它主要是通过其中的固定元件对旋转元件施加制动力矩，使后者的旋转角速度降低，同时依靠车轮与路面的附着作用，产生路面对车轮的制动力，以使汽车减速的。

4. 液压式制动传动装置由制动踏板、真空助力器、主缸推杆、制动主缸、储液罐、制动轮缸、油管、比例阀等组成。

5. 真空助力器是利用发动机进气歧管的真空度对制动踏板进行助力的装置。

6. 汽车电子控制防抱死制动系统（ABS）是汽车上的一种主动安全装置。其作用是在汽车制动时，防止车轮抱死拖滑，以提高汽车制动过程中的方向稳定性、转向控制能力和缩短制动距离，使汽车制动更为安全有效。

7. ABS 的工作过程可分为常规制动、制动压力保持、制动压力减小和制动压力增大等阶段。

8. 驱动防滑系统（ASR）用来调节驱动轮在起步、加速和湿滑路面上行驶时的滑转现象，提高汽车的动力性、操作稳定性和经济性，并延长车轮的使用寿命。

9. 车身电子稳定系统（ESP）是车辆新型的主动安全系统，用来提高汽车的操纵稳定性，使车辆在各种状况下保持稳定行驶。

【课后练习题】

1. 说明常规液压制动系统的组成及工作原理。
2. 说明盘式制动器与鼓式制动器的优缺点。
3. ABS 由哪些部分组成？
4. ABS 在检修时应注意哪些问题？
5. ASR（TCS）系统是怎样工作的？
6. 装有 ESP 系统的汽车是不是不会发生转向不足或过度转向？为什么？

参 考 文 献

[1] 李伟，等. 图解新型汽车底盘拆装与检修［M］. 2 版. 北京：机械工业出版社，2014.

[2] 刘汉涛，等. 汽车底盘构造与原理精解［M］. 北京：机械工业出版社，2014.

[3] 李晓，陈树国. 汽车底盘构造与维修［M］. 2 版. 北京：人民邮电出版社，2014.

[4] 刘锋，等. 汽车底盘拆装与维修实训［M］. 北京：中国劳动社会保障出版社，2012.

[5] 韩东，等. 汽车传动系统检修［M］. 北京：北京理工大学出版社，2010.

[6] 张红伟，等. 汽车底盘构造及维修［M］. 2 版. 北京：高等教育出版社，2007.

[7] 陈家瑞，等. 汽车构造：下册［M］. 3 版. 北京：机械工业出版社，2009.

[8] 王盛良，等. 汽车底盘及车身电控技术与检修［M］. 北京：机械工业出版社，2009.

[9] 赵胤，等. 汽车底盘结构与检修［M］. 武汉：湖北科学技术出版社，2012.

[10] 潘伟荣，郭海龙，罗宇飞，等. 汽车故障诊断与检测技术［M］. 重庆：重庆大学出版社，2009.

[11] 李昌凤，等. 看图自学汽车维修（底盘和车身电气系统分册）［M］. 北京：机械工业出版社，2013.